王鼎鈞著

怒目少年

——王鼎鈞回憶錄四部曲之二

編輯前言

用青春走出一段青史

一部回憶錄，原是由一個人親身經歷的點點滴滴積累而成，屬於個人的人生精華。然而如果一個人的生命曾走過時代裂隙，經歷戰爭的斲痕，同時目睹了社會文化變遷的履跡，這樣的回憶錄，還是僅僅屬於個人的嗎？鼎公在回憶錄四部曲當中，以素雅的文字梳整自己童年至中年的生命歷程，訴說他對文學的追求和堅持，並且呈現個人成長的苦悶與時代的翻騰離亂。

從《昨天的雲》開始，戰爭的嗡響猶如遠方的隱雷，鼎公雖然因為世局的不安而失學，卻也因此意外獲致文學的啟蒙。及至《怒目少年》，戰亂已逐漸具象成眼前的疾病、饑餓、勞苦與死亡，在更切身的動盪中，他的文學靈魂首次舒展雙翼，與寫作結下不解之緣。

到了《關山奪路》，戰爭全面催折了人們的肉體和心靈，撕裂所有人據以安身立命的價值、情感、空間和土地，鼎公也從此展開往後數十載「兩世為人」、流離天涯的歲月。而在《文學江湖》裡，儘管戰火的硝煙逐漸遠去，日子卻仍時時刻刻陰翳著生存的艱難，文學在這時候帶給他安定的生活，也為他開啟一扇扇的窗，看盡文壇、媒體的紛紛擾擾，還有威權的鬆動瓦解。

這是鼎公的人生，同時也是一部波瀾壯闊的現代史詩。在他個人的磨難中，鏡射出時代的動盪裂變；而在遍地烽火的時空氛圍裡，品味得到他的人性思索與感觸，他和這段歷史互為表裡，幾乎可以說兩者合一不分。誠然，生遇那樣的年代並不是出自鼎公的意願，動亂的歲月在他身心留下印記。但他總是留心張望著，用心牢記著，用力書寫著，以自己的青春結實地履踏過這段崎嶇的歷史，最終保存了一整個時代的回音。

印刻文學非常榮幸能夠出版「王鼎鈞回憶錄四部曲」，期望藉由鼎公這部磅礡巨著，為近代華人離散記憶和戰後初期的台灣文學發展，留下一個擲地有聲的註腳。

代序

與生命對話

1

這些年，常常看見有人在文章裡質問：「中國人，你為甚麼不生氣？」中國人會生氣，敢生氣，也曾經怒不可遏。「地無分東西南北、人無分男女老幼」一齊怒火炙心的時候，也曾使「山岳崩頹、風雲變色」，一個人忍無可忍的時候，也曾「忘其身以及其親」。

遠者固無論矣，以我及身所見所聞，中國人為了「華人與犬不得入內」而生氣，為了揮動東洋刀砍掉中國人的腦袋再哈哈大笑而生氣，直氣得開著大卡車衝進黃浦江，氣得把一排木柄手榴彈綁在前胸後背往坦克車底下鑽。中國人也為了從香港到重慶的飛機上有一隻洋狗而生氣，也曾為了莊稼漢沿街叫賣他的小女兒而生氣，直氣得拋下老婆孩子遠走高飛、隱名埋姓，二十年後再回來清算他的親族鄉黨。

中國人生了氣，有時候像滾水，有時像火山。抗戰軍興，中國人蓄怒待發，出氣的對象有變化，先對外國，後對本國。許多事我或在局外、或在局內，許多人我或者理解、或者迷惑。許多人，包括我在內，我們不知道何時，何故發生這種載舟覆舟的變化，我們不是秋風未動蟬先覺，而是秋風已動蟬先落。原來人的情緒那麼不可測，後果那麼不可預估，許多人這才修心制忿。

出入於兩種怒氣（對外國和對本國）之間的我，以一個少年人的受想行識，構成《怒目少年》這本書的內容。繼《昨天的雲》之後，這是我的第二本回憶錄——應該說是第二部分。它記述由一九四二年我前往抗戰後方起，到一九四五年抗戰勝利為止，我對中國社會所作的見證。「兩種怒氣」的消長即發生在這段日子裡。

2

奇怪，為甚麼有人寫文章？寫作，依我看，有如下的效用：

謀利益（經商）賺了錢

出惡氣（快意）報了怨
結世緣（交友）得了名
廣信念（傳心）載了道
盡善美（入聖）登了峰
參化育（法天）成了神

排列起來似乎有等級，越往後境界越高，到「盡善美、參化育」幾乎高不可攀。儘管如此，它們仍然存而不廢，做天下後世追求的目標。

多年以前，中國作家處境惡劣，有時連傳心交友都有不測之禍，「謀利益」只好作政治投機，「出惡氣」與虐待狂難分，所謂信念，淪為「一紙崇高神聖之胡言亂語」，盡善美、參化育乃是雲霄羽毛，四顧茫茫。如此作品，不但「今日所作、明日必悔」，也是「昨日所作、今日已滅」。一九七七年後中共推翻文革，政策開放，大陸上有一位老作家放聲大哭，他說他寫了幾十年都白寫了。我從報上看到這句話悚然良久，連忙檢查自己的作品還能剩下多少，謝天謝地，畢竟此善於彼，我還有些「私房」手工，有些「無用之用」的古調，可以「自其不變而觀之」。我還眼前有紙，手中有筆，冥冥中有些春夏秋冬，可以補平生不及。

作家的遭際、見聞、思考，都是上天給他的訊息。作家接收訊息，「譯」成文學，縱不能參化育也要盡善美，縱不能盡善盡美也要求善求美，在有限的善美中表現無限天機。世緣可得可失，恩怨可了可忘，利益可有可無，吾生有涯，朝聞道、夕死可矣。

3

寫回憶錄需要回憶和反省，需要資料幫助回憶和激發反省。要清理五十年前少年事，得找到五十年前少年人。一九八二年，我對中國大陸展開了連續四年的通訊搜索，向「隔世」尋找我「前世」的舊識。那時，中國大陸的經濟繁而未榮，要他們花兩元人民幣回一封航空信是個負擔，我到集郵商店高價買進中華人民共和國的郵票貼在信封上，打好通信地址，把信封一個一個寄給他們使用。那幾年，我幾乎每天收到由中國大陸來的信，補足這本書需要的資料（抗戰生活），也為我寫下一本書提供助力（內戰經驗）。

五十年了，經過那麼長的戰爭和那麼多的政治運動，舊人怎會仍在原處？不錯，內戰期間的大遷徙，戰爭停止後的大清洗，他們在數難逃。他們的星球爆炸了，他們散落在黑龍江、內蒙、新疆、青海、雲南、廣西、西康，做舊世界的碎片。謝天謝地，他們還活著。種種磨難都是事實，可是他們活了過來。謝天謝地，外面風傳的大滅絕並未發生。

這些人，又是如何被我找到的呢？這多虧了中國大陸各地的僑務辦公室，簡稱僑辦。大陸上由中央到地方每一級政府都有僑辦，即使鄉鎮也有一個人兼辦這方面的業務。只要我能提出某人的原籍地址，他們一定有辦法弄個水落石出；只要我能提出某人「最後」住在何處，他們也多半能有個交代。他們人口管理嚴密，名不虛傳，僑辦執行政策之徹底我們自歎弗如。——這些都是過去的事了，一九八六年以後，四海交流，統戰成功，除了有影響力的僑領，很難、或者根本不能再接到他們的回信，時也，勢也，事有必至，理有固然，無論如何我感謝他們，我的願望已在一九八六年以前實現。我把他們的名字牢牢的記在心裡，寫在日記裡，保存在通信的檔案裡，但是不必寫在這裡。

4

我還需要閱讀。我讀戰史、方志、名人的回憶錄，我從那些書裡沒找到多少可用的材料。我說過，我關懷的是金字塔下的小人物，貼近泥土的「黔黎」，歷史忽略了他們，不願筆生花，但願筆發光，由我照亮某種死角。說來傷感，打開那些書，皇皇巨著之中，赫赫巨人之下，青年只是一行數字，軍人只是一個番號，縣長鄉長無論有多大貢獻，總司令也不知道他姓張姓李，少將以上的部隊長才有個名字，下級官兵只在「傷亡過半」或「全體壯烈犧牲」之類的官式用語中含混提及，無定河邊骨向來不設戶籍，更無論老百姓的汗和淚了。那些書裡有天下，沒有蒼生。

我在哥倫比亞大學的東方圖書館發現一大批刊物，是中國大陸各省各縣印行的《文史資料》，這些刊物在各省各縣政協的主持下定期出版，他們長期搜集整理地方史料，作成紀錄。這一批刊物對我幫了大忙。

以我涉獵所及，一九八二年以前你在中共治下很難找到信史。但《文史資料》記鄰里鄉黨之事，影響甚小，上級不甚指導，執筆者又多是十室忠信，樸實無華，他們大概還沒聽說「上帝給我們語言文字，正是要我們掩飾事實」，或者聽說過，還不能領會，他們居然不偏不倚的寫出許多真相來——我自己身歷其境的事，是真是假我當然知道。

根據《文史資料》中的線索，我在大陸上買了一些書。隔洋買書，我的辦法是「不管有魚沒魚、先撒一網」。看見書名，猜想它的內容，買來再說，網中也許空空，那麼再撒下去。幸而大陸上出版的書，書名和書的性質大致符合，不像台灣，書名往往脫離書本單獨供人欣賞。感謝大陸親友，他們在官吏的猜疑下、在人與人還不能和睦對待的地方辦事，忍受公車司機的喝斥、乘客的互相踐踏、書店職員的白眼、郵局櫃檯的頤指氣使，寄來我需要的著作物。我也把他們的名字牢牢的記在心裡，寫在日記裡，保存在通信的檔案裡，但是不必寫在這裡。

5

在《昨天的雲》裡那樣年紀，我們思想單純，七竅混沌，受父母庇護，無須面對挑戰，眼睛明亮然而只朝空氣看。沒關係，只要你長大。

在《怒目少年》那樣的年紀，開始窗隙窺月，霧裡看花，一路挺胸昂首，沒有天使指引、先知預告，自以為是，坎坎坷坷。沒關係，只要你長大。

人活著，好比打開一架攝影機，少年時底片感光，不曾顯影，一直儲存著，隨年齒增長，一張一張洗出來。

下一本書我打算寫三年內戰。那三年我又大了幾歲，「攝影機」的性能提高，並且知世事有遠因近果，有表象內幕，有偶然必然，有真誠偽裝。重要的是學會了作出決定並面對後果，在驚駭、抗拒、疑惑、悲痛中認識人性，長大真好。

長大了，由窗隙窺月、中庭步月進入「高台玩月」，人生的祕密次第揭露，應驗了《聖經》上的話：「所有在暗室中隱藏的，都要在房頂上宣揚出來。」種種昨日，作成了一個人，這人憑天賜的基料作成了一卷或幾卷書，這一生算是「還諸大地」。

米蘭．昆德拉說「回憶是依稀的微光」，我的回憶「在我大量閱讀有關史料之後」是望遠和顯微。

克莉斯蒂說「回憶是老年的補償」，我的回憶「在我洞明世事練達人情之後」是生命的對話。

有些中國老人怕回憶，如果他是強者，他有太多的孽，如果他是弱者，他有太多的恥，兩者俱不堪回首。他的回憶錄不等於回憶。

有些事情我還得仔細想。生命不留駐，似光；不停止，似風。山川大地儘你看，「揮一揮衣袖，不帶走一片浮雲」。實際上也帶不走，連袖子也得留下。不能攜帶，只有遺留或遺失，這是生命的特徵。

現在，電視、報紙天天有人談論青少年。正是：

水流少年色　風飄少年春

未了少年事　又有少年人

上帝在天上，他們都會長大。

6

《怒目少年》的寫作和發表，得到多位編輯人的支持，他們是：《聯合報》副刊主編瘂弦先生，《中華日報》副刊主編應平書女士，《中央日報》副刊主編梅新先生，《新生報》副刊主編劉靜娟女士，《美國世界日報》副刊主編田新彬女士，《中國時報》副刊主編楊澤先生。

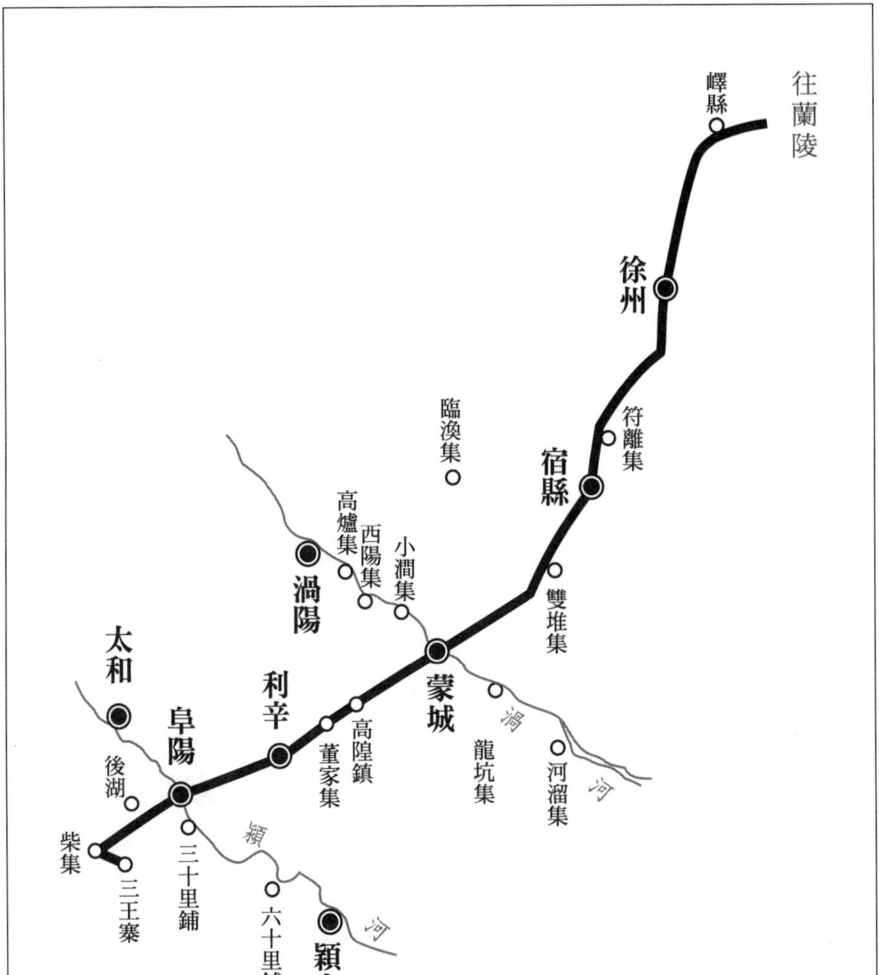

由蘭陵到阜陽路線示意圖

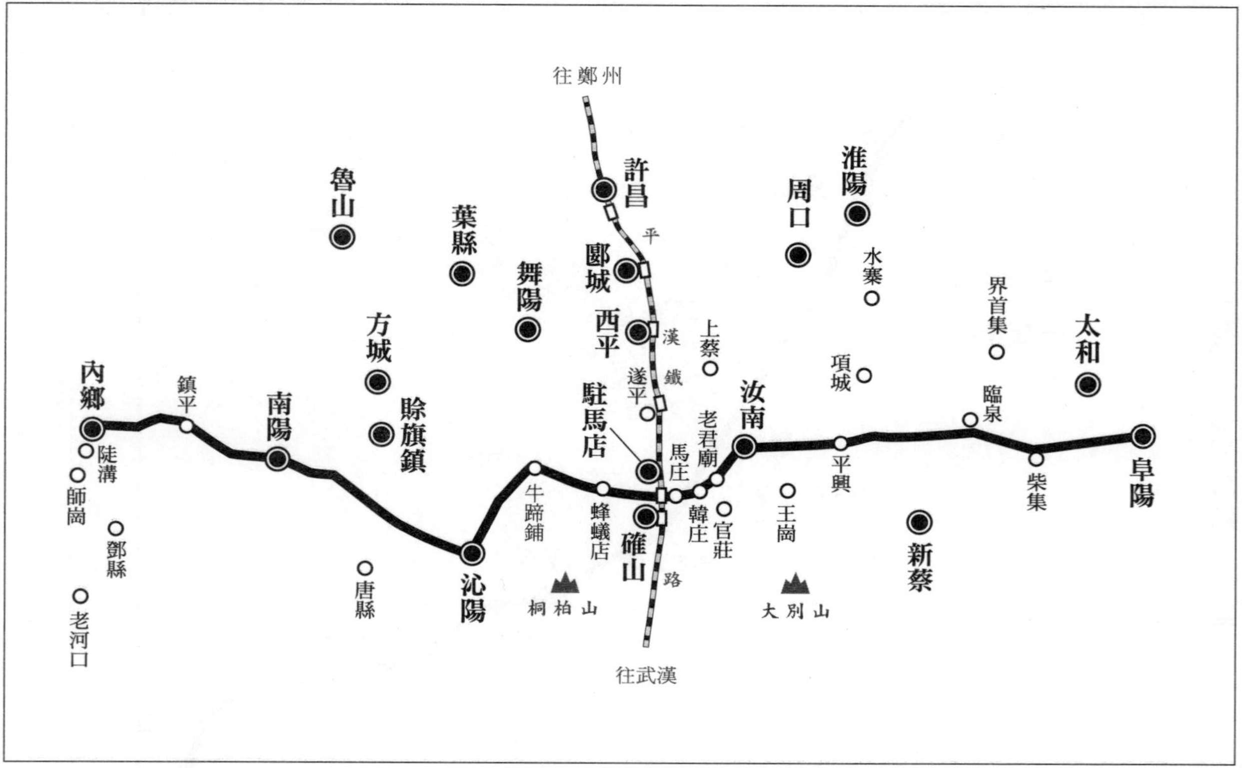

國立第二十二中學西遷主要路線示意圖（圖一）

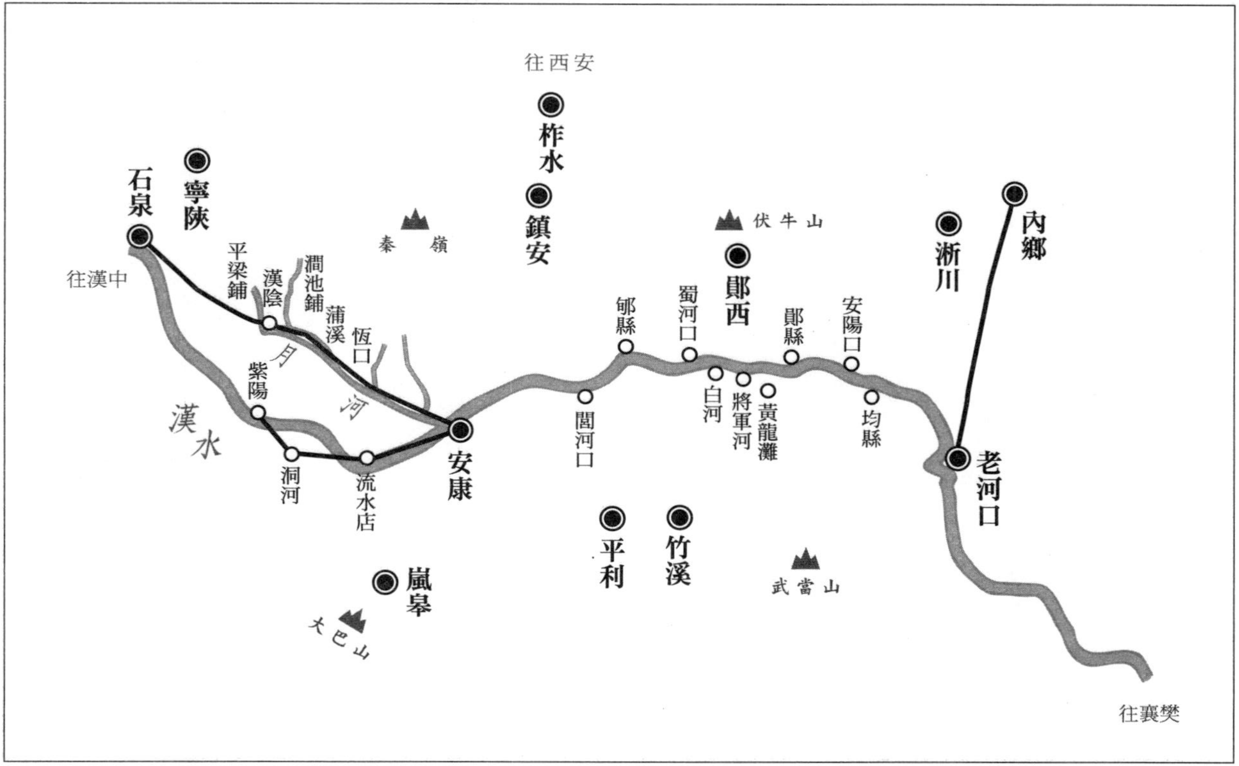

國立第二十二中學西遷主要路線示意圖（圖二）

根據李之勤學長西遷路線圖訂正

目錄

第一部

出門一步，便是江湖

詩人鄭愁予的名句：「出門一步，便是江湖。」離家五百里算是很遠了吧，哪想到後來更遠，更遠……

我一生漂泊無定。十四歲的時候開始「半流亡」，離開家，沒離開鄉。十七歲正式流亡，離開鄉，沒離開國。後來「國」也離開了。滾動的石頭不長青苔，一身之外，只有很多很多故事說不完。

現代中國，有個名詞叫流亡學生，它前後有三個梯次：第一梯次，九一八事變發生，東北青年入關。第二梯次，七七抗戰開始，沿海各省青年內遷。第三梯次，內戰期間，各地青年外逃。我是第二梯次，也就是抗戰時期的流亡學生。那時流亡是一種潮流，流亡的青年千萬百萬，流亡很苦，很孤獨，有時也壯烈，危險。

我在一九四二年夏天離開家鄉，前往安徽阜陽。一九四二，那是個甚麼樣的年頭？

那年是民國三十一年，我十七歲。

那是中國對日抗戰第六個年頭，第二次世界大戰（依照歐美人的說法）第三個年頭。那年中日兩軍在浙贛路會戰，在太行山會戰，在湖北宜昌會戰，在湖南長沙第三次會戰。這年中國遠征軍赴緬甸與日軍作戰，英美聯軍在北非登陸，德軍進攻史達林格勒，與蘇聯苦戰。

那時，山東省鐵路公路沿線的據點，腹地重要的城鎮，都駐紮日軍，我們稱為淪陷區。但日軍以線制面的構想完全失敗，廣大的農村和山區由三種武力分治，那就是：國民政府派出的正規軍，老百姓稱為中央軍，加上親國民政府的游擊隊，他們的地盤稱為游擊區；還有中國共產黨組織的游擊隊，老百姓通稱之為八路軍，開闢了解放區。今日話當年事，這些名稱先要交代一番。

那時，日本的打算是把全中國變成日本的屬國，先用暴力侵略，後用懷柔安撫。但是，民族主義是無法融化的冰。中國人對暴力造成的傷害不忘記，對懷柔施予的恩惠不感激，想加減換算，沒那麼便宜，大家指天為誓要打倒日本帝國主義。尤其是年輕人，憤懣之情溢於言表，罵「日本鬼子」，唱「中國的青年遍地怒號」。

中國人管日本人叫「鬼子」，一直叫到抗戰勝利，叫到對日和約簽訂，叫到一九七幾年，我在台北進電視公司當編審組長，政府官員以電話指示，電視劇對白的「日本鬼子」一律換成「日軍」或「日本軍閥」，大家才心不甘情不願的改了口。

對日和約簽訂後，日本政府在台北設立大使館，抗戰時期的憤怒青年雖然漸漸老大，胸中怒氣未消，每逢行經館外，總要對著太陽旗罵句髒話。日本在台北舉辦第一次商展，開幕之日，群眾一擁齊上，把日本館的太陽旗扯下來。

且說華北的「淪陷區」裡，日本控制學校，修改文史課程，培養以日本為宗主的思想，辦理各種親日的活動。青年人和他們的家長拒絕這樣的教育，大批失學的青年另尋出路，國民黨和中國共產黨都成立了一所又一所戰時學校，收容他們。在日本的高壓之下，中年老年懂得世故分寸，可以苟全，年輕人血氣方剛，看鬼子不順眼，心裡窩一把火，留在家裡很危險。「出門一時難」，但是在家已非千日好，家長們千方百計把孩子送出去。

「鋼鐵是怎樣煉成的」，蘇聯作家奧斯特洛夫斯基長篇小說的名字，成了當時流行的一句話。都說那個時代是洪爐，說這話的人自命是鐵匠，他要把人百煉成鋼。現成的燃料，那就是每人胸中的怒火。半個中國給日本佔了，國仇家恨。鐵匠以高明的技術使我們自我熔化，再乒乒乓乓打造。

小時候，我身體孱弱，家鄉話有個很好的形容，叫「病病歪歪」。老師家長從來不督促我用功，而是叮囑不要太用功。有一次，母親帶我去外婆家，一連幾天沒上學，等我回學校上課，跟那些不知情的老師同學見了面，有人問我：「好了吧？」他們以為我又病了。我家雖住在鄉下，但世代重視子女教育，做流亡學生縱然千辛萬苦，父母終於下了決心，我已十七歲，實在不能再拖延了。

這一年，魯籍名將第廿八集團軍總司令李仙洲，率九十二軍駐紮安徽阜陽，就地成立「私立成城中學」（不久改稱國立第二十二中學），收容山東逃出的流亡青年。阜陽離我家五百華里，那時交通不便，人們又安土重遷，我的家鄉蘭陵鎮一帶沒人去過阜陽，沒人聽說過這個地名。只因為李仙洲是山東長清人，山東老百姓相信他；只因為我的二表姐已經早走一步，入學讀書；只因為那時基督教掩護抗日青年，而我家是基督徒。所以我在這年夏天也到了阜陽，從此天涯海角，再無歸路，山東，臨沂，蘭陵，永遠只能在地圖上尋找。

七七事變發生後，有一個青年對他的母親說：「我已經十八歲了，不應該留在家裡，我要去參加抗戰。」

母親非常感動，問他打算跟誰一起。

他說：「我去參加八路軍，您看好不好？」

母親說：「很好！很好！」動手為兒子準備行李。

三年以後，這個青年的弟弟對母親說：「我也十八歲了，我要去參加抗戰。」

母親非常感動，問他打算跟誰一起。

他說：「我去參加中央軍，您看好不好？」

母親說：「很好！很好！」動手為兒子準備行李。

可憐的老百姓，可愛的青年，他們怎能預料，他們以後用很多很多時間互相廝殺。

那時，有人到大後方（後來叫做國統區），有人去解放區（當時也叫共區），大半由因緣決定，人人以為殊途同歸，誰能料到這一步跨出去，後來竟是刀山血海，你死我活。中華人民共和國成立以後，二十二中的老同學屢次受到嚴厲的責問：你當年為甚麼不投奔解放區？被問的人啞口無言，因為他實在沒有答案。

一九八〇年，中國對外開放，內戰期間逃出來的人回鄉探親，回首三十多年，家鄉的親人少者已壯、壯者已老、老者已死，歷劫餘生悲憤怨恨，責問歸人：你當年為甚麼投奔國統區？這一問，只有一把鼻涕一把淚，也沒有答案。

李仙洲氏辦這所學校，網羅了山東的許多精英，他用人以行政幹部和黨工為主，沒有倚重教育家。以二分校的骨幹而論，戰後有人做濟南市長，做青島市民政局長，做省幹訓團教育長，做國大代表，做行政督察專員，窮則辦學，達則做官，教育理念和專業熱忱有局限，似乎談不到春風化雨。

那時國立一中與六中與我們聲氣相通，校長都是教育家。教育家的作風是自由開放，而那時，一中六中都在偏僻的地方，觸角不及於省會，遑論歐風美雨。那時所謂自由開放，只能表現在閱讀左傾書刊、包容中共地下組織、資助學生投奔延安等幾件事情上。這和二十二中可說是大異其趣了。

那時日本侵略中國，中共以聯合抗戰為號召，熱血青年同仇敵愾但各有因緣，不管北上延安或西去重慶，不管進二十二中還是進一中六中，應該說大家都對。不幸後來有了內戰，內戰後又有徹底清洗，在中共那把銖兩分明的大秤上，二十二中校友的罪孽沉重。留在大陸上受盡政治運動煎熬的那些同學，頗有人恨自己「走錯一步」。然而中國大陸解放以後，人人知道毛澤東做了些甚麼，那一中和六中的進步青年，後來也多是傷心人。

抗戰勝利後，李仙洲將軍再度入魯，兵敗被俘。在中共的統治技術下，只有李陵，沒有蘇武，從台灣的角度看，他是降將，我在台灣是降將的學生，常常被人多看幾眼。總之，不論在大陸，在台灣，李仙洲的學生都有歷史問題。司馬桑敦的長篇小說《野馬傳》，主角是一個綽號「野馬」的女人，國民政府要捉她，因為她是共產黨，可是共產黨也要捉她，因為她對黨不能絕對服從。一位韓國小說家寫《嗚呼朝鮮》，南韓北韓交戰，他從北韓逃到南韓，南韓認為他是北韓間諜，連忙逃回北韓，又被認為是南韓間諜。這都是造化弄人，只有哭之笑之。

平心而論，我當初入二十二中讀書，並沒有錯；像我這樣的人，中共要計較階級成分，他也沒錯；台灣操危慮深，處處防患於未然，更沒有錯。推而廣之，中國人的這一場大悲劇，竟以「誰都沒錯」釀成，真是詭異極了！

最危險的事情最簡單

「最危險的事情最簡單」，據說，這句話是列寧留下來的。列寧哪會知道他的嘉言給我們壯了膽，那年代兵凶戰危，人人冒險過日子，於是，在我的家鄉，這句話大為流行。

中國對日抗戰中期，敵我對峙，日軍在兩軍交界的邊沿，設置長長的封鎖線，嚴格檢查往來行人。在那關卡隘口，多少中國人被捕，被毆打，被狼狗咬！多少婦女被脫衣搜查！青年穿過封鎖線到大後方加入抗戰的行列，至親好友捏一把汗。可是我們斷然上路，自己告訴自己：不要怕，最危險的事情最簡單。如果我們禱告，也是祈求列寧這句話成真。

事情似乎很簡單，只要走出蘭陵鎮的西門，沿公路西行五十華里，到嶧縣城南關基督教會，找楊成新牧師。楊牧師安排同行的夥伴，向警察局申辦探親證明，代買火車票，把我們送上火車，那時，嶧縣有鐵路和津浦線連接。楊牧師辦來駕輕就熟，可是擔當多少風險！

楊牧師家中常有年輕人或他們的父母來訪，商量怎樣到後方去念書。

有一個嶧縣中學的學生對我說，他早就想到後方去，下不了最後的決心，直到日本兵一個耳光打得他鼻孔冒血。有一個蒼白少年，穿得整整齊齊，頭上還戴著靛青緞子做的「帽殼兒」（瓜皮小帽的一種），天天來央求楊牧師。他父親開綢布店，要他站櫃檯學生意，又要給他娶媳婦。他說，日本兵太可恨了，待在家裡，早晚給氣死。楊牧師說，到大後方抗戰是好事，不過你年紀還小，我得先問問你父親。他一聽到「父親」，轉身就跑，可是並沒有回家。後來有人在河南流亡學生接待站裡看見他，很瘦，眼睛很大，一身肉都曬黑了。

這天是星期天，禮拜之後，留下了兩個女學生，其中一個，漆黑的頭髮像盔一樣蓋在頭上，前額梳著小簾似的瀏海，一張臉皓白，那時女學生不化妝，最難得眼眉唇線乾乾淨淨清清楚楚。身上是小鳳仙式的夾襖長褲，沒有腰身，腳上機器織的線襪，平底圓頭的黑皮鞋。

她最受人注意。在她出現之前，她的故事先流傳過來。她家鄉的警察局長想娶她，託人提親。她反對，也就罷了，她多說了一句話，「我要到大後方去找對象，不在家鄉結婚。」到大後方？不是有封鎖線嗎，封鎖線上不是有日本軍用的狼犬嗎？她說：「寧願讓狼狗咬，也不嫁給漢奸。」咳，她就是多了這句話。那年代常說沉默是小代數，語言是大代數，語言引起的問題比較麻煩，難解。有人把這句話傳過去，當警察局長還怕沒人通風報信？那人哈哈一笑，也放出一句話來：「好吧，有一天我讓她嘗嘗狼狗的滋味，也讓狼狗嘗嘗她的滋味。」她的父母得到消息，央楊牧師趕快把女兒送走。

辦探親證明有個插曲。嶧縣警察局有個巡官是基督徒，他帶我進警察局。進去一看，滿屋子制服筆挺，佩件全新，簡直明盔亮甲，很有些朝氣，大出我的意料之外，家鄉的警察，沒這個氣派。那巡官的年紀三十出頭，鬍子刮得乾乾淨淨，頭髮剪得整整齊齊，看他站在那裡兩足落地生根，胳臂腿肌毫不懈怠，就知道受過嚴格訓練。漢奸怎麼會是這個樣子，根本不像嘛！

探親證明的大標題是「良民通行證」，鉛印，重磅紙，紙面發亮，拿在手裡嘩嘩響，精神一振。那巡官跟我談汪精衛，汪在一九三九年投奔日本，成立另一個國民政府。汪是中華民國開國元勳，是追隨中山先生的革命先進，他怎麼會當漢奸？有人猜測，汪在抗戰局勢最惡劣的時候有此一舉，是國家設定的計謀，汪蔣兩人之間有默契，他這個漢奸是假的。這猜測在淪陷區流行，使下水當漢奸的人也可以有一番說詞。那巡官說：「我認為汪先生不是漢奸，我才跟著汪先生走。你到重慶去打聽打聽，來封信告訴我，他到底是真漢奸還是假漢奸。」

我沒能替他辦到，他太高估了我。也許，他並不真正需要答案，只是向我，向一個到大後方參加抗戰的人表明心跡，儘管我還是個孩子。看來汪精衛還是發生了作用，使做漢奸的人有個道德立場，對人對己，有個交代。

到一九四五年，我才聽到對汪精衛的評論，我沒有辦法轉告給他，只能事後寫在這本書裡。

那時，我對行程只有模糊的概念，楊牧師則有精密的計畫。依照計畫，我們在嶧縣上火車，江蘇宿縣下火車。宿縣教會為我們安排住宿的地方，代僱手推的太平車，車伕一半運行李，一半作嚮導。阜陽的位置在宿縣西南，尹寶璽同學在〈難忘的歲月〉一文中，對那一段路有準確的記述。由宿縣到蒙城，一百三十華里，中間有個叫蘆溝集的地方，是日軍偽軍最後一道盤查哨，也就是封鎖線。過了封鎖線，經過所謂無人地帶，也就是雙方都不設防的緩衝區，到蒙城之北三十里板橋集，是國軍的最前線。蒙城到阜陽，還有一百八十華里。

帶我同行的是兩個女學生，她們到重慶去讀大學。依照計畫，我和她們過渦河以後分手，她們向西，我向南。

女學生是一個變數，我惴惴不安。當年，女學生這個名詞的含意，今人很難體會。

那年代，在我們家鄉，「女學生」一詞的含意比現在複雜。讀小學讀初中的女孩只是「女生」，不是女學生。帶職進修或退休後再讀大學的白髮女學士從來沒有，至少是沒人見過。所謂「女學生」，通常是泛指由高中到大學，十七、八歲到二十出頭。那時女子能受高等教育，必定是家裡有錢，家長的思想也開明，有這種背景的女孩子多半漂亮。那時讀大學同時是一種享受，有音樂、有體育、有社交，這些女孩子多半明朗可愛。那時候，「女學生」一詞中有個甚麼樣的形象，可以想見。

所以，那年代，女學生在眼前出現是一件大事，使女人嫉妒，男人窺伺，使男人女人都放下手裡的工作想一想自己的命運。那年代，某一支游擊隊攻打日軍防守的城池，指揮官發明了一句口號：「打進××城，一人一個女學生」，每個人都知道絕對不會這麼辦，可是仍然提高了士氣。眼前的這兩位女學生敢闖封鎖線，敢闖大後方，不怕道路坎坷、人心險惡，了不起，可是我找人同路原是圖個安全，與女學生同行，豈不等於伴著兩枚炸彈？

既而一想，此行本來就是冒險嘛！怕甚麼？最危險的事情最簡單！

拂曉時分，楊牧師送我們上火車，增添了一個男生，名叫楊大維，年紀比我小一些。鄭重約定，四人分散穿插在滿廂乘客裡，誰也不看誰，誰也不跟誰說話，萬一有誰被鬼子識破，誰也不管他死活。聽最後一句我打了個寒噤，馬上又處之泰然。

火車慢慢開行，似乎步履艱難。用家鄉話來說，我做的事情叫「連根拔」，即使動力萬鈞的火車頭，也拔得如此吃力。火車經過徐州，在車站上停留了很久，我正襟危坐，沒敢向這個四戰之區望一眼。咳，徐州是我的傷心地，抗戰勝利次年，也就是四年以後，我再坐火車經過徐州，火車也是在車站上停留了很久。那時，我的父親帶著我的弟弟和妹妹逃難，暫時在徐州落腳，我仍然只能端坐在滿車乘員之中，不敢下車一步。我有幾個傷心地：徐州、瀋陽、上海……

好不容易在宿縣下車。我看見日本兵站在月台上，有槍有彈，他們對面四隻狼犬一字排開，傲然高坐，咻咻吐舌。我看見日兵踢打小販，用刺刀劃破小販背負的布袋。我看見一個鄉下人已經通過檢查，日本兵喝令他回來，他一面走回來，一面全身發抖，恰似我有一年患了瘧疾。

檢查行李由中國人動手，日兵監看。檢查員一面翻箱倒櫃，一面偷看日兵的臉色，如果日兵心不在焉，他就馬虎一點。那「鬼子」，忽然命令中國助手打開箱子，提起箱蓋，把東西抖落在地上，以便他一覽無餘。然後，他嫌行李的所有人收拾得太慢，用槍托搗那人的腰部，那人急忙合上箱子，落荒而逃，捨棄散落在地上的衣服。

那幾個日兵絕不離開那一排四隻狼犬，跟狼犬在一起，他覺得安全。日軍信任這種畜生，任憑牠揪出抗日份子，據說狼狗能察言觀色，有誰作賊心虛，牠就撲上來，別人不肯帶我同行，就是怕我沒見過場面，在這節骨眼兒上驚慌失措，連累了他。我從狼狗鼻子前面走過，不敢看同行的女學生，頭皮發麻，她們使問題複雜，也更危險。焉知她們不同樣估量我！當地受日軍指揮的中國部隊（當時稱為偽軍）有一位軍官，他受教會付託，來車站暗中協助我們，可是，在日本人面前，他沒有半句發言權。

我要慎重的記下來，最後越過封鎖線的時候，全靠女學生的機智和勇氣，化險為夷。詳細經過我寫進小說體的《山裡山外》第一篇，大致情形是，檢查哨所的偽軍早就識破我們的行藏，等到行人過盡，夕陽西下，由一個上校來親自處理，我猜檢查哨的勤務由他指揮。我們編好的謊話，他搖頭不聽，我們提出的探親證明，他擺手不看，一定要我們實話實說，才肯放行。可是，說了實話真能過關嗎？萬一結果相反呢？當時的情況危險極了，可是也簡單極了，拖到不能再拖的時候，那位漂亮的女學生在上校耳旁悄悄說了一句：「我們是到阜陽升學的學生。」

後來，女學生說，反正那句話別人聽不見，只有「他」聽見，如果「他」翻臉，我就賴。真想不到，上校很爽快：你早說這句話，不早就過河了嗎！他真的聽到實話就放行，他這樣做，為的是證明他也支持抗戰，身在曹營心在漢。

現在我追憶前塵，感念那位同行的大姐，不知道她們進了哪家大學，是否順利完成學業，後來天下大亂，她們是否仍能逢凶化吉。現在我知道，由山東臨沂到安徽阜陽有鐵路可通，行人省去多少辛苦。我知道嶧縣已廢縣改市，鐵路已拆除，南關教會的建築，只是被革命群眾打壞了幾塊玻璃。至於楊牧師，中華人民共和國成立之初，嚴禁宗教活動，嶧縣教會與美國的淵源深，楊牧師的身分敏感，他又堅持奔走各鄉，廣傳福音，在當時是嚴重的罪行，因此受到許多懲罰，下落不明。我再三打聽，也沒人能提供他最後的行蹤，他是牧師，上帝會接待他的靈魂，保佑他的兒女。

我也常常想起那幾位漢奸，他們分裂的人格，可有小說家費心描寫？後來知道，南京汪精衛政權的要員，大都和重慶的國民政府通氣，重慶派到上海南京的情報人員，竟然能把無線電台設在高官的家裡。併吞異族太難了，被征服者表面的馴順，背後用加倍的反叛來平衡，他們是砂子，使你盲腸永遠發炎。從征服者的角度看，異族都忘恩負義，反覆善變，殊不知這正是他們的正義。咳，天下本無事，侵略者自擾之！

第二部

我，一個偽造的人

我從阜陽之北來，抄近路，從城外的大堤上直奔西關。回想起來，抗戰期間後方的社會治安真好，我直奔阜陽，一路上也沒人欺生欺小。一九四四年學校西遷，我隻身橫跨中原，也沒有人摸一下我的口袋，或者搶去我的背包。

在城北大堤上，我看見堤外浩蕩的洪流，潁水的支流泉河。我還在堤上看見城裡那些房屋街巷，地基墊得很高，灰頭土臉的顏色，一片馬不停蹄、風塵僕僕的模樣，然後，出水芙蕖一般，高高的飄揚著幾面鮮明的國旗。

我站在河堤上看了許久。我大約有五年沒看見這面耀眼生輝的旗了。淚眼把那一面一面分布羅列的旗渲染成一片模糊的紅霧。那片刻時光裡，我覺得我把阜陽看清楚了，我想看的都看見了，後來，夢中的阜陽就是灰暗的空中幾抹水氣氤氳的霞色。

通往西關的路上另是一番景況，道路兩旁都是簡陋的野店，它們的顧客就是吱吱扭扭絡繹而過的獨輪車。然後是高粱田，比高粱還矮的茅屋，與茅屋相望的「亂葬」墳場。這種墳場是沒有章法、無人管理的公墓，行刑隊在這裡槍決人犯，有時，子彈穿破頭顱，半個頭顱的屍體倒在農家門外。

二十二中二分校設在西關外的打蛋廠，我入學這天，不巧碰上警備司令部「出紅差」，學校圍牆的牆頭站著一排學生引領而望，「以昭炯戒」的布告貼在牆上。那時，我已知道，這是戰爭，戰爭輕視人命。而且，我知道，戰爭不僅看輕敵人的生命。抗戰是血寫歷史，這血，不僅僅是同志的血，也不僅僅是敵人的血。

我動身離家以後，在高中部讀書的二表姐趕緊到西關打蛋廠去替我報了名，先佔住一個名額。我到達打蛋廠時，二表姐算準行程，早已在那裡等候。

第一步手續是到教務處報到，承辦人問我：有沒有偽政府發的良民證？有沒有日本人開給的通行證？本來有一張嶧縣警察局發給的證件，可是在宿州車站又被收回去了。那麼火車票呢，車票也可以當證明文件。我當然連火車票也拿不出來，心情非常緊張。想不到承辦人說：「我給你寫證件遺失。」這才鬆一口氣。

有人真聰明，他在宿縣下火車，把票根藏起來，謊報遺失，申請補票，來到阜陽，憑票根入學。我也並非一點憑據都沒有，蘭陵小學開給我一張結業證明書，我還記得校長署名是王九三。問答之間，我完全忘記這張文件，等到入學手續辦好才想起來。

流亡學校採證太寬鬆了，辦學的人處處替你設想，你從敵偽佔領區來，經過重重盤查，任何一封信，一張字條，一個印章，都可能使你被捕，你怎麼把那種官樣文章帶出來？今生今世，我很少很少碰見這樣體恤下情的當權派。

承辦人看了我一眼，胸有成竹，自下結論：「你來讀初中，年齡太大了，我只能給你寫十四歲。記住了，你今年十四。」緊接著奇峰突起：「生日是哪一天？」

這一句，我無地自容。依故鄉風俗，忘記自己的生日是大不孝，但是我，從小到大沒吃過生日麵，沒收過生日紅包，從來沒人對我說，今天是你的生日。

他馬上替我解圍：

「不知道，我給你寫四月四日，記住了，四月四日，男兒志在四方。」

「要不要改個名字？」這一問，我更是目瞪口呆。

他的效率奇高。看來他處理過許多同樣的案例，他一一幫助那些孩子度過難關。學生想改名換字，他無條件贊成，以為這樣日本就找不著這個孩子了。好吧，我也換個新名字。說起來他也還是個大孩子，剛剛離開大學，一臉童子軍的表情，不知道世事艱難複雜，所以辦起事來這麼果斷，這麼有擔當。他後來離開學校，到西安去作公務員，我還和他通信。很慚愧，我終於還是忘了他的姓名。有時想起他，也不知官場把他磨圓了沒有。

報到的手續辦完了，旁邊有一位老師，光頭、圓臉，身材矮胖，操著難以聽懂的膠東口音，朝我們開了一砲：「任何學校都要防止學生作弊，惟有咱們這個學校，想盡辦法幫助學生作弊。這真是教育界的奇談！」

霎時間我幾乎魂不附體。我真怕他這一番話否定了我的入學資格。還好，沒人理他，他並不是這個問題的權威，雖然他的話有理。

十四歲，四月四日生，還有……離開教務處，我不是原來的我，我覺得我是一個被揑造出來的人，一個謠言。

那以後，我隨波逐流，又被揑造幾次。隨機變化個人歷史，在小人物是苟全性命，在大人物就是重塑金身了。

後來發現，有人連家鄉的地址也是假的，他離家前夕，父母反覆叮嚀幾件事，其中包括一個另外揑造的永久通訊處。中國老百姓經歷的患難太多了，他站在地球上，希望別人看不見、找不著。

一九四九年，國民政府退出中國大陸，學校解散，許多學生滿地奔走，再換一個名字，重新做人。我隔海找人更難，不過，只要你記得他的老家在哪一縣、哪一鄉，只要寫信到他的老家去打聽，還是能找到他們的下落。我後來作文章，寫出這麼一段話：

> 人，不能真正逃出他的故鄉。任你在鄰國邊境的小鎮裡，說著家鄉人聽不懂的語言；任你改了姓名，藏在第一大都市的一千萬人口裡；任你在太湖裡以船為家、與魚蝦為友，都可以從你的家鄉打聽到你的消息。有一個村子，村中原有的居民全部遷移了，流離了，村中換盡與他們素不相識的人家，這些後來的住戶竟能說出原有住戶的行蹤，原有的住戶儘管到了天涯海角，儘管和昔日的歷史斬斷了關連，也像有甚麼靈異祟著他、附著他、驅使著他，非向原來生長的地方掛個號、留句話不可。即使那村子已成為一片禾黍，地上的石頭、地下的螻蛄也會對著來此尋親訪友的人自動呼叫起來。

我們這些乘著大撤退的狂風落到台灣的人，也有人思來想去、覺得再改個名字才安心。新名字像件新衣服，沒能掩藏他，反而惹人注意。大家都是驚弓之鳥，遇人往壞處假設，三番兩次改名字總是太可疑了，可疑也就是危險，對別人危險也就是對自己危險。你看，一代一代從災難中學到的小聰明有甚麼用，危險的事情有時並不簡單。

要皇宮，還是要難民營？

進了流亡學校，我得重新學習怎樣生活。

除卻嬰兒時期不算，我一生有三次大學習，大適應。第一次，做流亡學生，受軍事訓練，過集體生活。第二次，退出軍伍，投身民間的新聞工作，過自由生活。第三次，移民出國，在不同的文化背景中生活。

三次都是大撞擊，大蛻變，大思考。每一次是一個大故事，其中包孕許多許多小故事。

二分校設在打蛋廠，這是一個英國女子設置的工廠，專門把雞蛋打破，把蛋清蛋黃分開，取出蛋清供工業之用，沒聽說怎樣處理蛋黃。既是工廠，房屋比一般民舍高大敞亮，最難得每一座房屋都是用機器打磨過的水泥地，可以防潮。

班長把我領進宿舍，只見水泥地上畫好了長方形的格子，六十公分一格，每一個格子裡睡一個人。這六十公分正好是一個人兩肩的寬度。放下棉被，左顧右盼，同學們大半出去了，右鄰一個叫劉子豪的長臉大牙的小夥子爽直，熱心，問我從哪裡來，讀幾年級。他是我認識的第一個同學。

忽然號兵吹號，窗外人群朝一個方向急跑。我問為甚麼吹號，我們該怎麼辦，子豪說：「開飯了，跟我走！」他生疥瘡，走路難，邁開鐵拐李的步伐，倒也不落人後，大眾直奔操場。操場就是飯廳，菜飯碗筷都擺在地上，群星萬點，整整齊齊。

我沒帶碗，用刷牙漱口的搪瓷缸盛飯，那時規矩大，盛好了飯，先放在菜盆周圍，人站好，等教官一聲「開動」，才開始蹲下吞嚥。缸深飯熱，一缸還沒吃完，供飯的柳條大筐裡只剩下可以數得清的幾粒米。跟我同桌吃飯的一位同學說：「你這個樣子不行，準挨餓，人餓了容易想家。」天津口音。「有錢吧？我帶你去買碗。」國字臉盤，幾粒雀斑，兩腮帶肉，很有親和力。碗是有氣孔的粗陶，外面一層黑釉，大小深淺有統一規定。盛飯有口訣：「一半二平三流尖」，第一碗盛半碗，散熱快，早些吃完去裝第二碗。第二碗飯裝到碗口，這時飯已不會燙嘴，可以狼吞虎嚥。如果還有機會裝第三碗，那就盡量多取，因為這是最後的機會了。他拿著碗，一面講解一面比畫。指粗掌厚，好像很有魄力。

他還告訴我吃菜的口訣是「準、穩、忍、緊」。不過這一招平時用不著，菜盆裡「三峽星河影動搖」，半盆熱水幾滴油。

米是糙米，糙米也算細糧，不幸有幾分霉壞，而且混合著稗子、小石子、稻殼、老鼠屎、蟑螂腿一類的雜物，人稱「抗戰八寶飯」。那時沒人知道霉米可能致癌，只擔憂稗子製造盲腸炎，吃得戰戰兢兢。古人說「國無三年糧則饑」，政府規定公倉要儲存三年的用量，尤其是軍糧，士兵吃的是三年前的糧食。倉庫沒有現代化設備，所以……奇怪，這層緣由，直到抗戰勝利，從沒有人解說。陪我買碗的同學常識豐富，他也不知道這一曲折。

他是我認識的第二位同學，名字叫蔡景明。

我首先要學的，就是集體一致同時行動，同時起床，同時上床。同時端碗，同時洗碗。同時運動，同時休息。同時呼叫，同時閉口。同時娛樂，同時嚴肅……甚至，同時大便，同時小便。

早來一步的同學，已經生了一身疥瘡。疥是一種頑強的皮膚病，周身蔓延，極易傳染。那時治疥沒有特效藥，「疥藥方，一大筐。」別說疥癬之疾何足憂哉，嚴重的疥疾也能致人於死，「疥上了臉，用蓆捲。」（把屍體捲在蓆子裡草草掩埋。）我緊挨著這樣一個病號睡覺，在數難逃。不過我那時毫不恐懼，頗有「從容就義」的心情。

同學們發現多了一個新生，紛紛圍過來探視。他們既不是祝賀我越過了封鎖線，也不是歡迎我入學，他們是來欣賞我的光亮平滑、沒有坑洞膿痂的皮膚。由於人人生疥，他們都已

「失去了」這樣的皮膚。有人嘖嗟歎息，彷彿弔自己的舊夢勝跡。「三個月後，你就和我們大家一樣了。」疥瘡的別名叫抗戰病。

這時想起，到阜陽第一天，走近第二十二中學的大門，遇見好幾個跟我年紀相仿的兵，舊軍服披在肩上，袖子空盪盪垂著，兩臂伸出去作合抱的姿勢，指頭張開，形狀奇怪。第二天，我知道他們的手指、腋下、腿彎、鼠谿都生了疥瘡，都是教官准了半休的病號，操場裡，宿舍裡，常常有人保持這樣的形象。

第二件事，我要學習怎樣對付疥瘡。

入學這天還有一件大事：領一套棉軍服。

那時，一個學生的主食、副食、服裝、醫藥費、埋葬費都比照一個上等兵。但上等兵有薪水，我們沒有。上等兵還有套單衣，我們只有一套棉衣。

棉衣倒是新的。所謂「新」，也只是從未穿過而已，我從未見過這樣的布，手搖著紡車「拉」成的線，忽粗忽細，手足並用的織布機織出來的布，很厚，但是透光，像百葉窗。顏色深深淺淺，風風雨雨，像農夫的汗漬、小兒的尿痕。有人說，黃泥和野草一鍋煮，煮出來的顏料。這是一種土布，那時沿海都被敵人封鎖，內陸努力自給自足。

最大的問題是，這套軍服的棉花並非平均鋪在裡子布上，而是「沉澱」在四周，一件衣服像裝了半袋棉絮的布袋。這衣服不但奇形怪狀，而且不能擋風。這樣的衣服非改造不可，於是一種叫做「縫窮」的工作應時而來。

領到棉衣的這幾天，如果天氣好，操場四周坐著一圈白髮皤皤的老太太，小腳向前伸出來，懷裡抱著個圓圓的針線筐，儼如為某種特別儀式而來的樂隊。她為你把棉衣拆開，把棉絮鋪勻了，再密密縫好。我記得她們只收很少的錢。如果有哪個學生，尤其是女生，向她們訴說連那樣少的錢也付不出，會有人慨然免費。這真是「縫窮」，為窮而縫，越縫越窮。

這是說冬天。到夏季，「縫窮」的人來把你的棉衣拆開，把白布「裡子」改成一件短褲一件汗衫，把黃色的「面子」縫成一套單軍服。報酬是：她取走棉絮和殘餘的碎布。士兵是繳回棉衣換領單衣，我們的棉衣不用交回。這套衣服是蟬的蛻，蛇的皮，蛻一層皮，又長大一些。

雖然軍服多半又髒又舊，那年代人人愛穿軍服，無論別人穿甚麼料子甚麼式樣，你都不會自卑。藉著軍服，好像伸手就可以構著國家，抬腿走得進歷史。你不須再與任何時裝比高。我們是披上袈裟的和尚，也是穿著緼袍的子路。

縫窮，由李廣恩同學領著我做。他是魯西曹州一帶人氏，一雙大眼睛，很誠懇。這是我認識的第三位同學。

這樣一套衣服，還是靠老校長李仙洲、以總司令的權勢想盡辦法。一九四四年學校遷往陝南，冬天，新校長只能讓我們挨凍。

我得學習怎樣適應這套衣服。

衣服這般質料，穿起來夠襤褸了，尤其第二年，衣服破舊之後。當地仕紳有如下的對話傳來：

「流亡學校簡直就是難民營，不像話！」

「你願意要皇宮一樣的賭場，還是要難民營一樣的學校？」

多年以後，我見過皇宮一樣的賭場，非常漂亮，致命的漂亮。我也有幾次進入山地和漁村，參觀十分簡陋的小學。我多次想起阜陽那位紳士的話。賭場，學校，只要想想兩者的後果！古人說，「為善莫大於興學」，而開賭場，總是萬惡的最後一惡吧。

撒豆成兵，聚沙成塔

最高級最難修的課程，要從軍訓說起。

應該說，是軍訓教官首先觸及新生的靈魂。抗戰時，文學校也實施軍事管理，在教室裡是學生，到操場上就是大兵。學生穿軍衣，吃軍糧，練習軍事動作，沒有軍人那麼專業化，所以，軍人是「丘八」，學生是「丘九」。

軍人的動作新鮮特別。例如，依照每個家庭歷代相傳的規矩，子弟不可瞪著眼睛看長輩的臉。現在，教官的命令，看我，看我的眼睛，眼睛睜大，不許眨眼，你只好勇敢的、放肆的、甚至凶惡的看著他，讓他滿意。

依照傳統的教養，在戶外對長輩說話，要輕輕走到他身邊，用很低的聲音陳述。現在不同，你要在六步之外停止，立正，大喊「報告」！聲音像吵架。

一般來說，家庭訓練要我們穩重，從容，舉手投足畫出的虛線是弧形。軍事動作直來直去，有稜有角，避免一切迂迴浪費。當你依照制式伸手去接受一樣東西時，看上去似乎很不耐煩。

我記得，當我被教官訓練得有模有樣、到基督教內地會去做禮拜的時候，許多人用驚異的眼神看我。流亡學生來參加聚會的，只有我一個。他們納悶：人的舉動怎麼會是這個樣子。等到他們了解我背景之後，他們恍然：「這可憐的孩子，一定是在外面受的刺激太多了！」

還有立正呢。立正時，兩眼平視，下巴與地面成九十度，挺胸，收小腹，兩腿直立，兩臂自然下垂，手掌貼於大腿外側，中指貼於褲縫，腳跟靠攏，腳尖分開，成等邊三角形，重心在三角形中間……

據說，這姿勢可以「泰山崩於前而色不變，麋鹿興於左而目不瞬」，據說可以一直站到地老天荒，不移不動。

還有體罰呢，挨打本是恥辱，現在卻似乎是……新兵屁股上有疤痕，就像老兵身上有彈孔，自己覺得充實，上級也認為你出類拔萃。兵，越打越皮厚，越皮厚越服從，越服從越勇敢……

有一個小男生哭著告訴同班的大哥：「日本鬼子也沒這樣打過我。」「大哥」安慰他：「你長大了打鬼子，撈回來。」

我們除了上課，日常生活和課外活動都聽軍訓教官的命令，軍號一響，立刻撒豆成兵。

在阜陽，我前後經歷三位軍訓教官，最傑出、對我們影響最大的，叫李人傑。這人的確傑出，所以名字記得牢。他壯氣如山，有所向披靡的架勢，排球發球時好像盤古拋石頭打虎。有時他穿上黃呢軍服披上武裝帶，掛著「校長蔣中正贈」的佩劍，再配上一雙馬靴，真個人要衣裳，我們認為他多大的官都能當，師長軍長總司令都行。那時李校長是第二十二集團軍總司令，我們的想像力也只到總司令為止。

李教官的工作得心應手，他有某種氣質，對跟他打交道的人有不能抗拒的壓力。他愛緊急集合、愛訓話、愛跑步，受他調理的那一年日子頗不寂寞。他在訓話的時候常常罵人，他罵戴近視眼鏡的學生「廢物，不能當空軍。」他罵有些駝背的學生「不中用，沒辦法打敵人的飛機。」他罵麻子「簡直殘廢，不能當外交官。」他也罵過禿子，這個天造地設的軍人！他恨不得「軍管」天地造化。他罵人而人不恨。

李教官人高馬大，不僅木馬單槓虎虎生風，撐竿跳亦矯如游龍。他的太太似是青島人，嬌小玲瓏，真是陽剛陰柔，相得益彰，她常來操場看丈夫表演機械操，一面看，一面嘖嘖出聲，一臉傾倒的表情。

李教官的口頭禪是「軍人以服從為天職」，他每次說這句話的時候都神志昂揚，好像剛剛受過蔣委員長的耳提面命。當然，他的意思是，他怎樣服從了他的校長，我們也要照樣服從他，這是一種神聖的傳承。

以前那位教官也強調服從，會用「河伯娶婦」的掌故和易卜生的劇本《國民公敵》支持他的主張。「如果軍隊抗議為甚麼派我去衝鋒，為甚麼不派他，這樣的軍隊還能打仗嗎？」李教官的理論比較周密，他說政府辦事，由動機到結果，過程曲折複雜，一般人無從體會，只有政府教你怎麼做、你就怎麼做。以拼圖為例，這地方需要三角形，你就做三角形，整個圖形才拼得成。

他說，那時英德作戰，英國首相邱吉爾老謀深算，惟恐德國空軍摧毀英國的工業，故意派飛機去炸德國的首都柏林。希特勒大怒，沒晝沒夜的猛炸倫敦，誓言要把倫敦炸平，反而把英國的工廠碼頭都忽略了。而德機來炸倫敦時，邱吉爾把英國的飛機藏起來，並不保護首都，後來希特勒想渡過海峽攻打英國，想想英國還有空軍，就不敢動手，結果保全了英倫三島——可是邱翁那時挨了多少罵！

所以你不可有異議，服從始能保證計畫的完美。

李教官還講了這麼一個故事：砲兵指揮官命令一個砲手轟擊前方一座家屋，砲手只發了一砲，就把目標消滅了，可是也流下淚來。長官問他為甚麼哭，他這才說，那幢房子就是他的家。今天想起來，這個故事頗能引起「悚慄感」，那時候只覺得這個砲手了不起。

多年後我看電影導演拍戲，他找一個演員來，給他一枝道具槍，教他居高臨下放了一槍，回家。那演員不知道為甚麼放這一槍，他沒看見劇本，後來電影放映，才知道那地方是一幕高潮。那時我想起李教官的「服從哲學」。

為這樣的導演拍戲，只有祈禱那是一位好導演，他拍出來的戲一定精采。如果他指揮你在汙泥裡打幾個滾身，那一場戲是敗筆，或者整部影片的水準不入流，那又怎好？可是在那年代，我們沒人想這個問題。

李教官常引蔣百里的名言：「生活條件與戰鬥條件一致」，國家始能強盛，戰爭始能勝利。

李教官是有備而來，他告訴我們甚麼是「刁斗」。它是古代的行軍鍋，用銅打造，可以煮一斗米。到了夜晚，巡更的哨兵敲著它巡邏。刁斗既是生活的工具，又是戰鬥的工具，這就是兩者條件一致。

宋太祖命曹彬準備南伐，曹彬先派了一個人冒充和尚，在南京采石磯江岸蓋廟，主要的建材是石頭，石塊的大小厚薄都經過計算。後來宋兵要渡江攻擊，拆了廟正好可以修一座橋。這個故事也是李教官講的。

「生活條件與戰鬥條件一致」，人人迷上這句話。那時大家所見只有陸軍士兵，拿破崙說「匱乏與困苦乃優良士兵之學校」，於是以為降低生活條件就是提高戰鬥條件，挨凍受餓而意氣昂揚。我們並不尊敬美軍，聽說他們在碉堡裡鋪著毛毯睡覺，他們夜間放哨也用不著口令，身上散發著牙膏香皂的氣味，老遠可以聞到。美軍顧問團的人員天天飲酒食肉，由中國供給，有一次，中國廚師特地為他們烹調了烏骨雞。烏骨雞是補品，價錢比普通的家雞貴一些，但美軍人員看了肉色認為雞有病毒，自己不吃，也不准別人吃，在野外挖個大坑，把所有的烏雞大餐掩埋了，不聽任何解釋。我們認為這樣的軍人不是訓練之師。

我們也瞧不起日軍。日軍的形象猥瑣，望之不似英雄。我們也瞧不起墨索里尼，他是希特勒門下不及格的學生。那時我們對希特勒的評價很高，雖然他是中國的敵人。我們只知道希特勒獨身、苦行，無私產，瘋狂的愛他的國家。一列德國兵在陽台上齊步走，走到盡頭紛紛摔下去，因為他們的官長沒有喊「立定」。我們必須向他們學習。

多麼新鮮，多麼刺激，多麼無懈可擊！我們是一寸一寸被改造了！我們並不知道納粹的種種下流勾當，例如他用煤氣毒死幾百萬猶太人，先用「洗澡」騙猶太人脫光衣服，搜刮衣袋裡的財物，又從屍體上拔下金牙。我們也不知道希特勒侵佔各國博物館裡的名畫，不知道他每天吃大量的水果，吃世界上最好的水果，以免體重增加。

專制始能救中國，我讀小學的時候，這句話寫在課本上。還記得期末大考有一道選擇題：「世界上最好的政治制度是：君主，民主，獨裁，開明專制。」標準答案是開明專制，選獨裁也能得一半分數，選民主完全錯誤。課本引申孫中山先生的意見：中國人一盤散沙，每一粒沙都毫無用處，摻進士敏土（水泥），就可以蓋高樓大廈。

李教官進一步發揚，他說，希特勒專制，德國復興；史達林專制，蘇聯強盛；日本專制，橫行亞洲。專制的神威來自服從，下級服從上級，人民服從政府，幹部服從領袖。服從是無條件的，不保留的。

他伸出手掌：「你們看見幾根手指頭？」

當然是五根。

「不對，我說是四根。你們現在看見幾根手指頭？」

「四根！」大家齊聲回答。

「不對，我說是六根。你們看見幾根手指頭？」

「六根！」

他很滿意。「對了，這就是救國的祕方，絕對服從！無理服從！黑暗服從！」

我艱難的學習著，遠望阜陽市郊的一座高塔，想像聚沙成塔的格言。

過了二十幾年，我在台灣看到一部影片，根據喬治・奧威爾的小說《一九八四》改編，片中正有這麼一場戲，審判官刑訊被告，問他看見幾根手指頭。這時候，台灣高唱自由民主，國民黨在抗戰勝利後改變了思想路線，台灣的年輕人看那一場戲，只當是一個笑話。

那時候，我們很認真。放暑假了，我的同班同學李孔思回山東老家探親，他告訴父母，學校怎樣管理學生。他的父親怎麼說？那位了不起的父親告訴兒子：「無論如何，他們是教你念書，他們要你坐著念，你就坐著念，他們要你站著念，你就站著念，他們要你跪著念，你就跪著念。」

李孔思果然一心向學，學科術科，都是成績第一。

我是校長，不是總司令

李仙洲駐軍阜陽，本是準備到山東敵後指揮游擊戰，怎麼會忽然辦學？郭劍青和盧興兩位校友，都曾在一九八五年到濟南探訪李仙洲先生，兩人事後都寫了文章。這年老校長九十五歲，擔任山東省政協常委。依文章記述，老校長告訴他們，從山東逃出來許多青年學生，來到阜陽，向九十二軍軍部求助，他指示軍部暫時收容，管吃管住，更多的青少年聞風而來。李氏覺得「這些十幾歲的孩子正是上學念書的時候，既不能使他們正式參軍，也不能使他們長期流落，應該有個長久之計」。經過反覆思考，又和當地仕紳一再商量，得到他們的支持，於是創辦了專門收容山東流亡青年的「私立成城中學」。依胥平學長主編的《同學錄》後記所述，時為一九四二年春天。

學校成立，山東的國軍和游擊隊首先得到消息，紛紛傳揚，幫助有志者成行。各地家長也紛紛尋覓管道，把孩子送出去。學生人數一天比一天多，校方在距離阜陽縣城三十五華里的柴集設校本部（高中部），在離柴集八華里的後湖設一分校（初中部），在縣城西關打蛋廠設二分校（初中部）在離柴集三華里的三王寨設三分校（師範部）。學校一面發展，一面向重慶申請改為國立。

本來中等教育由省縣辦理，國立中學是抗戰時期的特殊產物，一切經費、包括學生的基本生活，都由教育部負責。一九四三年春，成城中學改制成功，定名國立第二十二中學。二分校教務主任夏岷山先生向我們宣布，教育部核定全校共四十四班，每班四十人，四四不斷，我記得很清楚。教育部核發經費，以這個人數為準。

緊接著，校方宣布停收新生，但是後來各班人數都超過了，李仙洲校長想盡辦法教養超收的部分。現在，有些同學為校史編委會提供回憶文章，他們班上有五十多人。

有資料說，二十二中成立時，收容學生二千二百人，教職員四十二人，學生百分之九十六來自淪陷區，百分之八十五是山東人。台北國立編譯館出版的《中華民國教育史》說，二十二中畢業生的總數是一七一七人。

八八年六月，校友程明光也到濟南探望老校長李仙洲先生，事後發表訪問記，談到學校由私立改為國立的經過。老校長對他說，成城中學改國立，國民政府蔣主席——黃埔軍校的老校長沒有興趣，認為既是愛國青年，可以編入軍隊。老校長大驚失色，連忙進言：招兵是招兵，招生是招生，如果山東父老以為他用招生的名義招兵，對政府失去信心，他對不起蔣主席。

據程明光記述，蔣氏要老校長去找陳立夫，陳主管青年政策，長期擔任教育部長。成城中學改制，陳立夫願意促成，山東籍的黨國要人丁淮汾、空軍名將王叔銘也很幫忙，但是管錢的人有異議。從會計觀點看，流亡學生是個無底洞，必須截止。老校長著了急，連聲質問：「你們懂不懂？青年是麥苗穀種，春種一粒粟，秋收萬石穀！」

古往今來，管錢的人壞了多少事，喪失過多少人心，對首長最忠心的是他，可是對首長的理想和長遠目標棄之不顧的也是他。還是教育部有行政經驗，把公費改成「貸金」，錢不是送給學生，是借給學生，將來學生畢了業，能賺錢，再把錢還給政府，或者由政府一個月一個月從他的薪水裡零零碎碎扣回去。管錢的人聽得懂借方和貸方，這才不再留難。

七十年代，我在台北聽立夫先生演講，談到戰時教育。他說他一向主張收容教育陷區青年，當年有一句話遍告政要：「孩子進流亡學校，至少他的父母不會去當漢奸。」他也一向反對把學生編進部隊當兵，又有一句話遍告政要：「現在還沒到送學生上前線的時候。」他這兩句名言作用極大，成全了千萬矢志向學的下一代，功德無量。

一九九四年，陳立夫出版回憶錄《成敗之鑑》，把這一段政績說個詳細。他「不顧當時行政院政務處和財政部內部人員反對」，批准了救濟戰區（也就是陷區）青年的方案，陷區青年在後方中等以上學校讀書，由國庫支給貸金，書中說，「這一筆龐大的費用，在國家財務支出上僅次於軍費」。五萬多名中等學校的學生賴以完成學業，大專學生還沒有計算在內。

校友傅維寧，一九四五抗戰勝利那年高中畢業，他在〈貸款念書〉一文中說，他的畢業文憑註明欠交貸金八萬四千四百零二元九角三分。這筆錢並未扣回分文。

法幣八萬四千究竟是多少錢？查中國物價出版社出版的《民國價格史》，一九四三年，這筆錢大約是一個中學教員六十一個月的薪水，到一九四五年，依上海市價，只可以買九百六十個雞蛋。一九四八年八月幣制改革，政府廢除老法幣，發行金圓券，以舊幣三百萬元兌換新幣一元，八萬四千元還不到一角錢！扣還與否，已無意義。在通貨膨脹的痛苦煎熬中，流亡學生佔了大便宜。

李仙洲懂「社會角色」，常常對二十二中的主持者說：咱們是辦文學校，不是辦武學校。他以二十二中校長的身分出現時，對地方仕紳謙遜，對教師禮遇。學生管他叫總司令，他用更正的語氣說：「我是你們的校長，不是總司令。」學生聚眾起鬨時，他表現了忍耐寬容。據二分校同學石磊寫的文章說，他們集會要求改善伙食，李仙洲親自和他們談話。李說：「你們太讓我傷心，我就要到山東去了，你們還鬧事，讓我放心不下。我對你們，就像兩手捧個刺蝟，要丟是塊肉，捧著又扎手。」今天我讀這段話，不免淒然動容。

當然，他不可能使師生如坐春風，不能拿他跟胡適之、張伯苓比，你得拿他跟同時代的總司令比。那年月，淪陷區青年抗戰熱情高漲，迫不及待的四出投效；那年月，鄰近陷區的各省都設立了接待站，學生說要抗戰，接待人員就把他們送進軍隊，軍隊成立學生隊或學兵連訓練他們。那年月，部隊長對能看報會寫字的士兵有戒心，但是「疑人要用」，來者不拒。部隊長又派人打進他們的圈子偵聽伺察，謂之「用人要疑」，處理可疑的份子，原則上又是「寧枉無縱」。可憐那些大孩子小孩子怎懂得憂讒避嫌，今天這一個，明天那一個，學生隊也就是他們今生最後一站了。

且休說抗戰時期瑣瑣碎碎的悲慘了，一九四九年有一樁大慘案，昭昭在人耳目。不怕不識人，就怕人比人，你會知道李仙洲這個人難得。

那是內戰末期，八千山東青年流亡到廣州，山東父老為他們尋找出路，想起李仙洲將軍。李仙洲那樣盡心照顧山東的流亡青年，同鄉的鄉情也是一道保障，就把這群大孩子交給另一個山東籍的將領，人家管他叫「小李仙洲」。大家以為大李能做到的，小李也能做到。

估計完全錯誤！「小李仙洲」把這群孩子接到台灣的澎湖，以鐵腕強迫他們當兵，出現了相當規模的暗殺和冤獄。戒嚴軍管之下，流落到台灣的山東父老甚麼也不能做，甚麼也不能說，只能感念抗戰時期那個大李仙洲。這件事和我有間接關係，等我在下一本自述中再加細說。

李仙洲校長在阜陽準備入魯的那兩年，是國民政府的紅人，他要辦個中學，也就辦成了，要改國立，也就改成了。可是他入魯失敗了，老校長一生功業鏡花水月，惟有「偶然」辦了這麼一個學校，遺澤綿綿，去思悠悠。我輩何幸，好像他到阜陽來專門為了辦這個中學似的！國立第二十二中學「消失」第五十一年，老校長逝世第三年，兩岸三地的老校友，「從灰燼下覓永恆」，以西安校友會為中心，編撰國立第二十二中學的校史。善哉善哉！

我一定能帶好你們幾千個娃娃

進了學校，安頓下來，打聽甚麼時候可以看見校長。

李仙洲，山東長清人，一九二四年黃埔軍校第一期畢業，參加第一次東征、北伐，一九三〇年的中原大戰，一九三一年的國共之戰，皆有戰功。

一九三七年七月抗戰爆發。九月，日軍由河北西進，志在太原，中國調集大軍截堵，中共的第十八集團軍編入戰鬥序列，著名的平型關之戰、娘子關之戰、忻口之戰次第發生。李仙洲以二十一師師長在忻口布防，忻口是太原北方的門戶，兩山相夾，滹沱河流經其中。漢高祖出平城之圍，還軍至此，六軍欣然，因此名叫忻口。

忻口之戰十分激烈，軍長郝夢齡、師長劉家麒、旅長鄭挺珍、姜玉貞戰死，李仙洲彈穿左肺，身負重傷。國軍此役戰果輝煌，日軍約三萬人葬身山谷。李仙洲深以此役為榮，我到阜陽時，九十二軍的代號就叫「忻口部隊」。

一九三八年，李升任九十二軍軍長，參加了武漢會戰、襄樊會戰、鄂西會戰。一九四一年駐阜陽。升任第二十八集團軍總司令，仍兼九十二軍之長。李氏不菸不酒，不嫖不賭，一向追求秩序，服從權威，處事開明公正，是我們心目中的標準軍人。

平時，李仙洲只是偶然到打蛋廠來，每次來，號兵吹立正號，聽見號音，知道他來了。機緣不巧，我們正在上課，或是正在野外種菜，或是……總之，看不見他。他也多半到老師辦公室看看談談，又策馬而去。

正式見面是一九四三年三月二十九日，青年節，全校在柴集校本部大集合。

這年中英美三國領袖在埃及開羅就處理戰後問題發表共同宣言。這年蔣中正出任國民政府主席，毛澤東出任中共政治局及中央書記處主席。這年毛澤東發表〈在延安文藝座談會上講話〉，國民政府頒布《國家總動員宣傳提綱》，張道藩發表〈我國需要的文藝政策〉。這年中日兩軍在鄂西、湘北作戰，德軍蘇軍在史達林格勒交戰，盟軍在北非大勝，在義大利登陸，美軍在南太平洋與日軍苦戰。歲末，中日常德會戰。

這年，私立成城中學改制為國立第二十二中學。

柴集校本部的房舍，本是當地一所小學，地方政府不但遷讓了，還在校門外畫出一大片田地，供校本部修建操場。我們的大集合，接著上場的運動會，都在這片操場上舉行。

九十二軍的工兵，為校本部修建操場，還草創了一座大門，門左門右有一副對聯：培養國家元氣，拯救陷區青年。橫額四個大學：眾志成城。

這次大集合是當作慶典辦理的，除了訓話，聚餐，還有運動會，教學展覽，晚會。湯恩伯，何柱國，于學忠，幾位著名的將領都登台致詞。李仙洲不但登台訓話，還檢閱了我們隊伍。為了這次檢閱，我們受踢正步的訓練，直踢得腰疼腿瘦，夜不成眠。但是，我們很興奮。

那時，他除了擔任國軍第二十八集團軍總司令，還是九十二軍軍長，兼魯西挺進軍總指揮，正準備「入魯」接替于學忠，總攬山東的軍政大權。他在阜陽創辦的中央軍校駐魯幹部訓練班，隨時可以升格為中央軍校的分校。當然，他還創辦了國立第二十二中學。這是他一生事業的巔峰。站在台上的李仙洲面露微笑，但毫無驕矜之色，忠誠剛毅的氣質比平時更明顯。

李校長的講話造成高潮。他說他創辦成城中學，用意在糾合愛國青年眾志成城，他是以武訓的精神化緣辦學。接著他宣布成城中學已由教育部核准改為國立第二十二中學，「我感謝山東父老對我的信任，我絕不辜負他們的期望，我能帶十萬大軍，也一定能帶好你們這些娃娃。」此語一出，掌聲雷動，李氏幾次舉手示意，掌聲並不停止，許多同學是一面流淚一面鼓掌的。

我們兩千人整整齊齊，站成方陣，走成長蛇，那蜿蜒的隊形一眼看不到排尾，確實像是「血肉長城」。我從未和這麼多人站在一起，從未參加這麼大的組織，未和這麼多人有密切的橫向關係，在這麼大的陣勢裡，覺得自己也大了，和這方陣同大，方陣裡每一人都是我的一部分，又覺得自己渺小，小到長城的一塊磚，大廈的一粒砂。或大或小，都使我們興奮。

這天我們軍容煥然，我們的立正姿勢不再像木偶，踢正步走分列式聲音不再像下餃子，趾高氣揚在幻想中合成一個巨人，一個行動呆板排山倒海的機器人，那時宣傳家愛說一個人是一枚螺絲釘（裝配機器），一個泡沫（凝聚海浪），其實不然，螺絲釘沒有榮譽感，我們有。

我想，那時的軍國教育、集體主義教育在我們身上成了功。很多年以後我才知道，人不是機器上的螺絲釘，人是交響樂團裡的團員。團員一定服從指導，但他離開樂團仍然是音樂家。而螺絲釘，若從機器上脫落，就成了垃圾。當然，這其間世事發生了大變化。

這天的晚餐特別豐盛，仍然八人一組，菜增加為兩盆，盆裡的確有菜，一盆是豆腐燉魚，一盆豬肉蘿蔔。這天的饅頭也提升為一等白麵，而且每人不限一個，盡量吃，也無妨連吃帶拿。那時流行唱羅家倫的「會師中原同一醉，待從頭收拾舊山河」。這天的晚餐還真有那麼一點兒意思。

人在群眾之中容易迷失自己，發生幻覺。（所以母親說，人多的地方不要去？）讓我實實在在記下來，那天我覺得我正是一粒砂，正在等著混合在水泥裡做成混凝土。在世界的戰場上，中國是一座沙盤，李仙洲是沙盤上的一面小旗，我是旗底下一粒砂。即使是一粒砂，飛起來也瞇人眼，落下去也孕一顆珠。每一粒砂都能支撐百丈高樓，千尺長橋。那情懷既自卑又自負，既偉大又渺小。

我仔細看了老校長的臉。傳說他的校長受曾國藩影響，常以相法和統馭學配合，看他貌似關羽，可以重用。多少年來我讀有關的書刊，很注意他的照片，常常翻看相書，兩相印證，思索人的命運怎會寫在臉上。關公是個紅臉，李仙洲是個黑臉，據說他的校長對他寵愛，有時候叫他「李黑子」。曾國藩把「好臉」分為「同、田、貫、日」四大類，老校長是同字臉，臉部肌肉厚實，膚色黑裡透紅，眼神莊嚴，目光威猛，忠義的天性淋漓，確有觀春秋的那一股氣。

後來到底是哪裡不對？看相的人說他眼長而清，主官；額闊而長，主壽；面方背厚，主安全。他的校長萬萬沒有想到，五年以後，一九四七，麾下這名愛將也夜走麥城。

「入魯」並未認真實行？

這年，李仙洲「入魯」。

李仙洲的第二十八集團軍，統轄第九十二軍的第一四二師和第二十一師，以及由湯恩伯撥給的第五十六師。另兼魯西挺進軍總司令名義，指揮當地的游擊隊。大軍出安徽渦陽，在江蘇蕭縣附近越過隴海路進入魯西，移師東指，越津浦路北進，前鋒到達滕縣山地。

在我們的想像中，「入魯」應該像李愬入蔡州那樣，人不知，鬼不覺，突然切入目的地，怎麼大軍還沒有行動，街談巷議已喧騰眾口，而且日本飛機來到阜陽上空投下傳單，投下炸彈，對李仙洲提出警告。我那時軍事知識有限，也覺得情勢對入魯太不利了！

那時國軍共軍已由同床異夢演變為兄弟鬩牆。共軍認為「天下逐鹿，捷足先得」，國府認為「天下有道，禮樂征伐自天子出」，兩者根本無法調和。西諺說：「當敵人在你前面，你當然希望朋友在你後面。」那時，在山東，不論國軍共軍，當他面對敵人的時候，背後已無朋友。

一九四三年春天本是入魯最好的時機。四二年中秋節後，日軍停止進攻，從各線抽調兵力到山東來「掃蕩」，山東的國軍共軍都有很大的損失。

那時，日軍自稱他使用的是「蠶蝕戰術」。大軍突然包圍一小塊地方。把這塊地方孤立了，像拉網一樣把包圍圈縮小了，把敵人消滅在「蠶蝕」裡。日軍控制據點以後，掘壕築壘，一步一步擴大布置，這個戰術使共軍的基地減少了也縮小了，基地的面積「一槍可以打透」。

日軍「掃蕩」之後，從各線抽調來的軍隊紛紛離開山東，把蠶食的成果交給漢奸看守，那時魯南有敵偽的據點四百多處，平均每十二個村子有一個據點。鐵路公路沿線的據點用壕溝聯絡，壕溝大約一丈寬，兩丈深，交叉路口都築了碉堡式的高樓，派兵駐守，碉堡和碉堡之間守望相助。就這樣，日軍把魯南分割成許多小塊，使游擊隊的生存空間狹小，給養輸送困難。不過據估計，偽軍的這些布置不能抵抗國軍。

校長率軍入魯，二十二中的學生十分興奮激動，大家把這次軍事行動看做是總反攻的預演。誰沒念過「西望王師又一年」？誰沒念過「何日真有六軍來」？似乎遠在天邊，忽然近在眼前。

大軍出動後，我們最愛談的話題不再是功課或女生，而是起勁的交換日軍在淪陷區的暴行：有人身受，如挨了日軍的耳光；有人眼見，如日本兵用光芒刺眼的東洋刀砍掉中國人的頭；有的僅僅看到後果，某某得了個慢性疾病、肚子痛，日本兵用穿著牛皮硬靴的腳踢了他的小腹；有人光著屁股沿街跑，日本兵教唆狼狗扯破了他的褲子；有人攜幼扶老變成難民投奔親友，日本兵放火燒了他住的村子。

那幾年，日軍在山東多次舉行大掃蕩，一路殺人放火，搜捕壯丁，前後把四百多萬人押送到日本的礦場工場做苦工，壓搾折磨，任其大批大批的死亡。同時日軍也搶奪民間的糧食，並把用具燒毀或砸壞。如此如此，使人熱血沸騰，後方的流亡學生裡面，多少受難者的子女或近親，啣哀帶憤過日子，而今入魯，何等大快人心！

為了入魯，李仙洲在阜陽辦了個「魯幹班」，全名是中央軍校駐魯幹部訓練班。有一個楊甚麼，他進魯幹班，不進二十二中。我問他為甚麼選擇武學校，他立時呼吸急促，面孔漲紅，低聲說：「我去學殺人！」他隨軍入魯去了，真令人悠然神往。

那日子，軍隊作戰，我們作夢。

我夢見站在城頭，城下遍布日軍。衝鋒令下，我從城牆垛口一躍而下，然後，垛口還有一個我，跳下來，還有一個我……無窮無盡，也不知哪一個是真我。驀回首，背後並沒有一個城，再向前看，前面也沒有半個敵人，大地荒荒茫茫，只有一個我，一個真我，只覺得四野非常恐怖，比面對敵人還要恐怖。

和我比肩而眠的劉子豪也作夢，他夢見拿著削鉛筆的小刀去刺日軍汽車的輪胎，刺不透，乾著急。日本兵沒看見他幹甚麼，狼狗倒看見了，只好拚命的逃，拚命的逃，一條大河攔路，他一跳就過去了，可是狼狗也緊跟著跳過來，再一跳，越過了一座山，狼狗正好在山的那一邊等著，子豪醒了，喘得像風箱，半天說不出一句話。

只有李廣恩笑嘻嘻，他在戰壕裡射擊，用步槍，打著打著變機槍，再打下去變砲，最後變飛刀。

還有別的幻想。九十二軍都戰死了，二十二中的師生也戰死了，死人太多，驚動了上帝。上帝說他們不應該死，為了入魯何必死這麼多人。他一伸手，所有的死者又活了，從地上爬起來，站得筆直，個個胸前掛著勛章，耳朵裡聽見安靈號。

但是，入魯並不順利，日軍出動空軍和裝甲車截堵，共軍也傾力伏擊。日軍困獸之鬥，未可輕敵，共軍新敗之後，捲土重來，依然攻堅挫銳。日軍共軍本是敵手，但在防堵國軍入魯一事，理異心同，彼此各行其是，不謀而合。

入魯最痛苦的挫折，在嶧縣滕縣一帶、共軍稱為「嶧滕邊聯」的地方發生，楊城武大軍由河北南部緊急投入魯西戰場，伏擊成功，李仙洲終於無功而還。

令人更難接受的是，于學忠的大軍也在這時撤出山東，來到阜陽一帶，山東境內的抗日武力，已經沒有國軍。于總司令的總部設在郭寨，「郭」和「鍋」同音，對魚不利，他把「郭寨」的名字改成「水寨」，如魚得水，圖個吉祥。

當時，山東父老的反應是非常失望，大罵蔣介石放棄山東。多年以後，我讀到山東史學家李恩涵教授的著作，他研究山東問題，淵博專精。他說，李仙洲入魯之議，「中央並未認真實行」。

李仙洲總算瞧得起我們這群娃娃，他親自向師生報告入魯經過。這一次沒有全校大集合，簡簡單單帶著幾個隨從來到二分校，講話的聲音很低，內容簡要，點到為止。

有消息陸續由九十二軍傳來，這次戰役的確是硬仗，戰線拉開，十幾個村子對著打，晝夜衝鋒不停，李仙洲的指揮部裡滿地是未爆的土製手榴彈，事後數了數有三百多個。

現在，校本部學長鄭純陽寫了〈回憶母校的點點滴滴〉一文，難得他還記得，李仙洲在校本部講話的時候，說出人員折損的數字，共計死亡校官三十六名，尉官三百六十名，士兵八千多人。李氏神情哀傷，師生為之黯然。

入魯，是李校長一生事功轉為平淡的分界線，也是國立第二十二中學黃金歲月的休止符。九十二軍軍長換了侯鏡如，國立第二十二中學校長換了鄭仲平，入魯幹部訓練班撤銷。

我們認為這是對李仙洲的懲罰。

入魯是李仙洲的夢，他活在別人的夢裡，我們又活在他的夢裡，我們自己也會作夢。一個人多高多大，要看他的夢能包容多少個別人的夢。入魯失敗，多少人都得重新編夢。

當時，多少事我們不明白。

戰爭是一架機器，製造祕密

一天下午，外面有人找我，出去一看，那人戎裝整齊，戴少校領章，不認識。

彼此一交談，我想起來了，我在《昨天的雲》裡寫過，我家接待過一位雲遊四方的傳教士，他勸我到阜陽來讀書，正是眼前這位少校，那時他穿的是長衫，怎麼一下子變了另外一個人？

他說他在九十二軍工作，直到今天才有時間來看我，他甚麼也沒問，他是盡知內情的人，一切不必問，俗套概免。他說：「我請你吃晚飯。」

我們進城去，揀一家小館子。他叫了一大盤炒雞蛋，這是我離家後第一次吃蛋，三十年後我見到一塊田黃石的時候曾經想起那盤蛋。

主食是阜陽的名產「婆婆饃」。這種特製饅頭重十斤以上，用風快的大刀切片出售，意氣甚豪。製作時把和好的麵放在大木槓底下壓緊，放在大鍋裡文火慢烤，鍋底抹油，可能要烤一夜，燃料是麥糠。整個饅頭潔白如玉，帶著金黃色的底座，吃起來又香又甜，又脆又酥，又鬆軟又有韌性。據說當年宋軍在此抗金，一位姓王的婆婆晝夜製饃勞軍，盡瘁而死，這才得了「婆婆饃」之名。

他說很對不起，他這個傳教士是假扮冒充的。九十二軍準備入魯，派了許多人到魯南察看山川形勢陰陽虛實，這些人穿著長衫，從事醫卜星相各業，別稱「大褂子客」，他實在是一個大褂子客。

我絕未想到「對不起」。我覺得他這個「大褂子客」處境危險，令我揑汗。

我有問題，迫不及待。

大軍為何不能保密？他說，有些事情你該知道，你不知道是枉來阜陽。他說阜陽是桂系的地盤，桂系和中共有交情，桂系的人常說：「國民黨是藍的，共產黨是紅的，我們廣西是紫的。」李仙洲的行動瞞不住安徽省政府，省府一旦知道，天下人都會知道。

「入魯」並不是軍事反攻，而是到鐵扇公主的肚子裡做孫悟空，為何不打游擊戰，打起陣地戰來？

他說這個一言難盡，九十二軍是勁旅，但是不能打游擊戰，因為國軍的訓練和裝備都不是為了游擊戰。步騎砲工輜，一板一眼，行軍宿營，師部離團部多遠，團部離連部多遠，有蘿蔔有坑，老虎不能爬樹，大象不能跳高，打游擊反而累贅。

保密做不到，游擊不能打，「入魯」豈不是一場沒有希望的戰爭？他說你別急：「我是為入魯來的，入魯失敗，我要到重慶去另謀發展，我要找門路上萬言書，請中央訓練新軍，輕裝備，輕武器，能聚能散，能打能跑，以創造發明的精神求戰求勝，打破一切陳套成規。只有這樣的部隊，這樣的打法，才可以跟中共爭長爭短。」

這就是為甚麼我必須隱瞞他的姓名、籍貫和以後的行止出處。我聽說他在抗戰勝利後偃武修文，一九四九後在中國大陸某地隱居，「聖朝無隱者」，相信那一波一波的政治運動他都躬逢其盛吧？那一次一次的檢討坦白他一定嘔肝交心了吧？可是，他是否還保留了一點甚麼、隱瞞了一點甚麼，居然始終未被發覺呢⋯⋯

他曾經是傳教士，他讀過《聖經》。他很健談，不像一般牧師「以貧乏的教條，對豐盛的生命」。恰好我對宗教信仰也有一些問題。

那時有個名詞叫「唯物侵略」。在這裡，「唯物」和中共無關，它指那些船堅砲利財大氣粗的國家，言必稱飛機多少架、軍艦多少噸、石油多少、電力多少，極其重視物質力量，強調必須物質力量優勝，戰爭才會勝利。中國當時在這方面處處不如日本，民心所受的壓力很大，汪精衛的漢奸理論即在「唯物」的基礎上強調「中國只可與日本為友，不可與日本為敵。」所謂唯物侵略，即是指這種思潮。中國的理論家當然有防堵還擊，他們各方面都照顧到了，偏偏忘了宗教。

「唯物侵略者」堅持無神，我問這位客串傳教士，他讀《聖經》，住教會，與信徒交往，他心裡到底認為有神沒有。他正襟危坐，嚇我一跳。他說宗教不是有神無神的問題，而是有用無用的問題。人需要住宅、學校、劇場、醫院、飯店、旅社、博物館、辦公室等等，這些都有了還不夠，再加上別墅遊艇仍然不夠，他還需要教堂。醫院能解決的問題博物館不能解決，教堂能解決的問題辦公室不能解決。人縱然六親俱全，萬物皆備，還是有某些缺憾，有了宗教信仰，這惟一的缺憾就消失了。當然有人可以說，他不需要神，沒有神他更快樂。試想，如有人說他不需要哥哥弟弟，沒有哥哥弟弟他更快樂，如果有人說他不需要朋友，沒有朋友他的生命更充實，我們聽了會怎樣估量這個人？我們怎能承認他是個健全的有境界的萬物之靈？我們豈不懷疑他的心靈有某種殘疾？

他笑著說，他是冒牌的傳教士。這回輪到我認真，我站起來敬了禮，稱許他是真正的佈道家，他的說詞實在比專業的牧師證道容易接受。他高興極了，聽到這樣的評語，他的內疚大大的減輕了。他說：這個傳道士是假的，可是他傳布的福音是真的。

當時，多少事我們不明白。

依我們簡單的想法，李仙洲既然進不去，于學忠應該留在裡面，中央應該給他更多的補給、更多的責任，為甚麼要把他調出來？他為甚麼不等李仙洲接防就先撤出據點？于學忠駐在諸城、日照的部隊，行軍橫貫山東全省，由魯東經過魯西再到阜陽，為甚麼能夠成功？

他說，「現在不能告訴你」。過了兩年，抗戰勝利、日本投降的時候，我又和他見了面，他才提出答案。他說，于學忠的部隊是東北軍，一九三六年西安事變發生，東北軍和中共結下生死交情，于部在山東和八路軍容易相處，撤退時沿途都有八路軍護送。他說蔣先生不相信于學忠，從山東敵後來的報告都說于學忠不穩，中央命令他撤到阜陽，有忠貞測驗的意思。于學忠也知道自己受懷疑，也不能等第二道金牌。

年輕時發現祕密，年長後破解祕密。戰爭製造祕密，和平暴露祕密。現在我讀李恩涵教授的著作，和臨沂地區地方史志辦公室編的百年大事記，知道于學忠部在山東一再出事。說來難以想像，師長常恩多和旅長萬毅扣押副軍長林炳珊。旅長徐煥彩逮捕旅長萬毅。師長常恩多投共。第二縱隊司令厲文禮和他下面的一個旅長榮子恆先後投降日本。把這樣一支軍隊留在敵後，也確實難以放心。

山東的戰局是中日對抗加國共對抗，如果這是一個三角形，國軍完全撤出山東以後，緊靠國府的這條邊驟然縮短，由國民政府成立的游擊武力，陷入惡劣的境遇。國共雙方都有專書敘述山東抗日的歷史，到後期，書中所記幾乎就是國共戰史，差別不過是說明戰爭責任在彼而不在己。

抗戰勝利，山東境內親國府的勢力幾乎全被消滅，通往東北的路堵塞，國軍只好從北越的港口河內乘美國軍艦前往接收。一九四五年十一月，國軍出山海關，解放軍已從山東、河北、熱河進入東北，將山海關、錦州、瀋陽、四平、長春各地佔領，並控制松花江以北的地區。國民政府接收東北的工作十分艱難，最後完全失敗。

一九四七年一月以後，國軍似乎有意把山東奪回來，三番兩次集結大軍，想和山東共軍的主力決戰，每一次都損兵折將，創巨痛深，連帶把我們的老校長李仙洲也賠進去。

這些年思來想去，我認為一九四三年李仙洲入魯失敗的時候，國民政府蔣先生就應該知道，他的軍隊無法打敗共軍。可惜他不知道，或者他知道，但無法自拔。

師友，在光陰裡

抗戰期間，我們在相當封閉的環境裡上流亡中學，多少該看的書、該看的戲都沒機會看到，文化知識相當貧乏，只有抗戰歌曲，那些最出名的，最流行的，至今能留下來做音樂遺產的，我們大都學會了。這一項，我們算是趕上了時代。

這是音樂老師的功勞：先是王堅，後是楊奇英。論專業修養，王老師高些，論氣質，楊老師平易些。他們對教育部規定必須要教的歌曲置之不理。

他們教的是：「在那高高的山崗上，有我們無數的好兄弟。沒有吃，沒有穿，自有那敵人送上前。沒有槍，沒有砲，敵人跟我們造。」節奏的的打打，像小軍號帶頭行軍，引發多少激情壯懷。「延水濁，延水清，情郎哥哥去當兵。……延水清，延水濁，小妹妹來送情郎哥」。曲調中有鄉野的羞澀，都市的開放，戰時的果決，平時的纏綿，唱起來三歎九轉。「端起了洋槍土砲，揮動著大刀長矛，保衛家鄉、保衛黃河、保衛華北、保衛全中國」！聽聽那排除萬難、越挫越奮的氣勢。

王堅老師留下一首〈我是太陽〉：「在這個世界上，我驕傲我生為中國人，二十世紀、該有一頁、我們與敵人的鬥爭史」，用憂傷的曲調，訴壯烈的行為，把口號提升為人性的宣言，永遠永遠感動我，對我後來的文學創作有重大的啟示，我終身下筆未入八股教條之門，這首歌應該是最早的預防針。

論師資，楊老師蒼白高瘦，肺活量小，音質也平常，還不及後來在陝南的那一位，可是好歌彌補了他的缺點，他一直受我們的歡迎。陝南的那一位受過真正的男高音訓練，怎奈教育部連累了他，使他事倍功半。教育部規定必須要教的那些歌……唉，那些歌，今天連官版的音樂史裡也多半不提了。

咳，別提那官版的教材：「大哉中華，代出賢能。」……「國家至上，民族至上」……怎麼能跟人家比，怎麼能算是歌。一九四九年我去台灣，海峽兩岸絕緣，絕對禁止再提起人家作的歌，我還會不知不覺自己哼出來，等自己聽見，驚起魂魄，緊急禁聲。三十年後我移民海外，我出版的《左心房漩渦》裡面有一篇專寫〈我是太陽〉和〈黃河大合唱〉對我們那一代的影響。

王堅、楊奇英兩位老師都來自第五戰區司令部文宣部門。當時國共聯手抗戰，第五戰區司令長官李宗仁向中共傾斜，吸納了許多共產黨的人才，有人懷疑王堅是共產黨員，他見機辭職。楊奇英老師呢？他是嗎？

國立二十二中的教職員很少關心學生，可是楊老師遇見我，總是溫和的望一望我，點點頭，使我受到很大的安慰。……更何況，有一次，他問我常常接到家信嗎？……更何況，有一次，他看見我的棉軍服露出一團棉花，就對旁邊的一位女同學說：「替他縫一縫吧，互助一下。」……更何況，我報名參加青年軍，校醫初步檢查體格，發現我左眼的視力只有零點二。楊老師安慰我：射擊的時候，一向是閉上左眼瞄準。……更何況，他後來離開學校，到成都做公務員，還寫信告訴我：「『自學成功』是靠不住的，學校畢竟是讀書的地方，離開學校，到社會上做事，心散了，為學就難了。」這封信使我心暖、心安、也心酸，我牢記他的教導，但是不能實行。到了後半生，我常常複述他的意見，鼓勵在學的年青人專心向學，倒是不少人言聽計從，完成了這一件終身大事。

他對我有很大的吸引力，有人說他是共產黨，我曾忽然想過：如果他是共產黨，我也跟著他去做共產黨吧。……

還有吳培申老師。

我該怎麼形容吳老師呢？一言以蔽之，他像個大學教授。

那時候我們沒看見任何一位大學教授。我們也沒有看過話劇電影中的人物。但是大學教授在我們心目中有清楚的形象：溫和、從容、有尊嚴、有書卷氣、堅持原則、心憂天下，吳老師正是這樣一個人。

吳老師的姐姐吳惠波，姐夫丁德先，都是本校的良師，若論受歡迎的程度，誰也比不上他們的這位老弟。那時有一門課叫「公民」，這門課極難教，也許只有吳培申先生能教得好。課不多，我們常常數日子，巴望上這堂課，幾乎望眼欲穿。

這門課沒有課本，筆記也有限，吳老師以近乎隨筆、漫淡的風格授課，重啟發，沒有教條。舉個例子，吳老師說：

在南太平洋島嶼上，美日兩軍對壘，美軍見日軍藏在戰壕碉堡裡避免犧牲，就想辦法引誘他們出戰。於是美軍這一邊有個會說日語的人高聲辱罵天皇，日本官兵一聽，是可忍孰不可忍，立刻跳出戰壕，衝鋒向前，結果被美軍的火網消滅了。日本指揮官一看，這個辦法不錯。第二天，日軍派一個英語流利的人在陣前大罵美國總統羅斯福，罵了半天不見動靜。再罵，有一個美兵高聲回答：「你儘管罵好了，我們是共和黨！」（羅斯福屬民主黨）。

吳老師說，這就是美式民主的缺點，三心二意，力量分散。

吳老師在「權能分掌」的基礎上引申，認為國家的力量來自「不」民主，阿斗越管事，諸葛亮就越難辦事。國有外侮，傾力作戰，絕不是談民主的時候。他說「宋人議論未定，而金兵渡河」。那時史大林、希特勒、墨索里尼，都以專權獨斷使國家強盛，即使是美國，國會也自動停止若干權力，提高行政的職能。那時的中國有志之士也認為，要救中國必須接受某種形式的專制，有人去找共產黨，有人去找國民黨，心甘情願獻上個人自由。

既然沒有課本，吳老師就隨手摭拾新聞，把時事分析和公民訓練巧妙融合。還記得，國民政府蔣主席前往參加開羅會議，英國首相邱吉爾、美國總統羅斯福一同出席。吳老師要大家猜：蔣先生穿甚麼樣的衣服去開會？軍服嗎，不是，軍服顯不出蔣先生是國家元首。西服嗎，不是，西服顯不出蔣先生是中國的元首。

他說，蔣主席穿的是長袍馬褂。

我們萬分驚訝，帝制推翻了，軍閥也打倒了，長袍馬褂還存在？他說，長袍馬褂是中國文官的禮服，他隨便灌輸了文化傳承的觀念。六十年代，退守台灣的國民政府，正式規定用西服做公務員的制服，我想起吳老師，又吃一驚。這一次，我驚的是流年偷換，世事無常。

他的交遊，遍及山東安徽的軍政領導人，常常替學生解決困難。某同學的哥哥在某大學讀書，病倒了，他隨手寫封便函，病人就進了醫院。某同學的弟弟到後方來，在某處被國軍逮捕了，他進城打個電話，那個青年就恢復自由。

吳老師留給我們的形象，他穿長袍，戴呢帽，應是冬裝。圓臉潤澤，我們一見生歡喜心、親近心。他講話有魅力，內容魅力易得，聲音魅力可遇不可求。他的課不多，我們翹首盼他，仰首看他，傾耳聽他，低頭想他，恨不能時時在他左右。

有人說，像他這樣一個人，怎會來做中學教員呢？八成他是個國民黨特務。那時我也曾偶然動念，如果他是國民黨特務，我也跟著他做國民黨特務吧。

咳，咳，我甚麼也沒做，皇天后土，我甚麼都不是。

單汀秋教我們本國歷史。他的名字到底是不是這兩個字？難說。名字有詩意，形貌全不像詩人。身材粗大，皮膚黧黑，目光呆滯，聲音低啞，除了上課，總是沉默。

進了教室，他總是一言不發，先寫黑板。戰時艱難，教科書在當地翻印，只印了英文國文數學，其他課程要靠抄筆記。他寫字快，工整，條理綱目清楚，教材內容全憑記憶，兩手空空。

他講課的聲音沒有抑揚頓挫，臉部也沒有表情，只見又圓又大的眼鏡片低昂閃爍。多年後也忘不了他的姓，「單」字上頭兩個口，像他的眼鏡片。

總覺得他胸中壓抑著許多東西。有人說他交通大學畢業，當過某一火車站的站長，日本兵打過來，殺了他的妻子兒女。我們聽了肅然，上他的課像參加某種宗教儀式。

有一次他講到劉錡在順昌抗金，南宋的順昌就是今天的阜陽，我們的學校正好設在阜陽。他聲音悠悠然，蒼蒼然。他說南宋委屈求和，對金自稱屬國，每年對金進貢五十萬兩，可是金國毀約，大軍南下，一路上擄掠燒殺。他說得那麼慢，不動聲色，別有一種悲憤，說得我們每個人的脊樑骨都挺起來。

他說到劉錡。劉錡到順昌的時候，金兵離順昌只有三百里了。劉錡決定守城，金兵布陣，和守軍隔河相望，劉錡別出心裁，替金兵搭了浮橋，歡迎敵人攻城。到夜半，劉錡派五百敢死隊過橋偷襲，這一夜有大雷雨，閃電一個接一個，敢死隊人塗了大花臉，口裡含著哨子，手裡握著刀。他們伏地不動，趁著電光一閃的那一瞬間起來殺敵。隔一段時間吹一下哨子，聽哨音互相靠近，五百人始終互相支援。金兵在閃電中看見那些可怕的臉孔先著了慌，倉促出手，自相殘殺，竟被這五百人打了個落花流水。我們聽得入了神，單老師說到敢死隊跳起來殺敵時，兩眼突然圓睜，鋒利有光，許多男同學不知不覺縱身欲跳，揮手作刀劈的姿勢，一屋子心跳氣促的回聲。……唉，那堂課，老師口裡說的是金兵，心裡想的是日本兵，我們耳朵裡聽的是順昌，心裡想的是淞滬、台兒莊、長沙！

除了授課，單老師和學生沒有任何接觸。依今天的教育理論，好教師要和學生多溝通，對學生多了解，那時候不興這一套，流亡學生十幾歲就抗著那麼大的壓力，沒個疏解。那時家長老師有一個共識，世上有三味藥可以治青少年的百病，第一是用功讀書，第二是用功讀書，第三還是用功讀書！一切煩悶徬徨都可以化解，不須依賴其他。

如果傳聞是真，單老師有那麼沉重的家難，再希望他和學生說說笑笑，也不近人情。他，一個傷心人，一個萬念俱灰的人，教書能夠從不請假，從不遲到，從不馬虎應付，他付出的已經太多了！這是那個時代中國人的想法。

單老師立下的榜樣是，沉默工作，逾量工作，用工作虐待自己，用虐待自己消滅痛苦。我一度模仿過他的樣式。在他那個年代，這樣的人是受尊重的，到我的時代，漸漸不然。

那時有位將領叫王仲廉，名氣不小，幾十年來報章書刊常有人提到他。一看到「王仲廉」，當然就聯想到「李仲廉」。

李老師教我們國文。大約是保定、石家莊一帶的人，那時，他的口音，我們認為就是標準的國語了。個子矮，不瘦，精力飽滿，眼睛似乎有病，經常有幾分眼淚模糊的樣子。

他非常喜歡詩詞，開講之前，先在黑板上寫一首古人的作品，由唐代邊塞詩人到辛亥革命先烈，全是「戰鬥文學」。我喜歡「不斬樓蘭終不還」，喜歡「醉裡挑燈看劍」，喜歡「男兒自古披肝膽，志士何嘗惜羽毛」，喜歡「陸沉危局憑誰挽，莫向東風依斷欄」。讀在嘴裡，熱在心裡，洶湧在血裡，相較之下，國文課本裡的「感時花濺淚」、「古道照顏色」就不夠刺激了。

那些詩，越讀越覺得「數理化非為我輩而設」，金革殺伐聲裡，容不下弦歌。有一天「忽然」發現課文是「南將軍歌」，南將軍，指張巡手下的勇將南霽雲，古今完人。安史之亂，尹子奇圍睢陽，打了十一個月。張巡有時一天之內打退敵軍的二十次衝鋒，有時候連續戰鬥十六晝夜。糧食吃完了，吃草根樹皮，吃戰馬，張網捉雀鳥吃，挖地捉老鼠吃。雀鳥老鼠也吃光了（他老人家忘不了加上一條小註：這就是羅掘俱窮），張巡下令殺自己的姨太太，吃完了姨太太的肉，吃城中其他的婦女，吃完了婦女，吃老弱男子。沒有人反抗，沒有人叛變，人人知道早晚也是死在敵人手裡。我知道今天的人道主義者和女權運動家會怎麼說，可是那時候我們只覺得壯烈，只覺得可泣可歌，只想下跪，睢陽城裡人人可以封聖，連老鼠也該受我一拜。

接著談到南霽雲。張巡派南霽雲突圍到臨淮求援，守臨淮的賀蘭進明不敢出兵，勸南霽雲留在臨淮做官，南將軍拒絕；賀蘭擺出酒宴來款待，南將軍說：「睢陽全城的人都要餓死了，這些酒飯我如何能下嚥？」他左手扶在飯桌上，右手撥出佩劍，當場砍掉自己一個指頭。這一劍砍下去，不知賀蘭進明的反應如何，我們全班大叫，尤其是女同學。李老師掏出手帕擦眼睛，他經常擦眼睛，可是這一回顯然不同。

嗚呼南八真男子！南將軍又回到睢陽，突破敵人的陣地，殺進城去。城破，尹子奇希望南霽雲投降，南不肯，和張巡、雷萬春一同被殺。嗚呼南八真男子！單有這一句詞還不夠。單有這一首歌也不夠，那首歌沒罵賀蘭進明，我們放聲大罵。（奇怪，沒人罵尹子奇。）給張巡、南霽雲修了廟也不夠，我們想添上賀蘭進明，讓他永遠跪在張巡、南霽雲面前，當他是另一個秦檜。

回想起來，李仲廉老師有學究氣，他重古薄今，引得我以後好幾年都看輕了白話文學。

他本來在李仙洲的總部裡當祕書，轉到中學教國文，似乎是下放。李老師一點也沒有失意的樣子，「處江湖之遠、不忘其君」，一心以為他來教這門課，也是為李總司令。他和總司令之間有神聖的、無形的、直接的感應，懷著一份神祕的安慰。說起來，這是封建情懷，我早歲也從線裝書裡有熏染，因受教李老師而更為嚮往。四十年後，我寫長篇故事《山裡山外》，有一個人物使用他老人家的原型。不過。這時候我對那人生態度有了意見，我塑造的角色也就有了喜劇的意味。

教化學的滕清芳老師，那時大概剛剛大學畢業，短髮齊耳，天藍色陰丹士林布旗袍，兩者之間有冰肌玉膚。這色彩，我們叫青天白日。

她走路極快，還有女學生的活潑。上課號響了，她人還在門外，朝氣先一擁而入。教書倒又老練，語氣堅定，態度從容，進度濃淡均勻。

這門課我沒學好，現在只記得她三句話，都是題外之言。

那時推行陽曆，陽曆的月分忽大忽小。我們從小學過一種識別的方法，左手握拳，使手指和手掌之間的關節隆起，用右手從頭到尾去數這些關節，來回數兩遍，高處是大月，凹處是小月。

滕老師教給我們一個簡明的口訣：「七前單大，八後雙大。」七月以前，單數是大月、七月以後，雙數是大月，至於七八兩個月則全是大月。有了這條口訣，大月小月只消略一沉吟就可以知道。它立刻淘汰了握拳頭數關節的辦法。

我懷疑這是滕老師的發明。以前，我從未聽人說過，以後，我認識的人也都聞所未聞。我是盡了推廣的力量，口頭，文字，屢次介紹宣揚。我對這條口訣的普及似乎頗有貢獻。

另外一句話是：她講到鐳，講到居里夫人，講到居里被鐳的放射線「殺」死。我說：「要是她沒發現鐳，有多好？」

滕老師說：「那不是有一天照樣會死嗎？」

一點不錯。人皆有死，發現了鐳，死了，有鐳留下，千秋萬世。沒有鐳，有一天也得死，上壽不過百年。

家鄉人常說：「吊在這棵樹上是死，吊在那棵樹上也是死。」於是我們來選樹。

有一天，滕老師談到化學元素互相化合成為種種物質，說了一句：「難怪有人說，『哲學研究神的意思，科學研究神的方法。』」

這句話轟隆一聲，五雷劈頂，把整個化學炸光。我一直在想，神造世界就像廟門口捏麵人兒的，把各種顏色的油麵揉來搓去，變化不拘。神說要有水，天使用兩個氫元素加一個氧元素，就有了水。神指揮百萬天使，照方程式配製萬物，一聲令下，很可能在六天之內完工。

這句話調和了科學和神學的衝突。現在單是菊科的植物就有幾千品名，當然不全出於神造，神在太初只造了一種菊，然後菊分布、演化。神造論和進化論也未必一定要你死我活。

那時，這兩句話既維繫了我對基督的信仰，也強化了我對科學的尊敬。星期天進城作禮拜，我趕快把這兩句話告訴了牧師（也許是長老），他像銅牆鐵壁，告訴我：「我們讀《聖經》可以知道神的意思，但是不能全知；至於神的方法，我們永遠不知道。」

我想，如果我把這兩句話告訴家鄉的翟牧師、楊牧師，他們的反應一定比較有深度。橄欖到了嘴裡，總要含一含、嚼一嚼。我覺得，佛教有些中間人物，如濟公，如孫悟空，有些中間理論，便能在僧俗之間擺渡，對佛教的發展有助。基督教則完全排斥這橋樑。

我的化學成績很差。和我同桌的王文堂，能信口背誦七十幾種化學元素（那時好像只有七十幾種）的名稱、重量和質量，把「神的方法」弄得清清楚楚。考試時，十道題目我只能做四個，想朝文堂的卷子偷窺，遭到嚴密的防守，我一怒之下離座交卷，不待終場而去。

這一下子後患無窮。後來發生學生罷考事件，滕老師堅持是我主謀，理由是，我已交過一次白卷。我從未料及我在她眼中是這番成色，她也沒想到她在我心中的分量。人與人之間，了解實在難。

教數學的何功惠也是女老師。二分校的老師多是膠東人，何老師是武昌，自有特色。她的丈夫張某，江蘇人，個子比她高，高很多，兩人若是邊走邊談，一個盡量低頭，一個努力仰著脖子，很好玩。

何老師的丈夫在阜陽城內開寄賣行，不知怎樣「拐」了高中部的一個女生，跑得無影無蹤。何老師的肚子越來越大，越站越直，一臉殺氣，對負心人焉得不恨。她教書倒是完全不受影響，一面寫黑板一面講解，看側面像個小寫的英文字母 b ——她個子矮，女子不高多半因為腿短。那時我們學了一堆英文單字難免賣弄，「李聖人」李孔思推測何老師要生雙胞胎，因為 baby 有兩個 b。

一個單身女子，在這戰時，抱著一對吃奶的嬰孩，好生使人替她發愁。但是何老師面對生活，毫無懼色。

誰也想不到，這位數學老師點化了我，使我能寫論說文。我到了後方才知道，任何一種考試的作文都限定論說，我那點子吟風弄月傷春悲秋的本事並不入時合制。但我從未受過論說訓練，直到何老師在黑板上寫下：

A大於B

B大於C

那麼A一定大於C

她順口說了句：「你們作文不也是這個樣子嗎？」那一堂課我定了神，只想作文。耶穌說：「生命不勝於飲食嗎，身體不勝於衣裳嗎，你們先求神的國和他的義，這一切都會加給你們。」其思想骨架就是：

上帝的國大於個人生命

個人生命大於衣食

上帝的國大於衣食

〈大學〉說，身修而後家齊，家齊而後國治，國治而後天下平，自天子以至庶人，壹是皆以修身為本。我看也是同樣的模式，推演過程比較複雜一些。

我曾經把代數的許多習題拿來架構論說文，後來我知道這就是邏輯。

這年阜陽城內發現時疫。李校長輕車簡從來到二分校，先看廚房，後看廁所。那時有一個慣例，大員視察一定特別注意這兩個地方，要求廚房整潔，廁所沒有惡臭。談到環境衛生，大家在這兩個地方費盡力氣。抗戰勝利，這個慣例無形中廢除了，開始講求布置禮堂和「接待室」，風氣變易，見微知著。

操場旁邊、接近教室的地方有幾口水缸，炊事班每天燒些開水倒在裡面，供學生飲用。每天早操後、晚自習前，同學們拿著搪瓷漱口杯叮叮噹噹搶開水。這天李校長吩咐炊事班長：「別讓那些孩子喝生水，開水要管夠，水缸不許見底。」此語一出，開水用之不竭，腳氣疥瘡都燙得舒舒服服。木柴消耗激增，事務處大傷腦筋。

這天傍晚，我和徐秉文蹲在水缸旁邊，一人一隻碗，想像茶館。我們連喝五大碗，痛快淋漓。喝足開水果然百病不生，喉痛、眼角發炎、大便乾結，小毛病一一不藥而癒。奇怪的是喝了那麼多的水，一夜也不必起來小便。

這時，滕老師陪著何老師出來散步，孕婦需要散步。滕在說話，何在靜聽。夜色已濃，人影模糊，根本看不清也聽不見，我們憑感覺。「感覺」這東西有時不可思議。

我們趣味盎然的看著她們。那時我們喜歡窺探成人的世界，注意他們的喜怒哀樂，希望了解這喜怒哀樂的背後。少年十五二十時喜歡窺探成人的世界，人到中年就喜歡窺探要人的世界，採集政壇內幕官邸祕聞，及其老也，努力窺探上帝的世界，思索天道命運等等。

我們望著分校主任張秀峰老師和她們交會走過。張主任瘦高蒼白，「秀」誠有之，「峰」則未能。他是膠東人，但「官話」說得不錯，「精神講話」句句深入人心。

徐秉文說，滕老師望著張主任，「用眼睛笑」。

我不信。眼睛怎麼會笑，再說，你又怎能看得見。

「月亮照在她臉上，她的眼球反光。我看見光在她的眼珠上如何跳動。」

秉文比我小一歲，可是這些地方比我先進。一年後，學校遷陝西漢陰，早熟的秉文首先出了狀況，用今天的病名來形容，大概是患了憂鬱症。

兩年後，張秀峰主任、滕清芳老師兩人結婚。那時我已離開學校，遠遠聽到消息，心中也曾暗暗祝福他們。

四年後，我有機會學習文學寫作，受「觀察」訓練，時常想起秉文。操場夜晚星光下，他見人所未見，正是觀察的功夫。

莫等閒小看了疥癬之疾

在冬天和春天交界的地方，密密的排列著無數文人雅士，他們歌頌風的溫度、水的聲音、樹枝的顏色，陶醉在溫馨的感覺裡。我猜，這些人都沒生過疥瘡。

依我們生疥的人來說，「臘盡春回」是煩惱尷尬的日子，夜半，夢中，「下意識」指揮你抓那些疥疤，抓到醒，抓到出血，「越抓越癢，越癢越抓」，這就是春的消息。

疥蟲也懂得「一年之計在於春」，它們在你的皮膚裡穿鑿隧道，造成奇癢。你伸手去抓，這就上了它的當，它布下陷阱，等你的指甲幫助它擴充地盤。雖然你十分明白後果，你還是把那些透明凸起的、粟粒一樣的小泡抓破了，黏液流出來，潰爛開始。可以說，疥瘡是由疥蟲設計，由你自己施工。可是，我怎麼能不抓呢？有知識，沒有毅力，結果知識沒有用處。「惡性循環」這個詞語就是那時學到的。我像那些賭徒，明知必輸還要下注。我像一個暴君，明知道「壓力越大，反抗力越大」還是要鎮壓。我像一個吸毒的人，明知道將來身敗名裂還是無法戒絕。午夜夢迴，我覺得（當然，基督教早就這樣告訴我了。）人生在世真是可憐。這就是我們的迎春曲。

我的疥瘡在學長們的密切注視下發展，他們每星期都查問我的病情，常言道「能跟生大痲瘋的同床，不跟生疥的鄰牆」。我們這些生疥的人彼此之間冬天只隔一床被子，夏天就肉袒相撞，無從防禦，也不能隱諱。疥瘡是我們的烙印，我們的刺青。任何一種共同點（無法避免的共同）都能生出「大我」的感情，即使是某種隱疾。

疥在我身上所走的路，和那些學長的經驗完全相同。「疥是一條龍，先在手背上行，腰裡轉三圈，腿彎兒裡紮老營。」學長們對我的一步一趨似乎頗為滿意。疥瘡由紅腫的硬塊轉為白色，在發燒中柔軟，奇癢難熬，然後化為一泡膿血，再逐漸結疤。這是「純種」的疥瘡。學長們以「鑑定」和「認可」的態度告訴我，每天穿衣之前要在襯衣裡墊紙，如果讓膿血黏住了襯衣，晚上就難脫下來。最嚴重的時候，彷彿全身有一層硬殼，可以歸入螃蟹族類。同班同學劉宗元，膿血從褲管下面流出來，漫過腳面。晝夜痛癢，神魂不安，咬著牙上課，家鄉來人叫他回家，他一口拒絕。

慢慢的，我也有了後進。這才明白，看別人在我修好的路架好的橋上通過，似乎是人生的一種慾望。任何一種痛苦的生活，即使是監獄和妓寮，只要有新人跟進，資深者所受的折磨都可以化為成就感。支持人們熬下去、熬出來的力量似乎是：向前看有光亮，回頭後繼有人，所以，「最後一個太監」就他個人而論，實在不勝其悲哀。

訓育主任楊善庭老師為滅疥出力最多，他主持過幾次大規模的行動。他弄到一批臭烘烘的化合物，名叫硫酐，又以軍用徵收價格買了許多高粱稈，學生以班為單位，在院子的一角，靠大禮堂和圍牆遮蔽，燃起一堆營火，生疥的男同學脫光衣服圍著火燄烤身體，一面烤一面擦藥。幾堆通天大火四周圍滿了赤裸裸的男丁，又笑又叫，身體扭動出各種姿勢，火光閃閃，印在牆上的影子活像一群原始野人跳舞。

每逢星期天早晨，他帶隊，醫官備藥，我們浩浩蕩蕩直奔阜陽城內的澡堂——榮華池或是龍泉池。這一天，澡堂敬謝普通浴客。澡堂子能治雞眼、腳刺、趾甲橫生，能治閃腰、落枕甚至接骨，可惜不會治疥。我們自己把疥燙軟了，揭去瘡疤，沖洗膿血，然後塗上藥膏，算是完成了一個療程。

人生在世，甚麼權利都有人放棄，甚麼好路都有人懶得走，如果你命好，旁邊會有個人喊著你、推著你，把權利硬塞進你的懷裡。通常這個人是老師，所以失學是一種不幸。想那星期天洗澡的機會得來不易，楊主任帶著公文，驚官動府，才以「勞軍」的名義爭取到手。不料集合出發的時候偏有人賴在床上不動心。楊主任親自到各宿舍察看，逼迫所有的人參加，他說健康重要，能保持一分算一分。

我全身有疥，惟獨那男子最緊要的地方始終完好，使同寢室的某一位先進深表遺憾。他是一個有趣的人，在澡堂裡，他玩弄著他的隱私，喟然而歎：「如果這地方留下了疤，我怎麼讓我的老婆相信我沒生花柳病？」他結過婚。

他想到一個辦法，向我說：「你要給我寫一張證明，證明我這裡確實生疥。」似乎義不容辭。我想到醫官，他面無表情，用鼻子說話，不好商量。想到護士，她高頭大馬，豪邁如男，可是如此這般的事我們到底不好意思。我的證明有效嗎？我不是醫生啊。證明云云，那同學沒有再提，想必他那地方沒有結疤。

滅疥運動是「男人的事」。營火療法僅限男生使用，理由顯而易見。那時沒有女子浴室，公共澡堂不接待女客，也無法保持女子的隱私。這等事如果女生沾邊，好事之徒會轟傳釀造成一大醜聞，輿論攻擊、教育部徹查，勢將接踵而至，那時的風氣尺度如此。驚世駭俗的事也要有人做，那是革命家社會運動家的事，不是教育家的事。

那時候，我們沒聽人說過「性別歧視」，校裡校外也沒人談過「女權」。那時為了支援抗戰，人的一切權利都在壓縮凍結，三八婦女節特刊也只談犧牲奉獻。歷史上的夫人城，娘子軍，當時的楊惠敏，黃八妹，形象高舉，也是為了激勵男人，其意若曰：「豈不愧煞鬚眉？」

沒有女權運動、人權運動，社會上減少許多問題——表面上問題少些，潛伏的問題可能多些。有了女權運動、人權運動，表面上問題多些，潛伏的問題可能少些。

治疥也像讀書，不能全靠「上課」，還得殷勤「自修」。同學們來自東西南北，東西南北的治疥單方都彙集在打蛋廠裡。

對日抗戰那幾年，在山東安徽河南一帶，最時髦的兒童玩具是子彈的空殼。手槍的彈殼可以當墜子，步槍的彈殼可以做哨子，迫擊砲的彈殼可以做筆筒，倘若偶然得到大口徑的砲彈空殼——這時不叫彈殼，尊之為砲筒——那時連他們的父兄都忍不住加以沒收，斷然把道光年製的瓷瓶挪開，鄭重的安放在客廳裡，插上些月季花，聽親友嘖嘖歎賞。

到了我們，以我們的年齡和生活環境，我們需要真正的子彈，未經發射的子彈。我們需要用裡面的火藥治病。用火藥治疥，治痢疾，治瘧疾，治消化不良。火藥可以殺病菌，可以驅病鬼，「醫者意也」，這意思，也許是由戰時對火藥的崇拜而來吧。那時阜陽「村村皆營，戶戶皆兵」，弄幾顆子彈容易。

那時有醫無藥。舉個例子：在學校的預算裡，我們每人有一塊錢的醫藥費，可是一粒奎寧丸的售價是一百元。牆根下，向陽處，只見排列著由嘴唇到小腿抖個不停的病號，直到抗戰勝利，我沒見過奎寧。

幸而有火藥。火藥火藥，不是一樣有個「藥」字嗎。火藥有不同的形狀，漂亮得無可形容，多年以後，我才找到恰當的比喻，有的像黑色大理石的石粉，有的像碎鑽。子彈的造型也迷人，我們一面念英文，一面放在手中摩挲，那尖頭的，像天主教教堂的塔頂，由此直上，是十字架，是九霄天聽。郊外文峰塔是阜陽一勝，塔哪有子彈好看。到處有文峰塔，怎麼沒有武峰塔，武峰塔該照子彈的模樣也造幾座。

「我們都是神槍手，一槍一個打死日本狗。」這麼哼著，把子彈放在飯袋裡。到了星期天，第一件大事就是從子彈裡取出火藥，拌在凡士林或是豬油裡，去「轟炸」可能致命的疥癬之疾。那時，我們已念過牛頓，並且知道愛因斯坦，可是在醫藥方面我們活在「巫醫」的時代。那火藥，不過是我們的符咒。我們糟蹋了許多子彈，幸而無人中毒死亡。

有人說，他家鄉治疥是喝生蝌蚪。有一陣子宿舍教室的窗檯上擺滿了飯碗，留些蝌蚪在裡面游泳，天天換水。三天以後，這些小黑蟲的腸胃（如果牠們有腸胃的話）都沖洗乾淨了，我們捧起碗來一飲而盡，事先加一點醋，預防嘔吐。據說蝌蚪性寒，疥蟲性熱，以寒祛熱，符合醫理。喝下去，涼颼颼，滑溜溜，像喝切碎的涼粉。

「水銀擦疥有療效」，說的人說過也就忘了，聽的人也不認真，反正沒地方弄到水銀。但是竟然出了兩位實行家，立即寫了家信，不久，回信來了，拆封時不小心，水銀從牛皮紙信封中漏出來，四周馬上圍了一圈豔羨的人。俗語說「水銀瀉地，無孔不入」，不過仍然可以把沾了水銀的泥土挖起來當作藥用。現在想想，這也是一件極危險的舉動。

疥藥的藥方最多。這是因為：若不提高衛生水準，疥瘡無藥可醫，人對「絕症」偏偏又抓緊治療，連「庸醫」也勇於一試。治療是一種奮鬥，也是一種安慰，一個個藥方輪流用，日子好過一些。我們總算體會到「知其不可而為之」。疥是抗戰病，治疥則寓有抗戰精神，「勝也罷，敗也罷，就是不要同它講和」！

將門子弟品嘗抗戰滋味

阜陽大軍雲集，高級軍官很多，地利人和，紛紛把子女送進二十二中讀書，我們這批「叫化子學生」竟有許多同學是權貴子弟。

我入學後第一學期和蔡景明同桌，他父親是九十二軍的軍務處長。景明兄的臉型圓而近方，有一雙誠懇明亮的大眼睛，口大唇薄，辯才無礙，為人敦厚熱情而又敏捷，助人無數。只是身材中等，臉上又有幾粒雀斑，未能成為「大哥」。

第二學期重排座位，我跟聶錫珊同桌，他的叔父聶松溪是一位師長。錫珊瘦高清秀而菸癮頗大，看他青枝綠葉往上長，一身菸味，我們叫他「菸葉」。

有一天，我出入校門，看見張秀峰主任站在門口迎接客人，來者是一位姓柴的師長，親送他的兒子柴國垣入學。又有一天，李仙洲校長來二分校視察，他走進行列注視每一個學生，張主任緊跟在後面。他們走到王孝敏面前，張主任特別介紹：「這就是王××先生的女兒」，李校長停下腳步，露出微笑。她的父親也是高官。

那時有個牛錫齡，一身肌肉豐滿，彈性極好，我們還不知道那就是「性感」，戲稱他「女孩子的墳墓」。他每天睡眼惺忪，睡眠嚴重不足，因為晚間約會太多了。他的哥哥是師長。有一個同學病了，躺在宿舍裡發燒，也不知哪一軍哪一師的參謀長來看他，送他進醫院。聽他們交談，參謀長居然是他本家的姪子。

那時阜陽警備司令叫李鴻慈，他的小弟弟叫李鴻志，瘦小伶仃，沉默寡言。常有殺人的布告貼在校門旁邊的圍牆上，由李鴻慈署名，你怎麼也沒法和鴻志聯想在一起。有個女孩，據說是李仙洲的孫女，或者並非嫡親，但是她的方臉，厚唇，黑皮膚，長相頗有繼承之處，教人一看見她就想起她的祖父。

最出色的一個，當推于學忠上將的姪女于允蘭，身材高眺，有古典美，是眾家男生心魂所繫。那年代，漂亮女孩子多半不用功，而于允蘭功課很好；功課好的女孩子多半脾氣大，目中無人，而于允蘭屢次幫助陷入困境的同學。

除了抽菸，將門子弟還有幾項特徵，例如，他們不捉蝨子。

星期天，我們捉蝨子。

蝨子的形象似乎不壞，一位亡國之君說「形似琵琶」，我說似芝麻，似皮囊，尖牙利口插進衣縫裡，白胖飽滿的肚子留在外面，似一粒上品的白米。它們腳上有鉤子，想把它拉出來還真不容易，性急的人就用牙齒咬衣縫，咬炸了它們的肚子，爆竹似的連聲響，嘴角一抹血痕。

那時我們穿軍服，人民手中線，丘九身上衣。把軍衣翻過來看裡子，衣縫寬，針腳大，正是理想的蝨子窩。這個星期天清場，下星期天又滿座。

在一個產生蝨子的環境裡，蝨子是捉不完的，這層道理，我們那時倒也懂得。蝨子不但前仆後繼，而且把幼蟲和卵藏在棉絮裡，如果你把蝨子消滅得乾乾淨淨，也就沒有棉衣可穿了。所以，捉蝨子也像日本人掃蕩游擊隊，或是警備司令部取締奸商那樣，不求甚解，明其道不計其功。

有些將軍把家眷安置在城裡，他們的子女每天走讀，不必住在學校的宿舍裡，這些人身上可能沒有蝨子。有些將軍在任所帶眷，子女住校，這些同學周末回家，洗熱水澡，換內衣，母親替他們捉蝨子，每個月換一套新軍服，這些人身上偶然有蝨子，不足為患。

沒蝨子的人對滿身蝨子的人觀感如何？他們從來沒有拋下白眼或皺幾下眉頭，也沒有故意躲閃隔離。回想起來他們都有嚴格的家教。

星期天，我們寫家信。當然，「他們」不寫。

說實話，那年齡，並不懂得想家。但是家信依然想寫，非常想寫，想用家信來確定我已離家，來「享受」我已離家。想像家裡沒有你，家人在空蕩蕩的客廳裡讀你的信，來證明自己長大。

那時日本人佔領了中國好多好多土地。政府撤退的時候，吩咐郵局留下，日本人來了，也仍然讓郵局原有的員工照常工作。日本佔領區（淪陷區）和國府統治區（後方）繼續通信，只是斷了匯兌。想必這是經過萬國郵聯的安排。

日本軍隊只知攻城掠地，殺人放火，它的統治技術卻非常粗劣，法網恢恢，疏而多漏。佔領軍對我們這些流亡學生的家庭從未舉行調查登記。郵檢制度當然有，我們也畏忌，生病的虎狼依然是虎狼，家長希望收到孩子的信，卻又叮囑孩子不要寫信；我們愛寫家信，卻又忍著，戒菸似的猶疑不決，發誓這是抗戰勝利前最後一封，但是第二天……

總得有個地方讓家長回信。當然不能寫二十二中學。可以寫打蛋廠，可是這麼多信向打蛋廠集中，萬一引起日本人的注意呢。有些同學就自立門戶，例如我，捏造了一個「德茂茶莊」，信來了，阜陽郵局一看，並沒有這個茶莊，就知道是我們搞鬼。

家長經過的憂患多，寫信更小心。有個同學收到信，地名不相干，筆跡沒見過，拆開看，白紙一頁，包著大鈔一張。這同學一看就明白了，父子連心，無須言傳。大鈔代信，既安全又實惠，這就是「萬金家書」。

皁陽是非之地，「邪門外道」多多。有人告訴我，用明礬水寫信，看不見字跡，經過煙熏火烤，筆畫才顯露出來。有人說用阿斯匹靈的溶液寫信，依然白紙一張，對方拿蘸了酒精的棉花一擦，文句清清楚楚。還有人主張用尿液寫信。我覺得用這個辦法到小學去表演魔術倒是很討好。不過我從來沒有試驗過。

那時寄封平信也得到郵局，偌大西關並沒有一個郵筒。我們的家信是託星期一進城買菜的同學行個方便，郵費交給他，他也沒有買些郵票存在手邊的習慣。有一次，笑話發生了，某一位受託的採買同學把所有的郵費集中起來，好好的吃了一頓皁陽有名的劉家燒餅，動機很「雅」：他從國文老師那裡聽到殷洪喬為人寄信的故事。（洪喬把所有的信丟進河裡。）這是我第一次發覺，教育的「結果」未必就是施教者預期的「效果」。

那時我們生蝨子，餵蚊子，蹲在風沙中吃抗戰八寶飯，敲開護城河的冰層洗臉，我們對這些「系出名門」的同學並沒有甚麼期待，我們都不知道選擇前景開闊的人曲意結交，他們也沒有結合成小集團製造影響。那時，我們在長大，但是年紀還小，還不夠大。

這樣那樣，漸漸長大

國立二十二中第二分校的主任張秀峰是膠東人，他延攬推薦的三大主任都是膠東人，重要的教職員也多半是膠東人。外人說，二分校是「膠東幫」。

各分校和校本部的人事有地域特色，魯西魯北魯南都有。外人說，李仙洲辦這個學校，心裡想的是整個山東，魯東魯西魯南魯北的人都用，他的聲望和親和力也就及於山東省的每一角落，這也是出主山東的預備工作。

教務主任夏岷山老師兼教英文。他平時說話，膠東口音很重，夷本銀（日本人）、夷本狗子（日本狗子）、乖家（國家），乍聽實在難懂，可是英文發音純正，教學時特別注意發音。那時沒有錄音機，學發音教發音都是很辛苦的事情。

那時一般教材枯燥，英文課是沙漠綠洲，潘朵拉提著箱子下嫁人間，小氣的老太婆變成啄木鳥，太陽和狂風搶著脫一個人的大衣，都好比夏天的瓜果，秋季的棗梨。

那時沒人想出國，但是念英文自成風氣，天沒明，起床號沒響，校外田野裡，一片人影書聲。大家相信念英文必須高聲朗誦，用聽覺幫助記憶，也訓練口舌肌肉，這就得到野外散開。

念英文的表情聲調該是一分校一景。握拳揮舞的，喊著 Win or die，仰臉向天的，喊著 God Knows，東指西指怒目而視的，喊著 you don't say so，以足頓地的，喊著 That's enough。一遍又一遍，重複也是學習的祕訣。那腔調可就複雜了，有魯東英文、魯西英文、魯南魯北的英文。

《怒目少年》出版兩年後，中國大陸出現「瘋狂英語教學法」，念英語要大聲呼喊，用肢體動作配合。倡導者說，這樣學進步快，那時，中國各地學英語的熱情高漲，瘋狂教學法能宣洩、滿足這種熱情，立即風行。我想，這位良師的創意，莫非和《怒目少年》有些因緣？

再過兩年，我從電視中看見瘋狂教學的畫面，教師站在高台上示範，台下廣場千百人同氣同聲、追隨響應，彷彿文革盛期群眾手揮小紅書喊萬歲的情景。看來「法不孤起」，中共的群眾運動變質不變量，也許才是瘋狂教學的父親，《怒目少年》只是母親。但願人人有志竟成，果然學通了英語。

我們念著念著，有時走了神，忘記自己在幹甚麼。李孔思反來覆去的說：「自由，自由，多少罪惡假汝之名以行！」我拍他一掌：「這不是英文。」他愕然，「羅蘭夫人是法國人，當然不說英文。」

眼睛從來不看腳下，難免踩壞莊稼。等到莊稼長高，就會把我們逼到河堤和亂葬崗子上去，踢著白骨，草鞋底夾纏著死人頭髮。

英文使我們有新的想像，而想像是我們的娛樂。有人說英語的語言是從中國傳去的，Book就是中國的「簿」，這個說法非常好玩。趙景琛把「銀河」譯成「牛奶路」很受譏笑，可是我們認為「牛奶路」新鮮有趣。再沒有別的功課能這般討好我們，即使國文也不行。

就算是英文課，也並非永遠柔和，我們讀到「斯巴達的訓練」。

斯巴達是古希臘的一個城邦，全民皆兵，政府絕對控制人民的生活，人人剋禁慾望，勇敢尚武，為達成國家的目標以生以死。小孩子如果怕黑，父母就把他關在黑屋子裡，直到他不怕為止。孩子長大了，隨軍出征，父母的臨別致詞乃是：若不能勝利凱旋，那就戰死沙場！

這個樣子的斯巴達，烈火一樣烘得我們熱血沸騰。那時日本人寫的一篇小說傳到中國，題目是〈支那婦人〉。這篇小說寫一支日軍奉命出征，車站上送行的場面熱火朝天，這些官兵的家屬個個興奮激昂，惟有一個老婦拉著幼子的手哭泣，群眾對這老婦的表現非常不滿，指責她是「支那婦人」。（只有中國女人才這樣自私軟弱！）老婦對公眾說，我一共有三個兒子，前面兩個都在聖戰中捐軀，我引以為榮，從來沒有流過眼淚。現在輪到我的幼子，我勉勵他拿兩個哥哥做榜樣。可惜我只有這一個兒子了，我不是為他哭，我哭我沒有第四個兒子可以獻給國家！群眾前倨後恭，高呼大和之母萬歲。

我們漸漸長大，這篇小說使我們又羞又怒，在斯巴達精神之前，我們又只好承認比日本落後。中國人必須比日本人更「斯巴達」，才可能救亡圖存。那時候我們只知道文化發達、政治民主的雅典抵擋不住蠻族征服，「像一只精美的水晶瓶撞在巖石上」。至於斯巴達，當然是不會滅亡的，我讀「斯巴達訓練」的時候，一直以為這個國家還在希臘半島上稱雄。那時候，並沒人告訴我們斯巴達不久落了個「白茫茫大地真乾淨」，倒是雅典文化遺澤百世。

那時有位同學叫宋捷軍，也是膠東人，練過功夫，打過游擊，書包裡有一本希特勒的《我的奮鬥》，作風「大馬流星」，也就是粗線條，不拘小節。他有一些特別的資訊，他告訴我，在戰場上，英美的紅十字會人員來救德國的傷兵，那傷兵開槍把醫生護士打死了！他不要敵人憐憫。他說美軍的傷兵滿地亂摸，摸到了電話線就掏出小刀來割斷，這時，通信兵必定立刻出動查線，那傷兵就躺在電線旁邊等人來發現他。這怎麼行！電話不通，豈不要貽誤戎機！

那時我一直點頭稱是。

就在這時發生了常德會戰，算時間是一九四三年十一月。

常德在湖南西部，號稱「荊湖唇齒，黔滇要隘」。和去年的宜昌會戰一樣，日軍希望能繼續西進，壓迫重慶。會戰從十一月二日揭開，十二月十三日結束，國軍以四十二個師投入戰場，山東籍的將領王耀武、李玉堂都參加了戰鬥。

起初，戰事在常德外圍進行，我們沒十分注意。那時我們能看到的報紙，只有阜陽出版的《淮上日報》，四開一張，電訊很少。後來日軍直接攻打常德，大砲、催淚彈、轟炸機一齊上陣，守城的師長余程萬率部死戰，吳培申老師天天講述戰況，我們才知道常德發生了震驚中外的大事。

余程萬將軍在常德打了二十一天，其中八天是巷戰，一度撤出城外，由第十軍和第五十八軍協力收復。守軍彈藥用盡，以木柄鐵矛守城拒敵，把陣亡官兵的衣服脫下來穿在稻草人上，迷惑敵人的空中偵察。十二月十三日，國軍把日軍完全擊敗，城內只剩下余程萬和三百殘兵，滿臉血痕。余部的三個師長都陣亡了。

會戰中，余程萬一度撤出常德，丟棄了滿地的傷兵。蔣主席對這件事情大為不滿，在軍事會議上點名申斥余程萬「不配做長官」。余軍長為此心情十分緊張，在座的將領都深受影響。下一步，方先覺守衡陽，守了四十七天，直到日軍殺進他的指揮部，他始終不敢離開。

這一件事始終沒人告訴我們。那時的教育總是這樣，告訴你一半，留下一半。

常德會戰之前，青年遠征軍來二分校招兵，走了一批同學，人數不多。會戰後，空軍學校和海軍學校都來招生，學生的反應就熱烈了。那時中國的空中武力依靠美國志願軍、陳納德的十四航空隊，自己的一些運輸機像地面居民一樣，聽到空襲警報得趕快逃開。那時的海岸線、港口全在敵人手裡，中國已沒有戰艦，海軍總司令部設在群山之中。「這種地方需要我」，許多人挺身報了名。

那一陣子我們忙著給從軍的同學題字留念，最流行的句子是「永懷斡地排天志，各要千捶百鍊身」（作者佚名），還有「會師中原同一醉，待從頭收拾舊山河」（羅家倫）。我寫過「仁者樂山，智者樂水，勇者樂迅雷風烈」，只能算是集句，在我們那個小圈子裡倒也傳誦一時。

那一陣子我們有些豪氣，吃「抗戰八寶飯」的時候沒功夫想「吃得快了得盲腸炎，吃得慢了得胃潰瘍」。往時，菜盆裡偶然有幾片肉，其薄如紙，面積如鈕釦，浮沉如游魚，惹你的眼睛睜得比肉片還大。那一陣子還真沒人在乎那幾片肥肉。

我們是長大了。

這裡牽涉到一本書，《生活的藝術》，林語堂著。

那時，《生活的藝術》分成上下兩冊，我們弄到一本下冊，輾轉傳閱。印刷用的土紙經不起磨損，書像一塊冰一樣開始融化。

沒人見過上冊，也說不出這下冊是哪裡來的。書是稀有之物，連教科書都不齊全。沒人教我們利用圖書館，我們也還沒學會逛書店。後來發覺只有左派熱心「課外閱讀指導」，我們的老師不來這一套，因為課外書大半跟中共有絲絲縷縷的關係。

這樣保護了我們，也局限了我們。那時中共在淮北的工作大有成就，雜誌不知辦了多少。民國三十九年（一九五〇）我在台北賣文惹禍，被保安司令部叫去「了解」，跟我談話的人對當年淮北情況熟悉，把左派刊物的名字一本一本舉出來，我實在聞所未聞，連中共當年全力傳布的《論持久戰》（毛澤東著），我連封面也沒見過。

因為耳目閉塞，《生活的藝術》上冊沒看過，不知道到哪裡去找，我們非常喜歡林氏的文筆，可是談到生活，他那致命的精緻實在教吃「抗戰八寶飯」的人受不了。例如他推許明代文人屠隆的生活：焚香時「慢火隔紗、使不見煙」，香薰透衾枕，「和以肌香，甜豔非常」。那種生活似乎很「可怕」。常德會戰發生，我們一個個變成斯巴達人，有人跑了七十里路弄到「上冊」，問我要不要看，我竟擺一擺手，算了。

我這個輕率的決定大錯特錯。多年後讀到「上冊」，才知道和下冊不同，下冊談的是技術細節，上冊談的是人生哲學，在斯巴達之外，人對生活對社會還可以有另一種態度，實在是我老早應該知道的。斯巴達式的人生觀可以用於戰時，不能用於平時，可用於工作，不能用於閒暇，可用於青壯，不能用於終生，而我只知其一，不知其二，後來環境改變，這苦頭可就吃足了！

回想起來，我們那些人都是「只讀一本書長大的」，而這「一本書」，又只讀到一半。我們那時，並不知道人該融會各種不同的學說，欣賞不同流派的藝術，承認不同地域的風俗，容納各種不同的個性，讀各種政治立場的報紙。這些，沒有人教給我們。

而這半本《生活的藝術》，我自己要負責任，卻是怨不得別人。

都是生物惹的禍

一九四三年七月，我們埋頭準備考試，忽然眼前發黑，起初以為是營養不良的例行現象，接著聽見空中有奇異的響聲，如崖下怒濤，如天外悶雷。就在這時，教室裡飛進來許多蝗蟲，窗外簷前，蝗蟲像瀑布一樣滾滾而下。

沒法子估計究竟有多少蝗蟲。牠們由微山湖一帶出發，越黃氾區，奔河南，波及淮上。牠們飛行的隊伍像骯髒有毒的雲層，無邊無際，遮沒了地平，太陽只剩下慘白的影子。你出門，牠們鑽進你的脖子袖子，你做飯，牠們擁入你的鍋中灶底。牠們壓斷樹枝，壓塌草棚。當然，更教人痛苦的是吃光了莊稼。

蝗蟲有一張寬闊的嘴，上下兩排剛銳的牙齒，落地以後齊頭並進，且走且吃，從來不停，好像從來不飽。所到之處，消滅一切綠色，留一個灰溜溜的荒原，農夫的春耕夏耨，忽然成空，徒然手上磨起了一層繭，背上曬脫了一層皮。牠們且吃且走，順便產卵，為來年留下禍根。雖然牠們不吃毛茸茸的葉片，農家還可以收成少許豆類，但來年無可避免有一個悲慘的春荒。

農民怎樣對付蝗蟲？他們用的是相沿千年的老辦法。白天，在田畝的一端挖溝，另一端兩側站人扯起一條繩子，兩人搖動繩子把田裡的蝗蟲趕進溝中，填土把牠們活埋了。夜間，在地頭上堆柴生火，利用「飛蛾投火」的習性燒死牠們。連老婦和幼童也上陣，拿著用樹枝紮成的武器拍打，咬牙切齒，滿地都是蝗屍。他們晝夜戰鬥並沒有甚麼用處，因為蝗蟲太多了！太多了！

還有一個辦法。飛蝗雖然成萬成億，卻不是一盤散沙，牠們有隊形，有方向，行動一致。牠們不掉隊，不打內戰，也不各行其是、另立山頭。牠們可以一日之間鋪天蓋地，一夜之內無影無蹤。這太奇怪了，於是農人相信牠們有領袖，有紀律。蝗的最高領袖叫「蟲王」，據說比一隻雞還大，臉形像馬，是一尊蟲形的神。農人在阡陌間擺下香案，全家汗淚交流，叩頭無數，祈求蟲王慈悲。蝗蟲終於離境，可是牠們也把農人賴以活命的禾苗收拾得乾乾淨淨。

蝗蟲過境的那天，我為農人心酸。明知必敗，仍然戰鬥；明知無靈，還要祈求。就這樣，他們在絕望中奮鬥了幾千年。這次飛蝗北來，想必魯南家鄉也是災區，千郭萬家，或許也要對著冥冥長跪不起，一任成堆的蝗族淹沒了他的雙腿。

蝗是排了卵才飛走的。卵一窩一窩產下來，每一窩幾十個，來春孵化了，蝗增加了多少倍？那時將有多少人口多大面積受害？我太憂愁了，不能禱告。

那時有一門課，叫做「博物」，內容包括初級的動物學、植物學和礦物學。遍地蝗蟲之時，我們聽老師講授「飛蝗」。

他說，我知道你們恨蝗蟲，怕蝗蟲。現在暫且把你的恨你的怕放在一旁，現在用你的冷靜、你的客觀來觀察研究，放棄個人的感情和成見，這才是科學的態度。

他說，飛蝗的害處太大，一定會被人類消滅，先進國家早已滅蝗成功，學動物學的人只能看圖畫，看標本。中國一定也會有這一天，你們是最後一代看見活蝗蟲的人。蝗蟲是災害，也是你們的機會，你們要好好學習。

一席話說得我們有了意興。在他的指示下，我們每人抓了一個蝗蟲來反覆諦視，看牠為甚麼屬於直翅類，看牠的口器構造，看牠的複眼和單眼。這才看清楚牠的觸角像兩條鞭子，身上有黃、褐、黑三種顏色，飛行時前後翅摩擦，有嗤嗤唧唧的雜音。我特別注意牠的前胸，前胸很高，有一條筆直的脊線，露出高傲自信的神態。我想，你有甚麼理由可以驕傲，你這罪大惡極的害蟲，不久就要斷子絕孫。我又想，高等動物才有這樣的神態，蝗蟲雖是昆蟲，卻也進化了百萬春秋，才體會到生命的莊嚴，怎麼誤入歧途，以作踐人類的莊稼為生，也實在太可惜了。

說到產卵繁殖，老師說蝗的幼蟲叫蝻，蝻有天敵，明年春天「蝻」孵化成形的時候，會被一種黑色的小蟲咬死，所以，阜陽明年應該沒有蝗災。天意滅蝻，農人看得清清楚楚。他們給這種黑色的小蟲叫「氣不忿」，意思是看不過去，要打抱不平。蝗蟲把老百姓欺負得太慘了，我看不慣，忍不住，要插手管一管，「氣不忿」這個名字包含著農夫的感激與幽默。

「博物」這門課很枯燥，全靠死背硬記，難得他旁徵博引。他告訴我們：「梟食母」是捏造，「羊羔跪乳」是附會，「腐草化螢」是誤會。

講到白楊樹，他說釘死耶穌的十字架是白楊木做的，西方人說白楊樹有罪惡感，樹葉沒有風也索索的抖。這也是西方人的附會，事實上因為它的葉柄半截方，半截圓，這方圓交界處極弱，為了支撐樹葉又得硬挺著，由於力學上的理由，葉片不能穩定，白楊在耶穌降生以前就是如此。打蛋廠外白楊成行，他派幾位同學出去採集落葉，當堂人手一片，仔細觀察。這片葉子我夾在筆記本裡保存了好幾年，直到後來我們處境急變，廢書不讀……。

狐狸狡猾倒是不假。他說，狐狸會清除身上的跳蚤，牠啣著一根樹枝下水，在水裡把樹枝高高舉起來。跳蚤怕水，朝沒有水的地方跳，最後集中到乾燥的樹枝上，狐狸把樹枝丟在河裡，自己游上岸去，這一手連猴子都不會。

整本博物最後一節講的是「人」，他能引用馬克思：「人是動物學最後一個名詞」，他很「博」，還能繼續說，「人」除了動物學裡的人，還有倫理學裡的人，還有社會學裡的人，「人不僅是動物學的最後一個名詞」。

這樣的老師何可多得？但求全責備，他不是教育家，由衷藐視我們這些「破爛青年」，有幾位同學在城裡大街上遇見他，聽到的是如下的責罵：「看你們這個模樣，簡直是叫化子！你們怎麼有臉進城？」

那時我們軍服已髒已破，因營養不良已瘦，因在烈日下暴曬已黑，生疥的臉已數日不洗，流膿的腿彎已難以支持體重，我們的外形確實如他所說，但我們不能原諒他。

那時我們還沒學會感激，剛剛學會忌恨。

他太喜歡說話。我入學報到的那天，發言責備教務處幫我作弊的人，就是他。報到的事本來與他無涉，可是他喜歡「信口雌黃」，有一天終於出了狀況。

學校弄來一塊地，鼓勵學生種菜，校方指派教我們種菜的人當然是這位教師，因為他學農。

那時全國中等學校的校訓都是「禮義廉恥」，稱為共同校訓，蔣委員長親筆寫了這四個字，各地政府依照部定規格製成漆黑描金的大匾，發給每一所中學。我們學校一切因陋就簡，惟有這塊匾堂皇精緻，有「黌宮」的氣勢。

我們沒有大禮堂，我們在操場裡集合，司令台面對著一堵圍牆，這塊匾只好掛在圍牆上，師生觸目可見。有一天博物老師帶我們去菜園，一行經過校訓的金匾之下，這位老師指指點點說了一句：「太喜歡寫字了，四個字寫錯了三個！」

那時蔣主席威望正隆，學生聽見這話，個個怒形於色。今日回想，這位老師的評語也太嚴苛了，國字除了正寫俗寫之外，還有碑帖的寫法，還有書法家基於美學的理由而擅創的寫法……

那博物老師並未發覺多言多敗，還在能言善道。有一天，在菜園裡，話題轉到校長李仙洲身上，他說：「李仙洲每次來，號兵要吹立正號，全體師生聽見號音，就要就地立正。他憑甚麼？這是軍閥作風！」那時李校長是我們的另一尊神，他這句話真正犯了眾怒。

離開菜園以後，幾位高年級的同學有所計議，也和另外班級的同學溝通了，決定對教博物的老師來一次「精神槍斃」。學校每天集合全校學生升旗降旗，升旗比較隆重，分校主任和重要的教職員都參加，降旗多半由軍訓教官一人主持。這天降旗之後，解散之前，幾位高年級的同學對教官說，他們想藉這個機會向同學們宣布幾件事情。

現在說到我們的第三位教官，其人文質彬彬，說話無陽剛之氣，處事也沒有決斷力，他完全是在抗戰的形勢下身不由己做了軍人。他也不問一問學生要登上台去說些甚麼，遲疑了一下，答應了。

演講冠軍彭利時首先登台，同時有七、八個同學出列站在講台兩側。彭利時顯出他的口才，幾句話就把全場的情緒鼓動起來。他說我們都是失學的青年，總司令為我們辦了這個學校，我們父母做不到的事，校長做到了，我們感激他，我們愛戴他，如今竟然有人侮辱他，藐視他，我們應該怎麼辦？台下大聲齊呼「把他趕出去！」面臨這種失控的情況，教官固然手足無措，分校主任和訓育主任也聞聲走出辦公室，暫時站在遠處觀望。

就在這時候，「立正號」響了，這表示李仙洲校長進了校門。李氏虎虎然大步直奔講台，置軍訓教官的敬禮於不顧，遙指台上，大吼一聲「叫他下來！」聲音果然嚇人。彭利時跑步下台，向他敬禮，他也沒有正眼瞧一下。

李氏站在台上，氣呼呼的追問原由，一手掏出懷錶，限三分鐘答覆。當時李子俊挺身而出，把博物老師在菜園裡說的話重述一遍。李說：「我不信！還有誰聽見了？」七八個同學一齊舉手。李氏說：「好！好樣的！」吩咐衛兵把這幾個人帶走，他拉長臉訓了幾句話，警告大家要用功讀書。

這一夜，我們很驚恐。我們都知道一個總司令的權有多大，也有「殺雞嚇猴」一類的常識。尤其是我，從小見過草菅人命。那時國軍共軍在各地衝突不斷，規模很大，國民政府已開始「防共、限共、溶共」，策士們建議用霹靂手段，「向敵人學習」。這一夜，我胡思亂想：那兩位學長莫非真的是……要不然，哪來這先烈一般的勇氣？

還好，第二天，他們回來了。據說李仙洲把他們交給參謀長，參謀長追問鬧事的原因，告訴他們：「革命的基礎在高深的學問。」然後，參謀長把他們交給警衛營長，營長教他們跟士兵一同吃晚飯，到禁閉室睡覺。

彭利時沒有回來。據說，參謀長發現彭利時有一張利嘴，能煽動群眾，留在二十二中是個「病」，發給他一筆路費，教他轉學。我們從此沒有他的消息，文章寫到這裡，停下筆來想了一陣子，「千萬顆人頭落地的時代」，也不知他的利嘴是禍是福。

李仙洲是職業軍人，他在中國咬牙切齒、與日本殊死決戰的年代，同時也在國民黨防共溶共、唯恐不及的年代，那時軍權至上、亂世重典，那時思維粗糙、行事魯莽，他處理二十二中歷次風潮，還算心平氣和，寬容開明。他始終沒用政治構陷對付學生領袖，雖然學校有人放話出來，懷疑學生受中共操縱，卻從未出自李仙洲本人之口。他還對二分校的老師們撂下這麼兩句話：要把學生當作自己的子弟，子弟走偏了，要把他拉過來，不要把他推出去。一九四五年，校本部學生對第二任校長發起抗爭，李仙洲幾乎是站在學生這一邊，就更難得了。

一九四九年，台北街頭，我突然遇見那位教博物的老師，他在台灣省的農林廳工作。老師到底是老師，他自動留下辦公室的地址。以後又見過兩次面，他沉默寡言，和以前像是兩個人。怎麼變了？教人關心。不久，台灣發生盜伐森林的罪案，法院傳他以專門技術人才的身分作證。他在法庭上盡量不說話，法官問他：樹被伐倒盜走以後，觀察留下的樹根，能不能推想這棵樹是多久以前砍伐的？他急忙說「不能」。法官說：我是外行，但是我知道，大樹伐倒以後，殘根往往發出新枝來，看新枝長了多粗多高，可不可以推想伐樹的時間？他又急忙說「可以」。旁聽席上大笑，第二天，報上刊出花邊新聞。

唉，老師，老師，過猶不及嘛！我真懷念你在二十二中的老樣子呢！

小說女主角會見記

有些人，曾經對你很有意義，而今音容笑貌宛然，可是，你把他的名字忘記了，再也想不起來了。

現在我要寫，我怎麼知道了她的名字又忘了她的名字。那時（我是說一九四四年），我們輾轉傳閱一本小說——也許不能算是小說，其中人物真名真姓，而且行文平鋪直敘。書中的事件大意說，在上海某某大學，一個女生愛上一個男生，兩人有了很親密的關係，可是那女子負心別戀，可把那男子害慘了。寫書的人就是那個「受害」的男生。

所謂親密關係也不過擁抱接吻。兩人進過旅館，那男生還算良心不壞，只寫兩人輪流洗了個熱水澡——各洗各的。這種情節，今天看來並不足以撞擊人心，然而那是一九四四年，在風氣保守的內地，一個女子，和男人有了只有夫妻才有的接觸，而又不嫁給他，就會成為道德的被告。所以，這本書雖然文筆平常，對那女子仍然有殺傷力。

那時我們還不能分辨有益的書和無益的書，或者說，我們還不能抗拒無益而有吸引力的書。我們對大都市、大學生一心嚮往，樂於搜集一切有關的道聽塗說。尤其是，眾人言之鑿鑿，指證書中的女主角是我們一分校的某一位國文老師，這就陡然提高了這本書的「可讀性」。我至今想不透在那交通困難圖書缺乏的戰時，這樣一本毫無文學價值的書何以能流傳到我們手中。「好事不出門，惡事傳千里」難道真的成了傳播的定律？

我和這位受謗的女老師有一面之緣。我第一次面對這樣一位名見「經傳」、飽受爭議的人物，印象至今深刻。那本書已速朽，她的名字已失傳，我們會面的經過也許能稍稍久遠一些，因為其中有比較重要的東西。

且說這個星期天中午，從一分校來了兩個女生，她們進了二分校的大門指名找我，一路問到教室裡。那時男女同學極少往還，我們不知道怎樣和異性相處，教育並不包括為女子做點小事情、獻些小殷勤、女生微笑表示接受你的禮貌和善意。至於男女可以互相攙扶可以低聲耳語，對女子可以如對長姐如對弱妹，更是不可想像的事。那時有男生偷偷摸摸給女生寫信，開頭是「某某學姐妝次」女生悄悄的回信，結尾是「小女子某某斂衽再拜」。

我想，有些事情不該任其湮沒。我們二分校的校舍原是一座工廠，所謂女生宿舍也是一排廠房，並沒有圍牆關鎖，男生若在女生宿舍附近逗留張望，學校馬上開除你！這是極其可恥的罪名。那時女生有了難題多半找教英文的老師吳惠波，有一夜，吳老師出來到女生宿舍走走，撞見了靠在牆上的一條黑影，那孩子魂不附體，咕咚一聲直挺挺的跪下了。吳老師說：「你快走，我沒看見你。」……後來那孩子對人說，「那一刻，我覺得她簡直是我親娘！」

我的座位在教室最後一排。那兩位女生走過來，我聽見轟的一聲，熱血往頭頂急流。她們之中較胖的一個說，外傳我的作文成績很好，她們的國文老師想和我見個面。我挺著脖子坐在那裡，目不斜視。她在一張紙上寫下那位老師的名字，也寫下了她們學校的名稱。我看見名字更緊張得說不出話來，因為那位老師正是那一本小說裡的女主角，她倆正是一分校的學生。

她倆走後，我才覺察同堂自習的男生女生低著頭，屏住呼吸，沒有誰的眼睛盯在書本上。我不知道他們聽見了甚麼，回憶只有一片白茫茫。小說的女主角下凡了，我下個星期天去看她。她是那樣一個人，據說有那樣的戀愛經歷，現在隱藏在我們中間，這次見面有窺探的樂趣。我馬上想到這不是正正當當的行為。可是我又想到，她在一分校教書而能關懷二分校的學生，無疑是一位良師，〈插柳學詩〉時，（拙作《昨天的雲》中的一章。）線裝書灌輸我感激知遇的觀念，我又覺得能和她見面是美好的經驗。

我竭力回憶兩位女同學的模樣，好久，好久，才廓清雲霧，顯影定形。彷彿是，一個高些瘦些，一個胖些矮些。彷彿是，比較瘦高的一位始終沒有說話，也許她在用她的大眼睛說話，她的胖同學，臉龐比她大，眼睛卻比她小。那時男女同學一律穿麻袋似的軍服，女同學多半貼著衣領縫一塊白布，外面露出兩釐米寬的一條白邊，她們愛美的天性，整潔的習慣，也只能在這些小地方流露出來，那大眼睛的女同學別出心裁，她在衣領邊緣鑲了一條陰丹士林藍，特別清麗。這條藍邊明明白白，確鑿無疑。

下一個星期天，我前往阜陽城南的後湖，一分校設在那裡，有一位「愛情通緝犯」藏在那裡。我一路揣想她是一個甚麼樣的人——眼角眉梢吊得很高，說話的聲音不由口腔出、由鼻腔出，蹺起二郎腿可以踢死蒼蠅，噴出來的煙圈成串，每分鐘換三次表情……

可是，怎會有這樣的國文教員？

袁世凱當權的時代，安徽出了一位督軍，阜陽人，他愛置產蓋屋，一分校的校舍，就是借用他留下的莊園。現有的紀錄指控他橫徵暴斂，他留下的幾個莊園就是證物。若非督軍留下這個證物，一分校又向何處寄身呢，當年督軍是否想過，他只是給自己留下汙點，卻讓後世非親非故的人一面罵他一面享用他的遺業？

莊園沒有圍牆，卻留下又深又寬的「護城河」，深宅大院，一路行來，記得有竹林，楊柳，鳥聲。藤蘿茂盛，鞦韆仍在。那女老師住在一所寬敞的瓦房裡，獨自一人，把屋子收拾得十分整潔，只是窗外樹葉濃密，她無法驅走室內的陰暗。也許微近中年了吧，兩腮的肌肉開始鬆弛，穩重和藹的帶魚尾紋的眼睛如柔和燭光。一開口說話形象就更清楚完整了，緩和的寬厚的女中音，溫熱近乎母愛。我的推想完全錯誤。

落座不久，那天到二分校傳話的兩位女同學來了，仍然轉動大眼睛，仍然露出藍色的襯領。她們悄悄的旁聽。一開始，我們稍稍談了一下我的故鄉。她沒到過山東，聽人說山東十分窮苦，露出關切的神色。那時代，人以地域歧視為樂，她竟然並不輕視我的故鄉。我說平地人還過得去，山地日子難過。她說那還好，山東山地不知有多少礦藏，終有一天要勘探，要開採，山地人早晚要發大財。將來中國沒有窮山惡水，窮山可以開礦，惡水可以發電，「河邊出財主」這句俗諺也許要改成「山坳裡出財主」。

後來談到作文。那時風氣還不免重文輕白，我的絲毫文名正是由調動之乎者也得來。她說，以後不要寫文言文了，以後的中國文學是白話文學。白話一樣可以寫得「擲地作金石聲」，一樣可以「懸之國門不能易一字」。以後的作家要用白話去「起八代之衰」，去「管領風騷五百年」。這才是中國文學的香火傳人。

當時，她的話，我想是真的，卻不知如何去相信它，因為我欠缺某些基本知識。只能對她的敬意又加了一番。我斷定用她的名字編造愛情謠言的那男人是個惡棍。那人絕不可能比她更善良、更有教養。如果她有過情人，如果他們破裂，應該由那個男子負責。人在還沒有弄清是非之前就決定袒護「自己人」，所以紹興師爺有「救親不救疏」的定理，我有點動了義憤。

那天我們談到兩本書。

羅家倫的《新人生觀》正在風行，內地買書不方便，竟有油印本和手抄本。這本書中說，「生活不是肉感的，享受的。意志堅強的人絕對不怕毀滅，而且自己能夠毀滅，毀滅以後自己能有更偉大的創造。」他問，「磐石之安」有甚麼意思？磐石是麻木的，沒有知覺的。他說，如果安逸享樂是理想的生活，那麼最理想的人生是做軍閥的姨太太。很顯然，這論調是那個時代的強音，在我們的學校裡盪漾著回聲。

不過，書中有些不同的說法我一時不能調和，他說「弱是罪惡」，弱者連累他人，要他人照顧他，把許多有為向上的人拉下來。可是，他又主張同情和悲憫。墨家的執法人將自己兒子處刑，拒絕國王的赦令，大義滅親，得到羅氏的肯定，可是，羅氏也教人親親仁民，敦親睦族。書中高舉理智、苦行、勇猛，卻又說，「小紅低唱我吹簫」也很好。

那天我提出這個問題。她笑了一笑，這是因為羅先生少寫了一句話，那些熱心介紹這本書的人又沒有替他補上。她的解釋好極了：羅先生的理想，是把青年造就成「完備的人」，這種人，肉體精神，理想現實，公德個性，專業嗜好，都能有發展。這種人既能「磨刀入谷追窮寇」，又能「泣涕循城覓棄孩」，既能「橫眉冷對千夫指」，又能「俯首甘為孺子牛」，既能「躬耕草廬」又能「統師六出」，既能留下拿破崙法典，又能讀《少年維特之煩惱》。這種人可大可小，能剛能柔，這才可貴、難得。她的解釋好極了！

我暗暗思想：有完備的人就有偏執的人，到底誰是「偏人」？念頭閃過，下面談到《愛的教育》。她提起，有人批評亞米契斯的《愛的教育》太軟，太感情用事，偏到一邊去了，於是又有一個義大利人寫了一本《續愛的教育》，他讓主角安利珂生了肺病，到鄉下去休養，由他的舅舅照料，舅舅教他勞動，教他憑意志過日子。他又偏到另一邊來。

《愛的教育》太軟？像〈少年鼓手〉、〈少年偵探〉，多麼尚武，多麼愛國，難道還夠嗎？哦，現在我們談到重要的地方。愛國少年爬到樹上去瞭望，他發現了敵人，敵人也發現了他，開槍射他，他中了彈，跌下來，亞米契斯居然沒寫傷口，沒寫流血，連衣服被樹枝刮破了沒有也懶得一提。然後，大軍從他屍體旁邊經過，向他致敬，軍官把佩劍拋在他身上，將軍把勛章拋在他身上，士兵把無數鮮花拋過去，聚成一座花塚。你想，畫面多麼漂亮！情感多麼強烈！把我們每一個讀者都軟化了。可是，在前線指揮作戰，將軍怎會佩戴勛章？戰備行軍，士兵不許離開行列，何處採到這麼多鮮花？這是用浪漫的手法，經營虛幻的氣氛，給少年人甜甜蜜蜜的麻醉。少年人不會由這等文章得到面對現實的毅力。

到了必須告辭的時候，我只好走。我以最標準的姿勢向她行了軍禮，並把姿勢維持到一分鐘以上，以表示我的滿意。那戴藍襯領的女生始終沒說一句話，我也就沒向她告別。此行收穫很大，但是不知為甚麼，總覺得還遺漏了重要的東西，還有事情該做沒做。歸途中，一陣子興高采烈，一陣子又垂頭喪氣。

回到二分校，我知道該做甚麼了，我要燒掉那本謗書。這得先查明這本書為誰所有。我按照輾轉傳閱的線索逆向追問，竟找不出原始持有人，沒有誰說「這是我的書」，也沒有誰承認此書是由他自外引進。既是無主之物，那就更好辦了，廚房裡，每一個灶都像一座土高爐，灶底正奔騰著熊熊烈火。

那時，燒一本書是豪舉。在機關學校的表冊裡，書是財產，銷毀一本書要辦種種手續，儼如賣掉一座房子。這本書是我手頭上唯一的一本鉛印的東西，我斷然朝灶底一丟，看著那一捲黑幻化為一片紅，全身霎時輕了好幾斤，又好像重了好幾斤。火過無痕，不會留下她的名字。

在空曠的操場裡，我把事情從頭想到尾。那女老師大概有過破碎的愛情，她的住所才那樣冷清，態度才那樣沉默，橫看側看，總是她受了傷，不是她傷害別人，至今沒有溫暖的家庭，卻有我燒不完的謗書。謗書可以傳萬里，不能傳百年，立意惡毒的作品會被時間淘汰，心傷也唯有時間可以治療。情海險惡，破釜沉舟也未必能凱旋，真是可怕。

痛痛快快的把書燒了，怎麼還不知足，還不快樂，難道還有甚麼遺憾？問題在那藍色的襯領。那項鍊似的一環似乎是藍的，又似乎是綠的，我後悔沒看清楚。

貧窮的母親養育了太多的孩子

阜陽阜陽，應該有阜。字典上說，「阜」是高大的丘陵。來到阜陽，舉目只見河水麥田。

我問「阜」在哪裡。國文老師李仲廉先生說，「阜」在百里之外，阜之陽確曾有過城市，那裡的人民捨棄了高地，遷來低窪的水邊，把家家戶戶的地基墊高。既來水邊，難免淹水，所以阜陽人說這塊地方「大雨大災，小雨小災」，可是「無雨旱災」。阜陽人愛談泥鰍上街、青蛙入戶的經驗，用麻布作成網兜，在自家門口撈蝦的樂趣，還有，鐘鼓樓多次被水沖壞，還有，著名的安徽第四臨時中學四周築堤，堤外大水汪洋，堤內絃歌不輟。

城市的形成，往往是商人一馬當先。水運可以促進貿易，殺頭的生意有人做，怕甚麼淹水。商人站穩了，自有謀生的人來依附，愛拚不會窮，水裡火裡，再接再厲。有了錢，蓋樓，囤糧，備舟，沒有錢的人學游泳，水來了有命，水退了求財。

阜陽遷到水邊來，恐怕也有軍事上的考慮罷？書本上說，阜陽附近有十五條河，比較著名的是潁河、泉河、渦河、茨河、洪河……在阜陽西北，一條河是一道防線，一道天然工事。在阜陽東南，河渠縱橫形成了江南風味的沼澤地帶，易守難攻。抗戰發生，日軍沿隴海路西進，沿津浦路南下，對隴海以南津浦以西的這塊肘腋之地卻只能虎視眈眈。阜陽也就像「楔子」一樣插進，成了前方的後方、後方的前方。阜陽以它的赫赫巨掌，把軍隊、情報員、行政官吏源源送入日本人佔領的淪陷區，把難民、物資、青年學生接回來。

大地是上帝的棋盤。有甚麼樣的地形，就有甚麼樣的棋局，有甚麼樣的棋局，棋子就有甚麼樣的命運。國立第二十二中學是李仙洲在這方棋盤上的一個布局，於是，天地君親師在上，我在阜陽天天聲光化電，的呢啊嗎，刀來米伐，厄比西迪，開始了我自己的人生。

阜陽八縣，水災、旱災、蝗災接連不斷，號稱「安徽的西伯利亞」。一九四三年秋季的水災，一九四四年夏天的旱災，秋天的水災，我們親眼看見。我在《山裡山外》透過一個號兵的視點，描寫災民的苦況，就是以阜陽災情為底本。《阜陽史話》說，西關打蛋廠招募女工，她們一天的工資只能買三十二個雞蛋，可以想像生計艱難。收入雖然菲薄，戰時也斷絕了，工廠關門，廠房做了二分校的教室。

抗戰時期，阜陽地區的負擔很重，單單是山東省，就在那裡設立中學兩所，師範兩所，職業學校一所，小學一所，政治學院一所。後來山東省政府也撤到阜陽，除了一班文官，還帶著保安部隊。當然，還有國立第二十二中學。

江蘇省政府也搬來了。

更大的負擔是供應軍隊。依阜陽縣志和阜陽文史資料記載，長期駐紮的部隊有九十二軍，五十一軍，八十五軍，十二軍，暫編第九軍，騎兵第二軍，十一路軍的五十六師。臨時過境的部隊，有劉汝明、何柱國、莫德惠……

地方對軍隊要供應眷屬住宅，營房，柴草，馬料，差夫，慰勞傷患，修防禦工事……

軍糧多半是就地徵購，政府發錢在當地買糧。「購」字上面既然有一個「徵」字，有半強迫的性質，民間必須接受交易，糧價往往比市價低很多。

除了徵購，還有「徵借」，把你明年該繳的糧食先拿出來，寅吃卯糧。借了明年的再借後年的，據說已預借到五年以後了。

阜陽為抗戰使盡力氣，過年貼門神，連門神都穿著軍服，揹著步槍，效鍾馗併伸兩指，指著踩在黑皮靴底下的黃衣小兒。還記得一首順口溜。戰時徵兵，所以說「生了兒子是老蔣的」，安徽是桂系地盤，李品仙做主席，廣西幹部紛紛和當地女子通婚，所以說「生了女兒是老廣的」，徵糧購糧都由保長承辦，保長的權很大，所以說「打了糧食是保長的」。

中共在淮河北岸也發展得很好，皖北人「生了兒子」也可能是「老毛的」，他們的糧食也得找保長幫忙。唱的是「沒有吃，沒有穿，自有敵人送上前」，其實是老百姓送上前。他們長於結合群眾，住在很遠很遠、我們看不到的地方。

我們住在阜陽，並不知道對阜陽感激。那時國軍的教育忽略了軍民關係，大字標語說「良民是良兵的基礎，良兵是良民的模範」，很有優越感。許多年後，我才發覺對阜陽父老虧欠太多。

只有對國家的責任，沒有對老百姓的責任，朦朧中還以為國家和百姓不能同時兩利，有益於國難免有害於民。後來到陝西，到東北，到台灣，越是忠貞之士、這種祕密的想法越牢固，直到七十年代才覺悟。

回想起來，我們的學校的確像座軍營，一個封閉的系統，和地方很少交流。

舉例來說，我們目睹蝗災，水災，觸目皆是災民，師生並沒有集體出動幫助災民的行動。

一九四三年阜陽發生瘟疫，有些醫生怕傳染，關閉了診所。二十二中每一分校都有醫官有護士，可惜沒能全面出動義診。

我們曾經參加阜陽各校的聯合球賽，參加各校合辦的聯合晚會，收場都不愉快。

我們曾經有一次助割。也不知是誰的主意，忽然聽說校方「希望」我們替農家割麥，沒有正式宣告，沒有發起人，沒有編組，也沒有和地方保甲聯絡。

好像沒有多少人去做這件事。劉宗元同學告訴我，他走進麥田，說明來意，那正在割麥的漢子直起腰來，把鐮刀往地上一丟，斜眼看他：「你會割麥？」接著，一位農婦尖銳的聲明：「我們可不管午飯喲！」

宗元是揣著粗麵饅頭出門的，他覺得無趣，一腔熱忱化為烏有。他在田野間遊蕩了很久，後來發現一位太太正和一小塊麥田奮戰，他才找到用武之地。

那時，我們的形象一定很驕傲，我們只想到自己：我是愛國青年，應該得到敬重；我是流亡的孩子，應該得到同情；我是兵，應該得到供應；還有，我是總司令的學生……

那靠異鄉支持的學校，從來沒有人告訴學生怎樣和異鄉人相處，例如，在路上碰見了他們老年人要微笑，遇見了少女少婦要低頭；尊重他們的風俗習慣，即使你認為那是陋習；稱讚他們的食物，即使你覺得難以下嚥。

人是驕傲的動物，人人都必須驕傲才活得成，理想的人際關係是共同驕傲。我們和阜陽人沒找到這個交會點。

一九四九年以後，「外省人」逃到台灣，用同樣的心態和當地人相處，受到教訓，才有一系列的反省、修改。

還好，在阜陽，我們知道自己是學生，應該有教養。阜陽離家鄉近，也還能得到一些接濟，容易守規矩。真正的大兵沒有家庭，沒有親友，沒有故鄉，他每月領到的薪餉只夠買衛生紙。他可以不買衛生紙，用報紙代替，但有時得買信封信紙。他可以不刷牙，但總得買肥皂。冬天，他可以洗冷水澡，出外辦事總得喝杯熱茶。他一天兩餐吃得飽，但有時還想水果雞蛋。怎麼辦，自己動手，見了就拿，或者利用公務之便，乘機需索，對民家的騷擾很嚴重。如果他抽菸，就更麻煩了，我常見大兵在阜陽城內的大街上撿菸頭，那只是老實守分的大兵。

那時我們都還懵懂，不能把麥粒看成農夫的汗珠淚痕，聽說過「最後一根草壓斷了駱駝的脊樑」，騎在駱駝背上，慶幸自己不是那根草。後來（一九四四年）淮上發生戰事，日軍迫近阜陽東郊，二分校師生夤夜撤出打蛋廠，向南方丘陵隱蔽，當地村民以為來了亂兵，連夜棄家逃走，我們並不懂得歉疚，心裡想的是「我們居然也有那麼大的威風！」年輕人都殘忍，他的七情尚未成熟。

必須註明，九十二軍的紀律算是最好的。

大兵擾民，我在《昨天的雲》裡面寫了不少，本書後面還要再寫。我十分痛恨這種行為，常常設想怎樣制止、怎樣懲罰。後來我也枉費了不少心機。終於一天想通了，大兵的待遇那麼低，政府只養了他一半，他靠老百姓養他另一半，他因此養成了各種壞習慣，戰後待遇提高了，老毛病仍然改不掉。我會記下他們後來吞食的惡果，能懲罰世人的，只有因果律。

五叔毓珍

五叔是三十年代的熱血青年，名重鄉里，不過我和他見面的機會很少很少，我只記得他曾到我們小學的球場裡打籃球，我站在場邊觀看，我的眼睛只盯住球，他的眼睛也只盯住球。

四叔、五叔、七叔是繼祖母所生，都和我家不相往來。祖父留下的那一大片房屋，南半部面臨廣場，由繼祖母等各戶居住，北半部面臨大街，由伯父家和我家居住。南北之間是廢棄了拆除了的酒廠，頗似軍事上的無人地帶，形象化了這個大家庭的分裂和隔閡。

五叔健談，繼祖母的客廳裡經常眾聲喧鬧，煙霧騰騰。我們這邊臨街的房子租給人家開酒店，是個公共的場所，論客辯士發言盈庭，父親有時也參加。這南北兩個論壇的風格和「意識型態」頗不一致，當面有耳，隔牆有嘴，把兩面之詞傳來傳去，是人類的一大嗜好。

三十年代的熱血青年一定因「反封建」而鄙薄家庭，那時，大家庭制度的積弊（有時簡直可以說是罪惡）也確實到了十分嚴重的程度，奇怪的是，對大家庭制度的聲討和咒詛，往往來自受益最多的人，五叔就是以吾家的驕子精兵，憤然大呼「家是寶蓋底下一窩豬」！

巴金寫在〈家〉裡的這句話，當年儼然金科玉律，天下有口皆傳，基督教會號稱「神的家」，因受不了這句話的壓力，連忙自己造出一個專用的新字來：寶蓋底下一個「佳」。這話傳過來，我父親倒不緊張，他不慌不忙：「寶蓋底下這隻豬代表家畜，飼養家畜是『家』的特徵。」

話又傳過去，五叔笑了：「我只看見他家養孩子，沒見他家養豬。」

那時另一個熱門話題是「抗日」。日本軍閥想併吞中國，一步比一步緊，對中國人的刺激太多太深，熱血青年實在忍不住，一想起這件事來就廢寢忘食，一談起這件事來就聲嘶力竭。他們要求政府立即對日宣戰，政府的態度卻是盡量拖延，青年們氣極了，出來遊行請願，政府倒用警棍、消防水龍頭來對付，說不定還準備了監獄。咳，耳光打在臉上，也就一時分不清誰親誰仇了。

依那時五叔看來，打日本容易，咱們人多，拿一百人拚他一個！這話傳到酒店裡，眾人問我父親的看法，父親說：「咱們拿一百人拚他一個人，中國得有一百億人口才行。」眾人驚問緣故，父親說：「日本的人口是九千萬，號稱一億。」

那怎麼辦呢？父親說，國家興亡不可意氣用事，要忍辱負重，想想看，越王句踐吃過吳王夫差的大便！當然，這話馬上又傳到「那邊」去了，五叔默然有頃，揚起下巴來說：「來，咱們就公推他老哥，代表四萬萬五千萬同胞，每天早晨去伺候日本人上廁所吧。」

一九四二年我到安徽阜陽讀書，給五叔去了一封信，那時他是國軍第五軍砲兵營長，駐在雲南呈貢。

五叔離家以後，繼祖母封鎖了他的一切消息。我還記得，有一次，郵差把五叔寫來的家信送到我家，母親吩咐我立刻送給祖母，祖母臉色大變，親自到郵政代辦所，再三查問此信在甚麼時間送到我家，從時間上確定我家沒有私自拆開這封信，才為之釋然。她老人家又仔細叮囑了那全鎮惟一的郵差，以後務必把信送到「南邊的大門」，切勿再送到「北邊的大門」，這才放心回家。

祖母肯把五叔的通信地址說出來，這是她老人家的寬大，據說，她估量我在外面也許能有些出息，這才假以顏色。那時給五叔寫信，要寄到「雲南呈貢、羊落堡、儲開甲先生轉交」。呈貢在昆明之南，靠近滇池，儲先生是當地大戶，五叔的朋友。那時，我覺得雲南遠在天外，能夠往那麼遠的地方寫信，很值得自豪。

可是，信發出之後，久久沒有回音。倒也有幾分意料之中，畢竟是那麼多的芥蒂，那麼久的猜防。這兩個家庭第一次正式溝通失敗了。誰知到了年底，他老人家的信忽然來到。

而且是掛號信。而且有一張法幣三千元的匯票。而且回信頭兩句是「忽接來信，不禁熱淚潸潸。」在他老人家想像之中，我這次穿越封鎖線、來到大後方，定是九死一生吧。

為甚麼沒有立刻回信呢，原來五叔到緬甸打仗去了。戰史記載，這年三月，日軍由泰國進窺緬甸，攻佔了緬甸南境的名城仰光。防守緬甸的英軍戰力不足，要求中國派兵增援。那時中國沿海全遭日軍封鎖，對外運輸依靠緬甸的公路和鐵路，當然希望把日軍趕出去，立即派第五軍、第六軍、第六十六軍由雲南入緬，第一場大戰在仰光以北的同古發生，稱為同古會戰，五叔參加了這場戰役。

同古會戰之後，國軍部署第二次會戰，不料此時另一路日軍忽然攻佔了臘戍，畹町、八莫也相繼淪陷，入緬國軍的後路被敵人切斷，有陷入袋形包圍圈的危險。如此局面，英軍要負最大的責任。英軍戰力很弱，常常不顧全局、任意撤退以求自保，戰地記者譏笑他們，說是「看見英國人的背和手，卻看見中國人的胸膛。」背，指轉身退卻；手，指舉手投降。

戰局惡化，指揮中英聯軍的美國將領史迪威急忙逃往印度，國軍則往緬北疾走。第五軍撤退途中，九十六師擔任後衛和右翼掩護，五叔那個砲兵營就配屬在九十六師。

緬甸撤退應該是抗戰史上最有毅力的撤退，也是最悲慘的一次撤退，撤退途中二百師師長戴安瀾遇伏受傷不治，兩團長失蹤。新三十八師副師長齊學啟失蹤，後來發現死於仰光獄中。騎兵團長黃行憲，九十六師副師長胡義賓都陣亡了。基層官兵的損失難以確計，九十六師沿途死亡兩千人，失蹤八百人，五叔這一路上所受的「天磨」也就簡直自頂及踵了。

緬甸的地形南北狹長，山脈河流多是南北走向，而峻嶺激湍，十分險惡。國軍由緬南北撤，在緬北東去印度，西入雲南，揮山刀開路，騎獨木過河，在毒蛇、猛獸、瘧蚊、螞蝗的攻擊中，與猴子爭野果，與死人爭臥地，與螞蟻爭飲水，隨處有人餓死、病死、自殺而死。在這個人類難以生存的環境中，國軍與日軍晝夜競走，國軍急於走出敵人的口袋，日軍則急於想拉緊袋口的繩子。「我能往，寇亦能往，寇能往，我亦能往！」有時候，國軍披荊斬棘，攀山越嶺，隔著密不通風的原始林，聽見敵人在「隔壁」講日本話！

緬北有一座野人山，是這次撤退最後最嚴厲的考驗。野人山號稱鬼門關，意思是人入此山不能復出。此山縱深四百里，高度平均八千尺，峻嶺叢林，瘴氣烈日。九十六師在山中絕糧，殺蟒獵虎為食，終於越過此山。三千里絕地，六個月勝負，無一人降，無一人叛，抱病扶傷攀高黎貢山進入雲南。在一個叫劍川的地方早有千萬出征官兵家屬麇集盼望，五嬸也在那裡等候。死生交會，哭聲動野，大雨忽然滂沱而下，為他們洗淚。五叔接到我的信，想他老人家心中那一團鬱結，一點酸楚，那對鬼神的感激，對袍澤的悼念，俱在心中，俱來眼底，這才「熱淚潸潸」的吧。

我把五叔的信轉給父親看。父親寫信給五叔，認為「此或吾家將興之兆」，並且說，自己「一事無成，使父母失望」，深感愧悔。五叔也寫了長信給他。看來這個裂痕縱橫的大家庭，有了我這一丁點兒黏合劑可用。

無如萬般是命。不久，命運鑄九州之鐵為錯，敲破了家，敲破了國，任何人無力補天。這幾年，我常思量，五叔在一九四三年寄給我的法幣三千元，到底是多大一筆錢。

翻查了價格史貨幣史一類的書。中國面積大，這個地區的物價跟另一地區的物價不同。物價的數量單位也不一致，同是白米，有時用斤，有時用斗，安徽阜陽地區的物價沒有查到。

倒是查到了一條：一九四三年，中等學校教員的薪水是七百八十六元，看來五叔匯給我的錢相當於一位教師四個月的薪水，數目似乎不小。不過，我又查出在地主家做長工，平均每個月可以賺到兩千元，是中學教師的兩倍以上。五叔匯給我的錢，相當於一個長工一個半月的收入。戰前有一個故事諷刺教書先生，說他的束脩和長工的工資相等，只有在吃飯排座位的時候高出長工。抗戰五年，教師的經濟地位竟遠落於長工之後，可見「世變」之一斑。

依《民國價格史》所示，一九四三年食鹽每斤大約是三十五元（西安），豬肉每斤大約五十二元（桂林），火柴大約每盒四元，白米每市斗大約二一〇元（四川）。由此可以想像，教師的待遇實在太低，難以維持生活，各校勢必要自己想辦法補救。縣政府總可以從公糧裡弄些斤兩出來分給縣立中學的教師，國立中學只有在學生的主食項下製造「結餘」。伙食管理無法弊絕風清，這該是一個原因。

一九四三年是抗戰以來物價最高的一年，我們開始「捉襟見肘」。我曾寫信給二姐，問她能否給我做一條內褲，她回信說不能，她自己正沒錢買布。這件事給我的印象很深。到郵局領取匯款，立時就地匯了一千塊錢給她。男生可以缺錢，女生必須有錢，這是我當時的信念。

回想起來，我沒能好好利用這筆錢，因為我至今也沒有學會怎樣用錢。我買了布鞋、內衣、肥皂、牙粉。中午，拉李孔思出去吃了一頓客飯。那時我們用桐油點燈，以棉絮捻成燈芯，燃燒時濃煙瀰漫，既費油，又不明亮，我買了一大把燈心草分給全班同學。那時副食有名無實，同學們多半弄一撮鹽撒在飯上佐餐，有道是「走遍天下娘好，吃遍天下鹽好。」我買了阜陽名產大升醬園的鹹菜，請同席吃飯的八位同學共享。

全是不急之務。我竟沒有買過一本書！這似乎註定了我今生不能做一個讀書人。

一百塊錢欠了四十年

當年在阜陽讀書，一分校幸而有督軍留下的莊園，二分校幸而有英國婦人留下的工廠，等到成立師範部，把年紀稍大的學生（尤其是女生）抽調出來，另立門戶，就感受到居大不易。

設在三王寨的師範部，離校本部柴集三華里。據尹寶璽同學記述，三王寨分老寨新寨和小寨，也是督軍的莊園。但房舍不敷師範部使用，師範部的同學只好自己「拓坯」，再僱匠人來蓋屋。在某一段時間內，三王寨一望全是赤膊的男生，手足並用，把稀泥碎草填進木框裡，曬乾了、壘牆。男生在烈日下操作，女生送茶水，開飯的時候把省下的半個饅頭送過去，想到出力幹活的人食量大。這一授一受，兩個人的臉都紅上好一陣子，此後見了面反而不說話了！第二天只是傻幹。有位同學說，他在濕坯中心印下自己的手印，祝禱砌牆以後，他的手印正好挨著某一個女生的書桌或是枕頭。

聽人家說，那位督軍本來還要蓋很多房子，可是袁世凱死了，他垮了台，新政府追查他的劣跡，把堆積如山的建築材料沒收了。秦始皇修了長城才死，隋煬帝通了運河才死，督軍怎不多折騰幾天，替師範部蓋好校舍。天生督軍，就是要他為後世的好人開一條路，那樣的路，好人自己開不出來。

師範部的同學告訴我，他們那時整天拓坯，渾身骨節痠痛，夜裡夢很甜蜜，那甜蜜專屬於汗如雨下的人。他們臥在草地上，眼望督軍騎栗色駿馬，披掛閃亮的官服，東指西顧，工匠如蟻。他們也看見，在督軍背後，革命軍蹲滿了整座樹林。

既在夢中，景象當然恍惚，就像風吹皺了池水、碎亂了水中的倒影那樣，一陣手忙腳亂，督軍就無影無蹤了。可是房子依然在，每一間都完好，大夥兒理所當然的走進來，坐下去，——或者躺下去。心底有一份甜，一塊永遠消化不盡的糖。

那是夢。現在青天湛湛，白日朗朗，學師範的人坐在三王寨簡陋的茅屋裡，念著「士志於道，不恥惡衣惡食」，想顏回，想范仲淹，偶然也懷念滿臉油膩的督軍，天下沒有不垮的軍閥，但天道總是太快或太慢，命運之神總是太忙或太閒，無法恰到好處。

師範部有人來，我問：「是不是有個凌老師教你們國文？」答話的聲音裡有得意：「當然！」

又問了幾個人，答案的內容具體了，知道凌老師國學修養深，又能使用新的教學方法，是師範部的一寶，一分校二分校還有高中部都想「挖」他，他要就近照應在師範部念書的長子，不肯他就。

父親來信囑咐我去拜訪這位凌仲高先生，他打聽出來凌老師是臨沂人，有家人留在臨沂鄉下，似乎可以轉個彎兒帶點錢給我。辦法是，我家和凌家都在淪陷區，可以把偽幣交給凌家，再由凌老師折合法幣給我。家中已經知道，這學校並非甚麼都有，而是「甚麼都沒有」，無論如何得給我一點錢。

凌老師既然帶著公子，想必也帶著師母，那麼，可以吃到一頓水餃吧？也可以聽到類似母親說話的聲音吧？去三王寨的路上，我沒想到錢，只聞見水餃煮熟了的熱香。飽餐以後，搬一個小板凳，坐在師母面前，聽她「拉」家常，也算是回了一趟故鄉。

我走過粗枝大葉的樹林。我走過連綿無盡的野薔薇叢。我看見一條謙卑的小河，滋潤著凸凹起伏的草地，牧童山歌世世代代，老師宿儒第一次在此藏身。

我找到凌老師，沒看見師母。他的骨架大，田字臉上有承受壓力的肉和遒勁的紋。山東的飽學之士，往往這樣把五車之書頂在頭上、馱在背上，壓不斷脊樑，壓硬了肌肉。我認識了他的公子鵬舉，他沒有翅膀，有揚起來的眉。我沒看見師母。

凌老師為人豪爽，談到錢，他立刻拿出一張面額百元的鈔票給我。他說，國立中學待遇低，比不上私立中學也比不上縣立中學，加上一九四三年物價飛漲，他實在沒有錢可以寄回老家。「一百塊錢你拿去用，不要告訴令尊。你想，萬一令尊把這一百法幣折成偽幣送到我家，我老家的人豈不要笑死？」他的意思是錢數太少了。

仍然沒有看見師母。

我們說話，鵬舉兄坐在一隅的小方桌上做功課，自己割據一個小世界。那是擺在灶王爺面前上供用的小桌，上面放著鵬舉兄的作文簿，我忍不住要翻開看。天哪，他的文章才是好文章，很奔放，很活潑，也很細緻，以我們的年齡和環境來說，他恐怕達到了最高水準。

我淚眼模糊的合起他的作文簿。我讀到的是一篇追念亡母的至情至性之文。

我是不會看到師母了。

凌府的家具簡單，除了一張太小的方桌，就是兩條太長太寬的凳子，鄉下人夏天可以躺在上面乘涼。這奇異的比例，在我心中一直不曾磨滅。

凌老師說要做點東西給我吃，他親手在那張小方桌上和麵，我則坐在長凳上東張西望。一位飽學之士的住所，牆上沒有一張字畫，室內也沒有一個書架，即使是很小的書架。那時的讀書人似乎還不知道可以用幾塊磚頭兩片木板搭成擱板放書，這置備書架乃是一件大事和難事。當然，主要的原因還是因為沒有書。

凌府——我是說他的老家——原有許多書本。他住在臨沂附近的戴家村，日軍掃蕩，看見他的藏書，第二天立刻派人送來一張聘書，要他出山做官，動作很快。凌老師的動作更快，他連夜搬家逃走。他手邊無書，腹內有書，人家說他能背誦春秋三傳，全部《史記》，全部《古文辭類纂》，全部《經史百家雜鈔》，大部分《全唐詩》和《全宋詞》。阜陽城內城外，有誰找不到某個故事的出處，想不起某一句話的原文，都來找他。那天我向他求證，問他是不是能背誦那麼多古籍，他說：「誰知道？又從來沒有從頭到尾背過一遍。」

那年代，唯心唯物的爭論激烈，說得明白一點，唯物論者對唯心論者的攻擊隨時隨地發生，他們並且說，要想文章寫得好必須有理論修養。如此說來，要想文章寫得好，必須解決唯心唯物的歸屬。我拿這個問題問凌老師，他說：「何必一定要『唯』呢？咱們作文立論，既不必唯心，也不必唯物，咱們有孔孟，有儒家哲學。」

那時，我的感覺是，他的指示也像他做出來的點心一樣，出乎意料的簡單。那天，他用鹽水和麵，擀成薄皮，放在熱鍋裡烤到微微發黃，我們一面喝白開水，一面吃將起來。細嚼慢嚥，倒也香甜滿口，可是我原來巴望的是一頓水餃啊！

吃完點心，凌老師見我不曾質疑請益，似乎不甚放心，又加了一句「儒家哲學像家常便飯，平淡，延年益壽。」唉，那時我哪裡懂甚麼唯心，甚麼唯物，哪裡懂儒家哲學。直到今日，我嚼著從超級市場買來的一種健康食品，用粗麵做成薄片，烤乾了，不會增加膽固醇。我這才想起當年那頓點心，和他老人家的語錄。

「我欠他一百塊錢。」每逢有人提起凌老師，我總是這麼想。聽者愕然，他問：「你和他甚麼關係？」這才發現新經驗：欠債也可以招搖。新經驗使人快樂（或者沉思，或者驚愕，或者敏捷），人生因它豐富起來。

那是我們大量增加新經驗的時候。譬如，我在雲南做砲兵營長的五叔忽然寄給我三千塊錢，有了三千塊錢可以做許多事情，欠凌老師的一百塊錢早該歸還。這天，我恭恭敬敬寫了一封信，附上百元大鈔一張，趁李孔思赴三王寨之便，託他帶上。後來我知道這樣做還是簡慢了，應該親自跑一趟，大鈔之外，最好還帶點水果。可是，那時我和孔思的人生經驗究竟貧乏，我只知道借債必還，孔思只知道忠人所託。

結果出了意外，孔思走到三王寨附近。遇見兩個大兵，一個「倒剪」了孔思的雙臂，另一個就動手搜他的口袋。孔思失款，氣急敗壞，要求凌老師帶他報案，他記得某一個「強盜」的面孔，也看見他們進了某一個村子。可是凌老師說：不行。

不報案就不報案吧，可是孔思憤憤然，一定拉著我去見凌老師。他力主報案，並不是想證明自己清白，我也從未假設他有某種嫌疑，我們那時只對女生「有猜」。孔思是因為有一張黑臉，要一伸「路見不平」之氣。凌老師說：「不能報案，絕對不能報案。」

人生經驗也是一門學問。凌老師問：「如果你們去告發，去指認，軍方今天抓到了這兩個人，明天就會槍斃他們。為了一百塊錢斷送兩條命，你們難道能永遠不後悔？」

他又問：「現在軍隊裡有很多阜陽人。我們頭頂阜陽的天，腳踏阜陽的地，喝阜陽的水，吃阜陽的糧。如果搶犯是阜陽人，如果為了一百塊錢殺死兩個阜陽青年，豈不傷了阜陽父老的心？」

他再問：「這一百塊錢本是還我，現在就算已經還過了，他們搶走了我的錢，我不要追究。這樣行不行？」

問到我們無話可說，這才提起秦穆公。穆公出門，他心愛的一匹名馬受驚狂奔，他親自帶著衛隊追趕尋找，找到山後，看見一群漢子正在煮馬肉，地上鋪著帶血的馬皮，他們殺了穆公的愛馬！可是穆公派人送給那群漢子一罈酒，告訴那些人吃馬肉的時候一定要喝酒，否則會傷害身體。

這才提起王獻之。半夜裡，王獻之躺在床上，聽見聲響，看見人影，知道來了小偷。獻之不慌不忙的說：「對不起，我家實在很窮，只有一床青氈還可以典當幾文，你拿去吧。」

這才提到陳寔。他看見小偷躲在屋頂下的橫樑上，就不動聲色，把全家子弟都叫到屋樑底下來聽他訓話。他說，人一定要勉勵自己上進，那墮落的人本來也是好人，可惜不能抵抗世俗汙染。說到此處伸手向上一指：「就像屋樑上這位老兄一樣。」小偷嚇壞了，跳下來俯伏在地，陳寔安慰他幾句，送了他一些錢……

凌老師為「忠厚傳家遠，詩書繼世長」作了註腳。我本來並未堅持報案。我心裡懸念的是，怎樣把這一百塊錢還給他。他當然不肯再要，也許，孔思帶去的錢他也沒打算接受。

四十年後，我才等到回報的機會。師範部校友凌鵬舉是凌老師的長公子，住在四川省岳池縣，通過他，我和住在西安市的凌老師凌師母通信，寄去一點錢和一捲錄音帶。我和他老人家長談，匯報四十年來的漂流成長，我縷述他留給我的身教言教，很懇切的告訴他，我也教過書，凡是他做過的，我都做不到，他是今世難逢的良師。對老年人，最重要的是肯定他的過去，據說凌老師一生堅忍，老年寂寞，這捲錄音帶給了他很大的安慰。

至於凌鵬舉，我們的師兄，我一直沒忘記他的作文，揣想他做了作家，擔憂他受文字獄牽連。還好，他後來做的是工廠管理，躲過若干敏感風波。

群眾的憤怒轉向了

世上究竟有多少人相信預兆？有人微笑點頭，心裡卻並不堅持；有人說：「那是迷信」，聲音很低，惟恐鬼神聽見。

我們的厄運是從二分校主任張秀峰跌破了眼鏡開始的。他有深度近視，他的眼鏡是玻璃鏡片，金邊，那時鏡片都用玻璃，怕摔。

這年春天，我們照例到柴集，全校師生在校本部團聚，過陰曆年，慶祝校慶，參觀運動會。我們午後出發，晚上住在後湖一分校的校舍裡。這天大家很餓，很累，對晚飯的期望很高，因為這兩天照例加菜。這天一分校的晚餐熱騰騰，香噴噴，饅頭也破例廢除兩手捧著的草鞋底，改成恰可盈握的水蒸梨。我們越看越饞，可是誰也想不到，我們沒飯吃！

這件不可思議的事所以發生，我想（今天回想）軍訓教官和事務處都有責任。二分校有個炊事班，炊事班有班長，也就是伙頭軍，有炊事兵，也就是伙夫，他們竟然都沒有來！那時學校是軍事管理，到柴集去算是行軍，住在後湖算是宿營，宿營要先安排廚房廁所，載在教範，教官是念過的，他沒照本子辦事！

不過，軍訓教官從來不管伙食，伙食關乎錢糧出入，甚為「敏感」，教官避免涉及，炊事班的頭頂上司是事務處。這天事務處全體員工躬逢其盛，自己吃個紅口白牙，忘記了所以有個事務處、是因為有學校，所以有學校、是因為有學生。

那時二分校的事務主任跟學生沒有緣，學生朝他敬禮，他看空氣，於是學生也就拿他當空氣看。後來，也許他願意還禮，可是學生不理，他已經沒有機會了。這就使他更厭惡學生。「國難期間」，那時我們總是吃不飽，吃完了、還蹲在那裡望著空盆空碗發呆，聽見教官的呵斥才站起來，動作太快，總有幾分鐘眼黑頭暈，搖搖如在舟中。陰曆年加上校慶，一年只有這麼幾頓能把肚皮撐圓，只要這幾頓飯別讓他們失望，他們就能在流言蜚語中信任你一年。可是……

等到暮色蒼茫，望見同學三五成組自柴集的方向急奔而來，他們「徵用」了農家的木板車，送來冰冷的「抗戰八寶飯」，這些飯，還是同學們等「老百姓」吃過晚飯，借了挨家挨戶的小鍋小灶，一鍋一鍋煮出來。

由於失望，覺得這些飯特別硬，特別冷，特別粗糙，嚼在口中，有莫名的傷感。一個黑臉膛的高年級同學忽然說：「我們不吃，我們全體到校本部去找張秀峰講理！」他操魯北口音。

群聲響應。這時，張主任還戴著他的金邊眼鏡，在柴集校本部跟新校長鄭仲平談天，李仙洲已不是校長。

這天二分校張主任夜宿校本部，睡前，他的眼鏡忽然掉下來，在地上摔壞了，左邊的鏡片破裂，右邊的鏡片脫落。他端詳空洞的框架，懸念老家，難以成眠。

夜半，二分校的一個學生飛奔而至，把張主任從床上喊起來，報告情況。二分校的四百學生因為沒有晚飯可吃，連夜從後湖宿處朝校本部急行軍而來，要向主任興師問罪。十人之中，必有忠義，張主任在二分校有許多子弟兵，此時只能通風報信，不能左右大局。

沒有眼鏡，張主任減損許多風采，所幸還有框架可以戴上，他喊醒鄭仲平校長，動員校本部的炊事班立即做飯，然後，他朝操場走去。突然失去鏡片的幫助，他深一步淺一步，好像地面崎嶇不平，所幸他步上講台之時，操場裡還沒個人影。學生的計畫正是先在操場裡集合，再請主任出來「訓話」，大家走進操場，看見主任已經佔據了那樣有利的位置，不覺銳氣一挫。

氣氛仍然緊張，嘈雜中有人怒罵。張主任站在講台上，以非常和緩的語氣講了話，他首先承認自己沒有關心大家的生活，對下面主管人員的工作疏於檢查，以致今天發生了「這樣嚴重的事情」。他說：「我心中十分不安，這是我的過錯，我沒有盡到責任，我失職。」接著，他保證大家能夠及早吃飯，今夜就在校本部休息，「在大家沒有吃飽睡好以前，我絕不離開大家一步。」

二分校的學生一向敬愛他們的主任，平時主任對全體師生講話，連病號也掙扎著來聽。這次挨餓，似乎是事務處的責任嘛，聽他引咎自責，反而於心不忍。這心意，學生中無人能作完整妥當的表達，只是吼著要把事務主任撤職。張主任當即聲明：事務主任經校務會議通過，上級批准，他沒有權力撤換。下面齊聲鬨喊，不肯罷休，氣氛又緊張起來。不料此時張主任聲色俱厲、斬釘截鐵的說：「我頭可斷，血可流，這種不合法、不合理的要求我絕不接受！」學生受此衝擊，不知所措，台下竟鴉雀無聲。

張主任與學生對賭，以平素累積的威望孤注一擲，贏盡所有的籌碼。他不看觀眾，只想角色，角色扮演成功，觀眾自然入彀。結局是，他趁學生懾伏的那一剎那又說了一些話，對學生的靈魂加以溫婉的撫摩。飯菜上場，以食為天，一頁歷史掀過。

張主任是個人才，但是那副眼鏡框架也是極重要的道具，戴慣眼鏡的人一旦把眼鏡摘除，會顯得五官醜陋、不似人君，學生倘若覺得今晚的張主任和平時的張主任有某種懸殊，定會生出許多枝節。張主任是在夜色掩護下演出一齣小小空城計，他除了巧妙的平息了（或者說預防了）一次學潮，還證明：人的行為變化有其限度，一個大的事件可以演化出許多類似的小事件來。

我們二分校「年紀最小的男同學」陳培業告訴我，學校有過幾次「絕糧」。一次是遲遲不能開飯，最後由廚房抬出來煮熟了的麥粒。這因為存糧吃光了，老校長李仙洲四出募糧，募來的小麥來不及磨成麵粉。麥粒極費咬嚼，吃飯的人又不敢怠慢，兩餐下來，兩頰和牙根奇痛難忍，通宵輾轉不能成眠。那一次，教職員大約不會跟學生一同吞小麥吧？可是學生沒有半句怨言。

又一次，天氣已涼，又斷了糧，學校募到一批黃豆，也磨成了粉。黃豆粉做成的饅頭，黃澄澄，香噴噴，有些人不覺流下口水。老師叮囑，豆麵只能吃六成飽，我現在最有興趣的一個問題就是到底有百分之幾的人聽從了老師的警告，那時，我們的「常識」是，大眾短視，需要先知，大眾自私，需要強制。照那天吃了豆麵饅頭以後的情形看，大家都吃滑了舌頭，收攏不住嘴，多少人肚子脹痛，多少人下瀉，多少人整夜發射連珠砲似的響屁——屁聲從各處響起，像互相諷刺，又像互相競賽，夾雜在呻吟聲和笑聲裡，是奇聞奇觀——所有的屁聲呻吟聲都像是在支持「專政」的理論。那天，教職員大概不吃黃豆吧，學生也沒放在心上。

培業說，有一天，菜盆裡忽然出現紅燒豬肉，大米飯的成色也合乎「標準」，大家不敢相信自己的眼睛。就在此時，立正號響，只見老校長披掛整齊，靴聲橐橐，將星熠熠，走進開飯的大操場，他後面跟著一群長袍馬褂的黑鬍子白鬍子，再後面是二分校的張主任和教職員。這一干人在飯場裡走來走去，有個白鬍子老者再三歎息：「這些孩子受苦了！」學生一聽，怔住了：「今天還算苦？」幾天以後，運糧的獨輪車一輛接一輛滿載而來，一連運了幾天才停止。原來老校長那天把阜陽的富商巨紳請來參觀，當場募糧，有個大商人提筆就寫了三萬斤！

那日子才艱難，可是沒半句吵鬧爭執，大家一面受苦一面津津有味、沾沾自喜。為甚麼改了國立、有了糧源、飽暖無憂，反而容易生出事端？歷來治理眾人之事，困難不在「否極」之際，而在「泰來」之初，動亂多半發生在情況開始改善的時候，我想，那天晚上，張主任他看見了歷史。

據說，那天晚上，張主任萌了去志。我們一點也沒看出來，他是那麼全心全意照料我們。那餐飯，也許我們太餓，也許飯裡雜質太多，也許夜太靜，只聽見一片「咬牙切齒」之聲，張主任就在這一片雜音裡陪著我們，直到雞啼。

張主任是個「吐半口兒血」的文士，瘦得像黃河岸邊的災民，白得像京戲舞台上的小生，等親眼看見我們一個一個睡下，他也快要昏倒了。今天，我想，如果那有領導力的同學站出來說幾句感謝的話，大家一致鼓掌送張主任離場，或者，派幾位高年級的男女同學送張主任回到他的住所，場面溫馨一些，有多好！無如那時的群眾場面只表現浮躁和狂暴的一面，總是一副恨恨不已的表情，「先知先覺」立下這樣的模式，「後知後覺」也就隨波逐流了。

事後回想，還是張主任聰明，鄭校長對校長這個職位興趣太大，後來受到許多傷害。

四十幾年以後，二分校程明光同學道經濟南，拜望了身任山東省政協委員的李仙洲，李氏透露，當年二十二中校長一職，山東耆宿原來有意請山東省第一聯中校長張敏之擔任，但鄭仲平朝裡有人。李氏對鄭之「善為自謀」似乎不滿，其實鄭氏之「得」，同時是他之「失」。

張敏之是能吏、烈士、教育家的混合型人物，在山東教育界聲望甚高，他的個性和治事方法與鄭仲平不同。後來，亂世酷吏把他鍛鍊成現代的左光斗，恨我無緣成為他的史可法，他的事蹟有待大手筆寫成大文章。我常想，當年張先生如果真的做了二十二中校長，他的命運、我們的命運，不知又是甚麼樣式。命運只是一張略具輪廓的畫稿，因不同的人著色而成不同的畫。

李氏離手、鄭氏就位，二十二中的格局已定，二分校的一次小小風波，顯出這格局的輪廓。學生和學校當局在經濟問題上對立，校園內惟一可以爭議的經濟措施就是伙食的管理，學生不斷有意見，而表達意見的方式則為「糾眾滋事」，因為他們從未受過民主訓練。到抗戰勝利我離校為止，二十二中只有「胃」的鬥爭，沒有「腦」的鬥爭。學校當局一次又一次貼布告開除一代又一代的學生領袖，有一次，這布告後面被誰批上四個字：「鳥為食亡」。

那時，大家恨管錢管糧的人，學生瞧不起管錢管糧的人，戰時籌糧也是舌敝唇焦，汗流浹背，可是學生沒有感應。那些人也只知管錢糧，不知道辦教育，他們看學生，也只看見一些永遠填不滿的嗷嗷眾口，露著沒刷乾淨的牙垢和沒拔掉的蛀牙。他們沒有看後院的小雞小狗、前院的小草小花那一份喜悅。除名離校的學生跺著腳說，有一天、長大了，不論在任何時間、任何地點，遇見了某一個人，定要狠狠給他一頓拳打腳踢。一九四六年，這類事果然發生在四川綿陽的旅舍中。

二十二中的學生，前後有一百多人轉學到六中，每個人都有一肚子怒氣。抗戰勝利後，二十二中某一部分的負責人前往重慶，中途在四川綿陽的旅社中投宿，被二十二中的轉學生發現，一群學生衝進去，狠狠的羞辱了他。據說，學生動手毆打他，踐踏他掉在地上的呢帽和眼鏡，逼他連聲自供：我是貪官汙吏，我對不起青年，我對不起國家。學生把他那副破碎了的眼鏡收拾起來，裝在信封裡，託便帶到二十二中，供同學大夥兒傳觀，使人想起楊貴妃死後，當地人輪流觀賞她的一隻襪子。

六十年代，台北，魯籍政要李文齋家有喜事，前往赴宴的校友，與他們立誓要報復的對象同席。幾個校友也曾祕密耳語一番，商量散席後如何如何。可是，時隔二十年，那人實在已經太老，太衰弱，太孤苦可憐，這幾個學生終於不忍下手。後來，一位參與密謀的同學對我說，寬恕是美德，可惜有負當年對老同學的諾言。

今天回想，陷區青年切齒痛恨日軍侵略，才到後方去讀書救國，不到三年，大家的怒火不約而同轉移了對象。怎麼會弄成這個樣子？我固然猜不透、想不通，恐怕連李仙洲將軍、張秀峰主任也始料未及。

那天，戰爭幾乎吞噬我

一九四四年算是個豐年。這一年，蘇聯把列寧格勒的德軍擊潰了。克里米亞和羅馬尼亞也相繼解放。這年盟軍在諾曼第登陸成功，羅馬、巴黎光復，在南斯拉夫、愛沙尼亞、希臘各地大勝。太平洋方面，美軍在馬紹爾群島，在塞班島，關島，菲律賓，在摩鹿加群島，和日軍進行慘烈的戰鬥，佔領了這些軍事要地，直接威脅日本本土。

這一年，中國軍隊在緬甸和英軍併肩驅逐侵入的日軍，攻克孟關，在胡康河谷會師；佔領孟拱、密支那、芒市、八莫，鞏固滇緬邊境；把侵入滇西的日軍逐出，光復龍陵、騰衝，不許他們進窺長江上游。

可是，這年四月，日軍企圖打通平漢路，用兵河南，許多名城要邑不能固守，報上說，「三十七天內連失三十八城」（書上說，四十四天內連失四十五城）。雖說戰略是以空間換時間，這空間太大，換來的時間未免太短了。

六親不同運，命運像化學課堂上的試紙那樣，遇見弱者就變惡。小小的日本國，原打算由南洋入緬甸，由緬甸入印度，由印度入中東，和德軍會師，壓迫英國求和；同時由太平洋直取中美洲，封鎖巴拿馬運河，壓迫美國求和。等到東西兩面都碰上鐵板，這才縮小範圍，經營第二個交通圈，他要由日本經朝鮮，越滿洲，貫穿北寧、平漢、粵漢三大幹線，轉廣西，以越南暹羅為跳板，和新加坡連接，使陸上海洋的派遣軍首尾呼應，脈絡貫通。他這才沿隴海路西進，平漢路南下，來打河南。這就像山後有人打圍，野獸都跑到山前來張牙舞爪。薄處先破，脆處先斷，是以君子惡居下流！

這一戰嚴重威脅阜陽。平漢路有失，將阜陽和大後方的連體切割，阜陽成為「敵後」，而且，日軍為了策應河南的戰事，從蚌埠出兵、沿淮河北進、企圖佔領阜陽。兩路日軍打算在鄭州會師，席捲河南全境。警訊頻傳，我們這些大孩子雖也心跳氣促，但絕不是害怕。那年代，哪個地方要是沒打過仗，那個地方就好像有幾分不如人。而我們這一帶已經好幾年太平無事了。

頗有游擊經驗的曹湘源握著拳頭、望著前方說：「讓李校長帶著我們打一仗吧！」

四月底，日軍迫近我們居住的阜陽，我們惟恐他拂曉來一個閃電攻擊，夜夜躲在阜陽南部的丘陵地裡，隨時一個急轉彎可以進入大別山。這時，絃歌不輟就難了，我們最喜歡把帶隊的老師圍在中間，聽他談打游擊的經驗。

我記得他說，小日本兒，哪來的這麼大的信心呢，哪來的這麼大的勇氣呢，從古到今，想用武力征服世界的人都失敗了，他們三朋四友怎麼能成功？他怎麼不想想，你有國家觀念，別人也有；你有民族精神，人家也有；你敢死，別人也敢死；你會殺人，別人也會殺！

說到這裡，他的語調忽然陰沉。你們知道我殺過多少人？——啊，我們受了驚。——我殺日本鬼子，殺八路，殺漢奸。對付敵人和壞人，只有一個辦法，殺！我現在是放下屠刀拿起鞭子（教鞭）！我惟一的遺憾是沒殺過俄國人，如果要我寫「我的志願」，我的志願就是：捉幾個俄國大鼻子，一天殺一個！

雖然是在夜間，我也似乎看得見他的臉上有一團殺氣。大部分男同學都鼓了掌，只有在七年血戰之中才會有這樣的掌聲。也許是掌聲的鼓勵吧，他說，小日本兒的年紀越來越小，槍比人高，褲管比腿長。夜間作夢，想家，偷偷的哭，早晨班長伸手一摸，枕頭是濕的，馬上好一頓拳打腳踢，怪你給皇軍出醜丟人。依照政府規定，捉到了小日本兒要送到大後方，可是山長水遠，一路經過日軍佔領區、八路佔領區、土匪佔領區，哪裡行得通？還不是就地挖個坑兒埋了。那小日本兒哪，他哭，他磕頭，他並不是怕死，他哀求你一槍把他斃了。只有中彈而死才是軍人之死，靈魂才可以輪迴再生。我真佩服日本人的教育，教人至死不悟！

這一段話，他另是一種語調，很平靜，幾乎帶一點感傷。萬籟無聲中，某種氣氛包圍了我，使我不想殺人，也不想為殺人者鼓掌。可是，你怎樣面對亡國的危機呢？你怎樣面對水火塗炭中的生靈呢？你怎樣面對無定河邊骨和深閨夢裡人呢？皇天在上，人生在世，戰時有戰時的選擇，平時有平時的選擇，我們無法統一。

這時，有人問他，殺人有甚麼感覺。他睜大了眼睛、亦莊亦諧。感覺很好！像大便暢通！他有一等一的口才，先使我們驚，後使我們怒，末了，我們大笑。也只有七年血戰中才有這樣的笑聲。

戰火蔓延，我們停課下鄉，準備和日軍捉迷藏，飽學的宿儒隱退，通三教九流的教職員當令，這些人很健談，於是，我們從來沒聽見過的話聽見了，後來不知道的事情知道了。

我們到這一隊聽聽，再到那一隊聽聽，自稱「遊學」。聽到醉心，忘了歸隊，於是，某一隊的人數越來越多，我們的帶隊老師乾脆向他一拱手：老兄，你多偏勞了吧。

這位「老兄」引人入勝之處，是他背後有一張神祕的幕。他說：「我是來防範異黨活動的，我是來查察青年思想的。」望著那低垂的幕，我們肅然起敬了。不過那時我有一個疑問，一個負有如此重責大任的人，豈不應該深藏不露、運作於冥冥之中嗎，為甚麼這樣招搖呢？

他實在是一個受歡迎的人物，像一個魔術師一樣，伸手到那無形的大幕之後，不時取出一樣令人驚喜的東西。他說，湯恩伯的軍紀太壞了，河南人「寧願日軍燒殺，不願湯軍駐紮」。湯是第一戰區副司令長官，是魯蘇豫皖邊區總司令，指揮五個集團軍，聲望實力都超過司令長官蔣鼎文。

這位老師認為，日本人想併吞中國，征服世界，信心未免太大了，湯軍在鄭州只守五天，在許昌只守六天，葉縣是他的大本營，日軍還沒到葉縣，他先退到伏牛山裡，他的信心又未免太小了。信心太大是狂人，信心太小是病人，河南戰役是狂人對病人的戰爭。

一個驚愕連著一個驚愕。他似乎決心要使我們永遠記得他。有些話怎麼會從他的嘴裡說出來？「以不變應萬變？」那是低能。「以空間換時間？」那是敗家。他告訴我們，後方正在流行兩句話：「前方打仗，後方打牌」；「前方吃緊，後方緊吃」。淪陷區正流行兩句話：「抗日、抗早了，當漢奸、當晚了。」他的解釋是：七七事變發生後，有些人立即毀家紓難，現在撐不下去，只好變節投敵，眼看著抗戰勝利近在眼前，他這個漢奸罪名怎逃得掉？有人先幹漢奸，搜刮壓搾，混水摸魚。經過一番養精蓄銳，等到日軍大勢已去，他來個改邪歸正，照樣升官發財。

這個人，我一輩子忘不了，藉著戰火的餘光，他展示了一本禁書，一本書外之書。只是我不明白，他為甚麼來給我們啟這個蒙、開這個竅？他是來防範異黨、查察青年思想的啊，他究竟希望他的學生變成甚麼樣的人？他扮演的究竟是甚麼角色？

許多年後，我聽到一個名詞：「鳥媒」，獵人把鳥製的標本放在樹林裡招引它的同類，而獵人在旁張網以待。又過了若干年，我聽到更生動更恰當的比喻，「引蛇出洞」。這位防範異黨活動、查察青年思想的老師，或許是玩著同一的把戲。

年輕多夢，我常常夢見他變瘦變高變黑，長袍束腰，頭上纏著白布，對著山洞吹那尖巧靈活的笛音。他的音樂確能引蛇，也能使蛇繁殖得多、生長得快。後來他疲倦了，沒有氣力了，不吹魔笛，蛇照樣成群結隊爬出來，他只好趕快起身逃走。天下沒有無因之果，也沒有無果之因，這一回，他做了因果的主宰，也做了因果的奴隸。

我不敢感謝上帝

阜陽戰局最緊張的時候，我突然病了。

日機轟炸阜陽，北面日軍攻到七十華里的太和，東面日軍攻到四十里鋪。我突發高燒，不能起床。

發病的這一夜，同學們半夜起床，出發疏散，因為不准點燈，誰也沒發覺漏掉了一個人。我也不能說一句話，或者翻幾個身，來引起別人注意。

阜陽城的居民已完全疏散，有一支小小的巡邏隊四處查看疏散的情形，他們來到打蛋廠，幫了我一個大忙，那就是，從廚房裡舀來兩碗冷水。一個發高燒的人是如何需要飲水！這種情況下哪裡有開水，也只有不忌生冷了。

這一次阜陽的疏散工作做得非常漂亮，沒有戰地任務的人一律出城，家家鎖好大門，貼上封條，軍警在每一個路口守衛、每一條街巷巡邏，戰後還家，全城百姓沒有任何損失。

次日中午，同學們回來，李孔思趕快替我請來醫官，醫官馬上開了藥方。那時西藥是稀有之物，幸虧我們有一位老師在城裡開了一家委託行，每年暑假依靠返鄉探親的同學帶些「走私」的貨品，他的指點加上孔思的奔走，校醫這才為我注射。

有幾天，我顆粒不能下嚥。每天，校醫來打針，孔思為我準備一排十碗開水，打蛋廠又變成一個空殼。只有我，躺在這裡，只有老鼠，從屋樑上溜下來，到我的碗裡來喝水。連老鼠喝過的水我也一飲而盡，只有在喝水的時候我覺得我還有生命。

一陣昏迷，一陣清醒。清醒時並不恐懼，只是空虛，很想堅持甚麼，懸念甚麼，可是心念渙散無法集中。如果我能為別人憂，就可以解自己的苦。國太大，家太遠，阜陽太陌生。我必須能不想自己。

游絲一樣，我的思路掛在一隻鳥籠上。每逢主日崇拜，教堂裡的風琴響，牠就婉轉的唱起來。這時，牧師說：「感謝主，鳥也來和我們一同讚美上帝。」這時，我們微笑。這鳥，是一個定時顯現的神蹟。在這大疏散的日子，逃難的人會提著鳥籠嗎？牠大概還掛在那裡吧？那籠子裡，是否還有牠的米、牠的水？

這是一隻樸素的鳥，形狀像燕子，蒼白色的外衣上有斑點，掛著黑色的項圈。看來牠相當強健，能忍受匱乏。可是，那裡還有一隻貓，披著虎皮、戴著圓形笑臉的貓。鳥叫的時候，牠就跑到籠下方，仰臉張望。牠一會兒望鳥，一會兒望人。生物課本上說貓有尖牙利爪，生性凶殘，行走無聲。可是牠能跳多高？現在，教會裡只有牠和一隻鳥，牠也許不必張望了，可是牠到底能跳多高？

想到鳥，我慢慢有了精力。我為牠憂慮，為牠設想，用我的幻想來幫助牠，這鳥的命運有一百種可能。「五個麻雀，不是賣二分銀子嗎，沒有天父的意思，一個也不落在地上。」……

後來，恍惚中，我聽見教堂裡的風琴響，睜開眼，一團漆黑，鼻尖上空飛著一隻蚊子。……恍惚中，又聽見風琴，還有鳥聲，睜開眼，青天白日，老師在教務處拉胡琴，他們都回來了。

國軍以騎八師為主力，擊敗了沿淮河北犯的敵人。騎八師來自甘肅，師長馬彪，西北馬家軍主力之一，經此一役，三千人埋骨淮上，由阜陽出發的勞軍團和前線將士對泣，大酒大肉無人下嚥。

今天重提舊事，我查看了戰史。八年抗戰，大戰役二十一個，小戰役一千一百一十七個，加上小戰鬥三萬八千九百三十一次。淮上一戰規模小，一般抗日戰史或隻字未提，或寥寥幾行，倒是阜陽市志有詳細記載。

一九四四年五月，安徽的日軍偽軍一萬多人，在空軍掩護之下，沿沙河向潁上阜陽進犯。

國軍將領廖運澤指揮抵抗，李鴻慈的暫編十四師，廖運升的第十七師，馬彪的騎兵第八師，徐長熙的騎兵第三師，還有阜陽縣的三個自衛隊參加作戰。騎八師正面迎敵，作戰勇猛，副師長盧廣偉、政治部羅主任壯烈犧牲，日軍第十三師團參謀長亦戰死。

戰況最激烈的時候，日軍前鋒到達十八里鋪，離阜陽城只有十八里路，而我正昏昏沉沉躺在西關打蛋廠二分校的教室裡。

平漢線上，日軍迅速攻下許昌，自許昌南下，一星期內攻下郾城漯河。同時，平漢線南端的日軍北進，遂平、西平失陷，兩路日軍在確山會師。日軍從東南沿淮河進攻阜陽，原是為了策應平漢線的戰事，平漢路既已打通，也就暫時罷手。

這麼說，我能由死入生，（阜陽能轉危為安）全靠淮上的將士死了那麼多人、平漢線上的將士丟了那麼多地方。二者缺一，我命休矣。有些基督徒以自我為宇宙中心，說是「萬事互相效力，教信主的人得益處」，如果我拿來解釋這一次瓦全，那真可恥。這一次，我只能感謝李孔思，不敢感謝上帝。

我那場病算是重病，孔思是惟一來看顧我的人，我和他並沒有特別的關係，那時，我不知道甚麼是交朋友，我的朋友是上帝派遣的。

結交這位「聖人」不容易，他不愛談天，我請他吃了一次「婆婆饃」，再請，他拒絕。

平素沉默寡言，行走坐臥不離功課，上課記筆記最專心，最完整，最清楚明白，人人稱讚。可是，像他這樣一個學生，後來也突然丟掉他的筆記本，跟我們一同遠走。

一九四七年底內戰慘烈，他在西安，我總算有機會替他做了一件事，但是還不能說償清我欠的人情，詳細經過寫在我的下一本自述裡。八十年代，中國對外開放，我費盡心思找李孔思，只找到「最後看見李孔思的人」。

河南這一仗，湯恩伯受盡指責，全靠國民政府蔣主席挺身而出，他對國民參政會說「責任在我」。據說，戰事由軍令部直接指揮，中央並沒有命令湯恩伯在某地死守，湯是戰區副司令長官，他的位置應該和前線保持一定的距離，他沒有超過規定。看來湯所受到的「聖眷」，真是「優渥有加」。

但是河南人不能原諒他。雖然說是「寧願日軍燒殺」，一旦日本人真的來了，他們還是希望湯軍能守住陣地。他們只是說些負氣的話督促你檢肅軍紀而已，你怎麼……怎麼就真的真的讓日軍……燒殺來了！

說到燒殺，日軍自一九三七年侵入中國以來，有一套行為模式，一九四四年在河南，日軍仍然照這套模式進行，既無「改進」，也無反省。

日軍對焚毀村莊有極大的興趣，似乎像孩子過年放煙火一樣著迷，他們所到之處必須留下焦土廢墟才算不虛此行。那時鄉鎮建築多半以茅覆頂，或者是以木材為主的百年祖居，一旦起火，轉眼可以燒光，那畫面，大概是非常之「賞心悅目」吧。

至於「殺」，仍隨手點染「即興」取人性命，似乎頗為自己的「瀟灑」得意。例如，一個農夫在過橋的時候和日本兵相遇，他不敢返身折回，只有硬著頭皮小心翼翼靠邊走，日兵飛起一腳，把他踢到河裡去。……

倘若事故特殊，例如在地上發現了國軍遺落的幾粒子彈，就要鄭重其事，來個「機關槍點名」，把幾十名老百姓排列起來，用機槍掃射，據說，一槍一個，立時斃命，小日本兒訓練精良，彈無虛發，自鳴得意。

還是「寧願湯軍駐紮」，還是趕緊往有湯軍的地方逃。……戰役過後，重返家園，且喜老屋猶在。不料掀開鍋蓋一看，鍋裡有一攤大便；打開麵缸一看，麵粉裡有一泡小便。……

沒多久，消息從上頭傳下來，學校要離開安徽，前往陝西漢陰。

第三部

跟著摩西過紅海

一九四四年暑假，國立第二十二中學分批西遷，預定在河南駐馬店附近越過平漢路，經南陽、內鄉、湖北的老河口，沿漢江入陝南設校。

這麼遠的路啊！有些同學一看地圖，就收拾行李，回山東老家去了。有些人回家拿路費，父母再也不讓他出來。某一個禮拜天，我隨牧師查經，查到摩西過紅海，海水左右分開，讓出路來，摩西一步走過，海水就在他身後合起來，把陸地淹沒了。我思前想後，沒有回去的路，我是站在紅海裡的以色列人。

秦嶺南部這塊狹長的平原，是老校長李仙洲選中的迦南。這地方糧價便宜，據說，比陝南更容易吃飽的地方，那時只有甘肅天水。我們的迦南靠近漢水，漢水是長江最大的支流，將來抗戰勝利，我們可以由漢江坐船直達武漢，再由武漢坐火車遷回山東，交通很方便。我們的迦南北有秦嶺，東有伏牛山、武當山，南有大巴山、米倉山，「在那高高的山崗上，有我們無數好兒郎。」小日本打不進來，二十二中定不會像一中、六中或東北中學那樣再遷三遷。

那時西遷有三大難題。

第一是走過平漢路。那時敵偽已在路側挖好深壕寬溝，人跳下去爬不上來。沿溝修築碉堡，斷絕人行，並派出裝甲車在鐵路上巡邏。一條鐵路就是一條封鎖線。

第二，河南的南陽、鎮平、內鄉，號稱宛西自治區，當地民團對國軍頗有敵意，曾經對某些國軍部隊、流亡學生包圍抵制。我們如何順利通過他們的勢力範圍，也得費些心思。

第三，就是盛暑之中，跋山涉水，每個人的健康問題了。我們都明白，路上若是生了病，誰也救不了你，而我們能夠準備的救急消毒藥，只有大蒜。

不論如何，只有極少的人想到退縮。那時年輕，不知道害怕，這是年輕的特徵。後來我想，誰能驅使年輕人去做他自己不敢去做的事，誰必定成功。陝南的確遙遠，一如童年的搖籃，同時群山護衛，它也像個碉堡。仗還要打很久很久，直打到日本官兵心跳太快，血壓太高，頭皮不再青青，殺人無力，晚景淒涼。他們出征，無家，只有軍妓為伴，他們製造孤兒，自己沒有兒女。而我們長大了，我們大步走回去，看他們蜷曲在我們腳下，一如秋收時豆田裡無處可逃的兔子。

大計既定，老校長李仙洲親自帶著參謀，坐著汽車，沿著預定的路線走了一遭。原則上，這條路線是「走小路，住大城」，離公路遠一點兒，躲開日本的騎兵和汽車；奔波了若干天之後，需要休整，有些東西必須到大城裡才買得到，有些人必須到大城裡才找得著。這一路上在甚麼地方喝水，甚麼地方打尖，甚麼地方住宿，參謀都畫成地圖，後來這地圖複製了，每個小隊都領到一張。

老校長還做了一些事情。大隊學生在偽軍的碉堡之下越過鐵路，必須得到偽軍諒解，老校長為此派人去找確山的幫會老大。老校長在內鄉請客，把宛西自治區的頭頭兒都請到了，說了一些拜託的話。席間有一個主要的客人說，學生進了宛西，最好自稱是「李仙洲的學生」，不要用二十二中的番號，因為宛西人對二十一中的印象不好，以防混淆不清。這番話，後來也向下傳達了。

老校長把校本部設在漢陰縣的澗池鋪，二分校設在漢陰的蒲溪鎮，師範部設在漢陰縣的平梁鋪，一分校則設在安康縣的新城。澗池、蒲溪、平梁，是漢陰最大的三鎮，二十二中可以說是把一縣的精華區全佔了，當地人本來有些不願意，老校長對士紳們說：你們的房子空著，不辦學，難免要駐兵，辦學總比駐兵好；陝南學校少，升學難，二十二中來可以兼收當地的青年入學。地方人士這才欣然接納，漢陰縣長王壽如從中幫了大忙。

經過老校長的這番身教，我才知道甚麼叫有計畫，甚麼叫負責任。家鄉是小地方，要辦的事都很簡單，而且日光之下無新事，有百年故例可循，只要問老年人就可以，所以我從未見過「計畫」。西遷以後，後來我長大了，自己辦事，總願像老校長一樣，把事情辦得周密一些，懇切一些。

那時，高中部一年級有位同學，名叫高國武，對西遷「過路」作出重要貢獻，堪稱無名英雄。如今《校史資料彙編》出版，才正式公布真相。

二十二中的師生，要想平安穿越平漢鐵路，必須「瞞敵不瞞偽」，絕對不能讓日軍知道，但是絕對要得到偽軍的諒解。高國武同學家在駐馬店，「過路」正要經過駐馬店南郊，學校當局和高國武商量，希望他能回鄉布置。

高家在當地有聲望，高家的長子、高國武的哥哥，又是一支游擊隊的領袖，憑藉地利人和，作了最佳配合。其中高潮是——高國武這個不到二十歲的青年，單身進入駐馬店城區，拜訪漢奸領袖維持會會長。

真是英雄出少年，高國武拿出二十二中以校長李仙洲名義發給的證件進行談判，維持會答應提供日軍行動的情報，在最安全的日子派出人員，接送校本部「過路」的隊伍。任務圓滿達成，維持會長還安排自己的兒子和甥女隨隊同行，教兩個少年人到漢中投親，脫離淪陷區。

西遷前夕，老校長又對全校各部巡迴講話，他舉出幾位堅苦卓絕的民族英雄勉勵我們，他說長途行軍能增強體力和毅力，他要求我們一個也不掉隊、一個也不生病、一個也不退卻，準時到達目的地接受他的檢閱。那時，抗戰的局勢和他個人的前景都暗淡，銅像的姿勢表情不因風雨而改變，他站在我們面前依然可以製造夢境，散發信心。

我們傳誦伊藤博文的一首詩，他勉勵日本青年不要貪戀家園，半是灑脫，半是傷感：「埋骨何須桑梓地，人間到處有青山。」

當年日本的國策是對外擴張侵略，希望國人對新地異土有憧憬嚮往，當局者著意推廣了這首詩，「埋骨何須桑梓地，人間到處有青山。」成為家喻戶曉的格言。

卻不料這時在中國也風行起來。我在會念「床前明月光」的時候就會念它了，那時我以為「青山」是風景。不錯，人間到處有風景可看。

一個在「滿洲國」長大的朋友告訴我，在日本，在滿洲，子女離家遠行的前夕，父母多半拿這首詩來加強臨別的叮嚀。中國的父母嫌「青山埋骨」這樣的話不吉利，即使心裡有這意念，也不會說出來，同儕送別可就沒有顧忌了。許多人能從家鄉帶走的，是這一份「生死以之」的悲壯。

日本人以這詩句、這人生觀來聚訓侵略的尖兵，中國青年卻也因這詩句掙脫「安土重遷」的傳統，走向反侵略的前線。這真是：種因由你，結果由不得你。

是的，「人間到處有青山」！我們的心也「橫」下來了。

夢中，文峰塔上的歌聲

我常常想念阜陽，阜陽養育我，鍛鍊我，給我機會、給我能力去追求生活的意義，這樣的經歷，必有一魂二魄留在那裡。

除了阜陽，我也想念上海，想念瀋陽，想念台北，當然還有山東的故鄉。不過，意義不同。

不同的年代想念不同的地方：六十年代特別想家鄉，七十年代特別想阜陽，八十年代特別想上海瀋陽，九十年代特別想台北。但我走的是單行道，再也沒回到這些地方。

五十年代哪裡也不想，頭腦虛無而心情沉重。我以後再記述那段特殊的歲月。

想阜陽，先想城外的文峰塔，挺拔端正，高出一切房屋樹木。它是阜陽市的地標，依我的回憶，它是阜陽的中心，像傘柄直豎，撐開阜陽平原。人在遠處，未見阜陽，先看見阜陽的神像，抖落僕僕風塵，一腳踏進寶地，吉祥平安。

一九四四年夏天，我離開阜陽，行前登上文峰塔，和阜陽的城郭人家山河歲月道別。

阜陽城那時是全國最小的城區，高塔恰如一座瞭望台。我多次登塔看這一片美麗的土地，麥收季節，在塔上看見那遍地金光照亮浮雲。阜陽八景猶有掛漏，我們特地杜撰了「平野麥秀」一景來補充，麥田向東延伸，伸入潁河泉河的濛濛水氣，向南碰觸蜿蜒起伏的臥牛山，為這個大穀倉找到間隔。冬天，塔上看臥牛山，嶺頭雪和嶺頭雲聯手補天映地，才知道為甚麼「臥牛積雪」是八景之一。

人常常因為位置高低不同，看見世界不同的面貌，人必須登高，地必須有高可登。後來每到一個地方，如果有塔，我必定去看塔登塔，每次登上高樓，也總有登塔的心情。

我們給阜陽找新八景，有一景是「高塔尋詩」。文峰塔是個空殼子，塔室連門也沒有，室內牆上密密麻麻是遊人留下的手跡。題壁者或有騷人墨客之作，有人用沙裡淘金的態度去讀它，或者挾怨洩憤之作，有人用窺探隱祕的態度去讀它，或有幼稚學步之作，有人用批改作文的態度去讀它，讀到技癢，自己也擠上幾行。

總會有許多淫穢的文句，我還記得，有人寫出阜陽城內一個女子的姓名，說她的左乳乳頭有黑痣一顆，叮嚀南北君子幸勿錯過。是失戀男子的報復手段？是妓院變相的小廣告？寶塔來自佛門，造形像天線，象徵天人交感，如此清淨莊嚴之地，何以產生廁所文學？

幸而「十步之內必有芳草」。像「你我是前生夫妻、今世冤家、來生父女」。依佛家的說法，如果一個男孩愛一個女孩，這個女孩不愛他，那麼來生這女孩要做那男子的女兒。反過來如果一個女孩愛一個男孩，這男孩不愛她，那麼來生這男孩要做那女孩的兒子。

在塔裡，我也留下幾句話，表示了對阜陽的依依不捨。我寫的是：

阜陽一粒粟
壯士萬金軀
臨歧不忍去
來作登高呼

若問我呼喊甚麼，我想大概是「阜陽再見」吧。想說再見，沒個人聽。很遺憾，我在阜陽沒有朋友。那時年紀小，不懂得交朋友，我在上海瀋陽也沒有朋友。沒有交到朋友，你不能算是真正住過那個地方。

沒有朋友也就沒有恩怨，沒有得失，對那地方的好感不易變質，時間越久思念越深。

為了阜陽，為了文峰塔，我求親託友買來阜陽的地方志。一九八幾年，難得很呢，買這樣冷門的書，懷疑你是搜集情報。

《阜陽市志》說，文峰塔在城東南兩華里處，一七九六年、清康熙三十五年建造，全磚結構，七層八邊，磚上雕有長壽鹿、靈芝草、太極圖、鯉魚跳龍門等圖形。通高三十一．八公尺，有旋轉梯通塔頂。

以後許多年，常常夢見塔，夢見阜陽的文峰塔。二十二中二分校的學生，到底有多少人，用他的靈魂，帶著文峰塔走南闖北？年級最小的男生陳培業，到了退休之年，還對我說起他的故事。

一九四四，陝西漢陰的蒲溪鎮，培業老弟情竇初開，暗戀二分校歌詠隊裡的一個女生。他說，有一天，他作了一個夢，夢中來到一座高聳入雲的寶塔，塔上傳出那女孩的歌聲。他爬上第一層，聽見歌聲在第二層，他爬上第二層，歌聲在第三層。一層一層往上爬，手足並用，汗流浹背，爬到最高，他發現頂層的塔室空空，牆上掛滿了步槍鋼盔，甜脆嘹亮的歌聲在塔外天空雲端。

多少柔情詩意！漢陰縣的蒲溪鎮並沒有塔，培業把阜陽的文峰塔帶入漢陰的夢中。我的夢沒那麼浪漫，我夢中登塔，想到第七層尋我舊時的手跡。爬到第七層，上面還有一層，爬上第八層，上面還有一層。文峰塔像竹筍一般生長，它已插入雲端，高到可怕的程度。夢中記得舊約裡有個巴別塔，越蓋越高，惹得老天生了氣。

夢中爬上許多層級以後，我停下來想，是否還要繼續攀登，就在這時，我醒了，很悵惘。

也許不該停下來想，可是，同樣的夢一再重複，身不由己。

一九四九，解放軍包圍上海，我在上海作夢，夢中傾盆大雨，我站在文峰塔裡，低頭看洪水氾濫，冷氣襲人。

那時戰局嚴重，人心不安，許多人喜歡算命看相，一半認真，一半遊戲。我去找人圓夢，那人毫不遲疑的斷定：「塔者，塌也，你的靠山要垮了。」

再問前程，他說，「你會到一個四面環水的地方去，但是，塔者，他也，一生為人作嫁，因人成事。」

可不是？四面環水，台灣。

文峰塔在我們的夢中老而彌堅，八十年代有人告訴我，一九四八年它就變成一堆瓦礫，內戰雙方都使用高塔瞭望敵情，雙方也都容不得它存在。後來天下定於一，政府修復古蹟，文峰塔出落得很漂亮。它真的會重新成長。

自從知道文峰塔輪迴新生，我就作與塔有關的夢。培業的夢裡，也許仍然歌聲繚繞。

從流亡三部曲中醒來

國立第二十二中學西遷的路線是，離阜陽入河南，經過泌陽、唐縣、潮陽、鎮平、內鄉、淅川六縣，進入湖北。由湖北入陝西，大部分師生走山路，沿漢江江岸穿越武當山脈，經鄖陽、白河、洵陽、安康到漢陰。少數師生走水路，從老河口坐船溯漢江而上，經均縣、鄖陽、白河、洵陽、安康到漢陰。

全線的路程多少華里呢，當時的說法是兩千里。現在校友李之勤寫〈國立二十二中西遷路線〉一文，列出他當年走過的城鎮，並註明兩地之間的距離。他真是一位有心而又多情的人。就他的里程表作一統計，得兩千華里，其中山路佔八百華里。里程表還有三處沒有里數，只註明「一天」，想是爬上一座山再走下來，三角形的兩條斜邊很長，底部的橫線卻短，究竟算是多少里，也就難說了。

西遷動身在一九四四年夏天，日期無從考證，可以推算。九月十七日，一分校師生在西遷途中遇難，死了十位同學。九月十七，這個日子錯不了，第二天是九一八，容易記。全校師生分四批上路，上一批和下一批中間隔十天左右，一分校是第三批，據此推算，第一批約在八月底動身。校友王廷玉有長文記述西遷，他說八月中旬首途。

西遷上路，二十二中才是真正的流亡學校，我們才是真正的流亡學生！隊伍梯次的區分並不嚴格，學校當局也知道，此去千山萬水，學生需要互相扶持，情感比「建制」要緊，因此，對離隊插隊的要求一律批准。二分校有些同學到校本部去了，有些同學到師範部去了。校方把所有的女生編成女生大隊隨校本部出發，二分校的女同學並沒有全部參加，有些人喜歡留在原來的隊伍裡。

父親從老家來信，希望我到校本部和二表姐同隊，我如命奔往柴集，第一批出發。這是一件糊塗事，沒人告訴我，子在外，父命有所不受。我的朋友都在二分校，離開了他們，就不能和他們同甘共苦結下更深的友誼，多少人的喜怒哀樂真性至情也看不見了。我的歷史在二分校，離開了它，這一路上我的成長和它的成長失去了關連，在這最重要的時刻，它的美，它的醜，它的奮鬥，都不能成為我的回憶，一向的積累，醞釀，忽然中斷了！此刻，我要寫下：不可中斷自己的歷史，除非你能真正進入別人的歷史。

我在校本部住了一宿，總算跟柴集結了緣。校本部也是溪水圍繞，教人曲曲折折的走。

見識了高中三年級學生的氣概，他們邁開的步伐大，伸出來的手掌大，臉盤大，嗓門也大，校本部的小橋流水怎麼載得動。雖然都是二十二中的學生，跟我們初中生比，他們另一個樣子。「抗日靠山」，我那時對山的形象熟悉，我們是山，他們是大山，當然還有更大的山。那天晚上我尋思，有句成語不妨改一改：「人外有人，山外有山」。

還記得晚上很熱，學生都到鎮上去喝茶，二分校沒這個場面。我也坐了兩個小時的茶館，聽他們談天說地，聽得入迷。同樣一杯茶，他有他的滋味，我有我的滋味。心中暗想：再過三年四年……想像力給我明天的征程注滿了勇氣。不料一年以後我放棄學業，永遠未能進入他們的世界。

他們談女生肆無忌憚，男女同學之間，他們已經有「手提金縷鞋」的情節，二分校只做到「眼波才動被人猜」。有人忽然提到二表姐的名字，我聽了如雷貫耳，他們不知道我是誰，我也不知道他們是誰，彼此忽然產生非常緊張的關係。他們說，二表姐有很多優點，這樣那樣，津津樂道。我很開心，精神放鬆了，接著又憤憤：你們懂甚麼！二表姐的好處只有我知道，我偏不說，你們不配聽。

第二天，上了路，隊伍走得飛快。人人心裡有三個「怕」字，怕日軍掃蕩，怕盤纏用光，怕中途生病。行期必須盡量縮短。我們一些被「流亡三部曲」寵壞了的孩子，這一下子醒悟了，流亡是逃命，是拚命，是乩童跳灰過火。流亡不是東張西望，看山看水。流亡不是前仰後合的唱歌，看見一塊草地就坐下來。流亡甚至不是中夜輾轉，想家，掉幾滴清淚。流亡者沒有那份閒心。

「過路」，應該好好記上一筆。隊伍在夜間進入平漢路西側的一個村莊，藏身休息，不准外出。這個村莊的名字有好幾種說法，依多數人的記述，它叫官莊。

第二天天黑以後，隊伍離開官莊西進，預定取道確山之北、駐馬店之南穿過鐵路。日軍在此處設下隘口，路旁有磚造的高樓堡壘，由偽軍把守。教官不斷用耳語接力傳令：不准說話，不准咳嗽，不准發出火光，水壺帶好、不准掉在地上，後面的人跟緊前面的人、不准拉大距離。我們都在軍訓課受過夜間教育，現在嚴格遵守規定，切成薄片的肥皂早就塞在獨輪車的車軸旁邊，防它吱吱作響。這回是玩真的，每個人都很緊張。

教官事先選好地形，帶著我們「摸」過去，屏息臥倒，靜等敵人的裝甲車駛過。我悄悄抬起頭來，看見高堡聳峙，窗口露出燈光。不久，胸膛下地殼震動，耳朵貼近地面，隱隱聽見遠處的隆隆。裝甲車來了！呼嘯一聲，探照燈的燈光從我們背上掃過，剎那又歸於黑暗，過了路以後覺得背疼。裝甲車只在它將到未到之時駭人，及至眼前，匆匆幾秒鐘，我們都明白它甚麼也沒看見。

裝甲車去後，高堡的窗子忽然黑了，這是約定的暗號。耳語傳令，起身急行，跑到堡壘的射擊孔旁邊，卻又輕手輕腳，以免把碉堡裡面的人「驚醒」。人人知道他們沒睡，他們正在睜大了眼睛朝外看。人是驕傲的動物，你得給他們面子。

鐵路的路基很高，像一道堤防，登上去，兩條鐵軌很明亮。一步跨過，兩旁站著幾位高年級的學長，趁勢拉你一把，像照顧病人。多年後，讀太空人阿姆斯壯的名言：這是一小步，也是一大步。我想起西遷過路的這一步。

過了路，又是一陣小跑，再臥倒，聽下一輛愚蠢冥頑的裝甲車駛過。

然後，走上二十二中的不歸路。

天明，我越走越慢。二姐不時回頭催促：

「你這不是行軍，是散步。」

散步！我真希望能散步。「慢慢走，欣賞啊！」把祖國的大地河山當作一個風景區。這條路，也許我們只能走一次，「慢慢走，珍惜啊！」

「快點走，我是女生，不能掉隊。」

二姐又說。

不錯，女生不能掉隊。這次河南打仗，河南大學的女生被日軍衝散，有幾個女生落入土豪劣紳手中，起初當然也反抗，後來，就像張愛玲寫的「小艾」，生了孩子，不言不語做母親。

對二姐的處境充滿同情，也不能使我走得快一些。二姐終於說：「你自己慢慢走吧，太陽往哪裡落，你就往那裡走。」

現在知道，我掉隊的那個地方叫「蟻蜂店」。

我驟然輕鬆起來，這時太陽正在我頭頂上，我就找個樹蔭坐下，等它偏西。我慢慢換上一雙草鞋。西遷前夕，我們故意把「千里之行始於足下」曲解為好好打幾雙舒適的、堅固的草鞋，我自己心裡明白，解釋還可以引申。人的腳掌內側應該凹進去，你若光腳直立，腳掌下面應該能鑽進去一隻小龜，而我的腳掌幾乎是兩張平板。這不是「千里之行」的腳。所以，散步。

還有，我的腿。據說，男人兩手左右平伸、由左手尖到右手尖，它的長度，應該和「由頭頂到腳底」的長度相等。「由頭頂到腳底」，它的二分之一處，應該正是生殖器的位置，我的下肢稍長，和標準不合，同時骨盆也太小，這樣，用腳來移動身體的位置，就特別費力。

西元一八九六年，有一個法國醫生發現了一種先天的缺陷，這種缺陷由許多症候合成，計有下肢特長，兩上肢平伸長度超過身高，扁平足，脊柱微微彎曲，胸部微微凹陷，近視，心臟二尖瓣閉鎖不全。還有一項：用大拇指和小指去握另一個手腕，大拇指和小指能夠重疊，這表示其人的手指特別長。他說具有這種症候群的人體能有限，不能承受嚴格的訓練。醫界以那位法國醫生的名字作為病名，那位醫生的名字可以音譯為「麻煩」，於是中國醫生就詼諧的把這種缺陷叫做「麻煩症候群」。

「麻煩症候群」的症狀我大部分都有，所以後來麻煩不少。每一個人都有弱點，我們總算憑勇氣和信心克服了困難。我到蒲溪，看那先到一步的同學，覺得彼此就像是從童話和格言裡走出來的一樣。

天生我材必有用，散步！

我決定以散步的方式走完全程，這可能是世界上最長的散步！

我得先看看太陽從哪裡落。

把好酒留到末日

一分校走後，二分校跟進。我雖然沒有隨他們一同西遷，對他們一路苦樂卻很關心，畢竟二分校才是我的「母校」。

二分校西遷，兩千里山川道路，成就了分校主任張秀峰。這話怎麼說？

我在〈群眾的憤怒轉向了〉那一篇寫過，柴集之夜，二分校學生為了一餐晚飯聚眾吵鬧，傷了張主任的自尊。二十二中老學長今日談當年學運，把那件事當作二十二中日後學潮的開始。

我以今日之心，度張主任當年之腹，認為張主任一向自視甚高，對「群眾的憤怒轉向」引以為恥，西遷是他雪恥的機會，他要創造光榮。

一分校過平漢路，不幸遇上日軍，十人死難，二十多人受傷。消息傳來，張主任「受命於危難之間」，他雖然病軀支離，卻毫無難色。

二分校出發前，張秀峰抱病演講，慷慨如送子出征，叮嚀如遣女出嫁，人人說他講得好，比李仙洲好，比湯恩伯好，可惜我隨校本部先走一步，沒聽見。

據陳嘉樞校友記述，二分校在打蛋廠張貼壁報，發表〈告阜陽父老兄弟姐妹書〉，才整隊動身。這是二分校獨有的安排。談起壁報，我怦然心動，我愛搞那玩藝兒。可是，無緣參與製作。

二分校行軍，第一天只走十八里，第二天走二十五里，第三天走八十里，很像運動競賽前的熱身。三天以後，師生能適應長途奔波，潛力發揮出來，再規定一天疾走一百多里。張主任的設想十分周到。

以上三件事是二分校的特色，很遺憾，我只能想像身臨其境。

還有幾幅畫圖，算是小陪襯，到底也是我錯過的風景。

動身那天早晨，所有的教室宿舍都空了。那時學校已有些建設，我們睡上了大通鋪的木板床，床減輕了我們的疥瘡，卻帶來無數的臭蟲。跟臭蟲作戰比跟蝨子作戰更艱難，牠們披甲戴盔藏在木頭縫裡。那天隊伍還沒走就有工人來拆床了，幾十把鐵錘鐵斧一齊敲木榫，灰塵從門口窗口冒出來，教人疑心那是濃煙。臭蟲受不了這樣大的震動，離開木縫逃走，又不知何處可以存身，密麻麻爬了個滿地，浩浩蕩蕩爬出室外，一大片一大片徬徨在那裡。沒有人去趕盡殺絕，學生和臭蟲的戰鬥已結束，雖然牠們的肚子裡還裝著自己的血，也無心追討清算。這場面我也沒看見。

整個女生宿舍現在是一艘棄船，又沒有人去搜索佔領，空蕩蕩的停在那裡。現在男生可以大搖大擺走進去了，某些曾經在夜晚遠遠望著窗口燈光發呆的男生，現在可以快快樂樂的站在窗裡了。最留戀這房屋的人，也許並不是曾經住在裡面的人！某些男生，欽差大臣似的巡視了每一個角落，據說，竟有一個男生，站在某一間宿舍當中，當眾拉開褲子解了一泡小便呢！這等事，我也沒有機會看見。

我看不見他們，他們也看不見我。我想，他們把我忘記了，在人人自顧不暇的情況下，也許只有你的父母妻子兄弟兒女還能記得你，所以，父母兄弟妻子兒女永遠在人生中佔特殊的位置。那時有一種論調，說是由於社會進化變遷，傳統的倫理關係逐步崩解，最後，人和人只剩下一種關係，就是「同志」。呸，我們來嗤之以鼻。

二分校過路，吸收了一分校的前車之鑑，每天派出斥候，偵看五十里以內有沒有敵人的蹤跡。他們分別在韓莊、王崗宿夜。他們在韓莊郊外的星光下，祭弔了一分校死難的同學。王崗有兩個：新王崗和舊王崗，咫尺相對，都是安靜的村莊。

二分校越過鐵路以後，聽見槍聲，隊伍又迸裂四散。槍聲自大路之北的村莊中發出，同學們向大路之南逃避，黑夜中，張主任離開大路，沿著路南的村落一路呼喚：「孩子們！到我這裡集合！」他說，我們人多，對方不知虛實，我們保持隊形前進，他們一定不敢妄動。他非常鎮靜的帶著他的學生、渡過第二個險灘。

西遷路上，每夜都要到學生住宿的地方巡視一周，看他們睡好了沒有。這是只有母親才做得到的事情。學生到了內鄉休整，學校經費中斷，他取出自己的皮袍來賣掉，權充菜金，這是只有父親才做得到的事情。可惜「彩雲易散琉璃碎」，他做這些事情的時候，心裡一遍又一遍打定主意：他是要走的！他會走得很突然！

新約故事：耶穌在某處參加一個婚禮，主人準備的酒不夠，而客人興味正濃。耶穌把五缸清水變成了酒，客人喝了清水變成的酒叫嚷起來，他們說，人家請客，都是給客人先喝好酒，等客人半醉，就拿出次等的酒來，你怎麼和別人不同，把最好的酒留到最後！

「把最好的酒留到最後」，張主任是深明此中三昧的。

張主任在寫自己的歷史。凡是聰明人都懂得這件事應該怎麼做。歷史容易歪曲，為防止歪曲就不要留下空隙。沒人能說他沒把二分校辦好，沒人能說學生鬧風潮把他轟走，他要創造一個形勢，學生喜歡他，佩服他，感念他，然後，他要你們留也留不住，留也無從留。於是，他就成為你們憶往話舊的一個題目，流芳百世。

遷校後突起的奇峰，我現在先寫出來。

學校遷到陝南，二分校在蒲溪鎮安頓下來，張主任變成一個溫和的教育家，對我們，他在物質上不能增添，精神上卻送來溫暖。他很少再出面指揮甚麼，規定甚麼，我們感覺得到，他不言而教，不行而動。那時我寫出一段話來，我說，不錯，巧婦難為無米之炊，但巧婦能用很少的米熬出香噴噴的稀飯，拙婦常把一鍋飯燒焦。這幾句話，我一直說到現在。

「過路」的這一夜，張主任坐在「滑竿」上，和大隊一同行進。「滑竿」是一種簡便的竹轎，外形像一把躺椅，前後兩個人抬著，把張主任高高的舉起來，下面人頭滾滾，像前浪後浪中的一隻小船。我以今日之心，度張主任當年之腹，他會想起柴集之夜嗎？他也許想到「隨波逐流，急流勇退」，或者「水能載舟，亦能覆舟」罷？

走著走著，學生忽然又鼓譟起來，大家反對教職員走在前面，這種意見本來沒有甚麼道理，張主任毫不遲疑，立即調整了過路的次序，學生優先，他和教職員殿後！

其實，學生並不是最先，前面還有一支小小的軍隊；教職員也不在最後，後面還有一些商旅。越走越近，眼看鐵路就在眼前，走在前面的軍隊忽然退回來，喊著「鐵甲車來了！」大家急忙回頭就跑，轉眼間抬滑竿的人不見了，推太平車的車伕不見了，有些同學只求跑得快，把背包解下來丟掉。（咳，但使軍訓教官李人傑仍在，何致如此！）遍野喪家之犬，只有張主任沒跑，他拄著拐杖，頗有「獨立三邊靜」的架式，滕清芳老師跟在他旁邊。他跑不動，他也知道鐵甲車根本沒來。

當張主任眼看人群散盡、孤立無助的時候，他心裡想甚麼呢？我猜，他除了在心裡重複他的求去之意，大概增加了與滕老師的患難與共之感吧。

當大家弄清楚那是一場虛驚、陸續回來的時候，有些同學發現他的背包不見了，有些行商發現他車上的貨物不見了，有些老師發現他的行李不見了。那一支部隊卻搶先過路，消失在黑暗裡。大家判斷，所有的失物都已被某些軍人取去。所謂「鐵甲車來了」，那些軍人早就知道並沒有甚麼鐵甲車。

國軍那一支小小的武裝部隊，本為保護師生過路而來。他們製造恐怖，趁機掠奪，這一夜，多少老師破產了，他忽然老了，他的孩子慢慢的瘦了。多少學生，僅有的一床棉被不見了，棉被事小，裡面包著他的筆記本。沒有教科書，老師吸著粉筆灰，滿滿的一黑板兩黑板寫出來的筆記，學生在如豆的桐油燈下，吸著汙濁的油煙，一筆一畫整理出來的筆記，要靠它畢業，靠它升學，靠它闖出一條生路的筆記。

人到陝南，進入冬季，沒有棉被也沒有筆記本的學生，既難安眠，也無法溫習功課。過路的那一夜，他們永遠不能忘記，燈下露著大牙，不光是冷，還有恨。

我也學會了恨，恨這樣的軍隊，思索怎樣整飭軍紀。這不是我第一次思索，也不是最後一次。

跨過鐵軌，又輪到張主任走在最前面了，同學們發現前面站著幾個男子，身分不明，不敢前進。一左一右，兩個高年級的同學攙扶著張主任，來到路西，他舉起手杖指著那幾個男子，喝一聲「幹甚麼的？走開！」那幾個人一言不發，匆匆離去。

張主任成為二十二中形象最好的行政人員，但是，不久，二分校學生又鬧起來，雖然不是針對他，他是分校主任，情感上一樣沉重。

鬧事的學生領袖好像不上課也不睡覺。一天夜裡，他們忽然得到消息：張主任辭職了，明天一早離開蒲溪。學生們大吃一驚，立刻分頭到宿舍大喊小叫，聚集了一百多人，把張主任住的農舍遠遠圍住，準備犯駕挽留。

那夜我也在場。大家聽過雞叫，看見曙色，漸漸日上三竿，不見動靜。找房東查問才知道張主任兩天前就走了！闖進房間察看，果然床上的枕頭被褥早已收拾乾淨。糟糕！有人當場哭出聲音來。

有消息說，張主任在漢陰城裡養病。學生派代表進城查訪，哪裡找得到？細數二十二中，他是離職時惟一受到學生挽留的行政負責人。

我以今日之心，度張主任當年之腹，他大概看出我們浮動盲從，看出我們不感動、不感恩，看出我們苛責別人、放縱自己。他也許能夠預料，隨著政風敗壞，學風將日益敗壞。

二分校柴集之夜，他固然得勝了，但是他拚盡全力，學生不過是鋒芒初露。聰明的他，也許能夠預見後來的全國學潮。處理學潮，當局拿出來的法寶只能用一次，學生每天敗一次就進步一次，學潮就升高一次。當局的招數，終於被學生破盡。

他一走了之，並且從此退出教育界。

至此，二分校的「好酒」已經飲完。

世界上最長的散步

我跟不上西遷的大隊，必須一人獨行。我沒有慌張，沒有抱怨，立刻想起一個小故事。我彷彿親眼看見音樂家在台上拉提琴，琴上的 A 弦忽然斷了，他立刻換了一個曲子繼續拉下去，那個曲子不用 A 弦。他仍然演奏了一個完整的節目，於是台下掌聲雷動。

小故事是突然冒出來的。我不記得甚麼時候讀過這麼一個故事。意外倉促發生，我需要思索一下，這個故事莫之至而至，有若天啟。我的 A 弦斷了，沒關係，我換一支曲子。可以這麼說：由於這個啟示應時而至，我「來不及」恐懼。

據說「中國人害怕旅行」。仔細想想，旅途愉快的故事的確難得，攔路打悶棍，黑店謀財害命，溺死鬼找替身，好像離家一步，危機一觸即發。鬧鬼遇妖的場景多半安排在異地中途，到處立著「泰山石敢當」的石碑給行人壯膽。大山尤其令人望而生畏，每一尊岩石每一座森林都可以化為靈怪，連皇帝也「禱於山」。十幾歲的孩子落了單，終點在千里外，我胸脯一挺，好吧，我換個方式，全程走完。

我第一次全無遮掩、全無依傍、完全暴露。每一個問題都要自己解決，每一種後果都要自己承擔。前面的村子裡傳來槍聲，我必須想一想這是國軍的中正式還是日軍的三八式，射手是不是瞄準了我。中午打尖，綠豆稀飯裡翻出來蒼蠅，我必須決定喝還是不喝。晚上實在疲倦，有些事不能等到明天。燒熱水燙腳，把腳上的水泡血泡刺破，咬緊牙關，用食鹽水殺死傷口的細菌。事情是痛苦又無聊，我逼迫自己，毫不姑息，學會了自己對自己嚴厲，人生在世最忌顧影自憐。

從那時起，我常由作曲和演奏的關係聯想神與人的關係。有人說，萬事由天定，那麼人又何必辛苦努力？我想上帝只是作曲，而演奏在人。我略知樂事，深深讚歎作曲家如何規範了演奏家也提升了演奏家，演奏家又如何彰顯了作曲家也完成了作曲家。作曲為演奏之本，但演奏者仍有自己的責任。

開始爬山。當初選這個地方「過路」，也是看中了這些山。伏牛山和桐柏山延伸的部分，在確山西部和南部形成海拔八百米的山地。山在大平原上開門迎賓、閉門拒寇。日軍輕易不進山，進了山也好對付。

山和平地一樣，也是草木土石，只因豎立起來，重重疊疊，分外好看。我爬第一座山的時候，第一座山就在前面對著我展示自己，表示值得爬，不枉你費一番力氣。抗戰時期，我們對「山」有特殊的感情，從心裡覺得山很親切，很可靠，山外有山，有這麼多的山，使人自豪。天佑我華，山是上帝預先築成的防禦工事。爬著爬著興奮起來，恨不得在每一棵大樹底下坐坐，每一塊岩石旁邊靠靠，每一道澗溪裡洗洗。恨不能化身千百，一個身體不夠。

爬上一座山，你會覺得真有成就。小日本兵爬不上來，山不讓他們爬上來，山有靈，知道誰愛它，誰來踐踏它。想想侵略者的辛苦，自己的辛苦變快樂。「三山六水一分田」，為了佔領一分的田，就得再化十倍、百倍力氣佔領三分的山，註定了的賠本生意。我明白甚麼是「人間到處有青山」了，山，侵略者的最後一站。坐在這一座山的山頭，和另一座山對話，如同幸遇飽經滄桑的哲學家。山有臉，有時整座山就是一位巨靈的臉，因智慧太多而沉默。山是人生中的自然，也是自然中的人一生。

那時我沒有什麼審美訓練，看山不是山。現在如果再去，一定可以看得清楚些，領會多一些。但是，五十年後看山，不可能還有抗戰時期的感性，只不過看山是山罷了。也許可以搬一塊石頭作紀念，當年我曾撿起一塊小石頭，路遠，還是太重了，帶不動，又丟掉，換一片樹葉子夾在筆記簿裡，連筆記本也嫌累贅。咳，那是個沒有紀念品的時代。

山中有個小鎮叫牛蹄鋪，走進去，看見當地小學一個女老師正帶著學童教「唱遊」。這裡也有小學。人家不多，行商不少，有戰時的畸形繁榮。看見「人」，才想起這地方真窮，大街上，孩子和老嫗都瘦，大人的衣服前後上下許多補釘，小孩索性赤身露體。有肉店，可是沒有一塊新鮮肉。路旁小攤賣板栗粉做成的窩窩頭，看上去像秤砣一樣硬，也一樣黑。

唉，壯麗的河山，憔悴的人民，豐潤的草木，凋敝的民生，使我惘然悵然。

進入泌陽縣境，這才覺得真正置身河南，我是說天闊地廣的河南，坦蕩舒展的河南，古意泱泱的河南，不知為甚麼，我一步步走在河南的土地上覺得這是真正的中國，直到今日，在我的回味中，仍有踩在黃色絨毯上的那種感覺。

這種精神上的富貴沒有道理，那時，每個人的路費都很拮据。出發前，同學們互相警告「一文錢困死英雄漢」，有人就說，那算甚麼英雄漢？真正的英雄漢一文不名照樣走過江南江北。他的意思很明顯，不是一身軍裝嗎，必要時，儘管白吃白拿。

我一向痛恨軍人的某些不名譽的行為。西遷路上，我想起一位古人來，他在異地做官，每天吃的糧食都從自己家鄉運來，他只喝當地的水。我想也這麼辦。我們一向不吃早餐，中午打尖時，我多買一份大餅或饅頭帶著。夜晚投宿，尋到保長，第一句話先告訴他「吃過了」。我只需要開水。

那時老百姓負擔重，對一個人的一餐飯也很計較，保長聽見我不要他「派飯」，表情立刻輕鬆愉快。他有說有笑的替我找一個住宿的地方，我的「東道主」為我燒開水時也是一副舉重若輕的樣子。他們實在被各式各樣的「英雄漢」吃怕了。

都說保長是大戶的爪牙，我這一段路上沒看見有大戶。保長多半是一個一個乾巴巴的小老頭兒，彎腰蹶屁股走路，挺可憐。

就這樣，西遷路上，我一文、一文花光了我的錢。

這天，我說我已經吃過晚飯了。那保長好像沒聽見，吩咐保丁：「去弄兩個菜來，招待學兵。」

我說，我不吃飯，我只需要開水。那保長好像忽然想起來一件重要的事情，他喊保丁回來，加上一句：「再弄一壺酒。」

我說我的，他說他的。他莫非是個聾子？酒菜來了，我拒絕入座，只顧喝我的開水，他也毫無愧色，自斟自飲起來。

我斷定這酒這菜都是向住戶徵用而來，他藉口招待我，供奉自己。我厭惡這種行為，卻也無可奈何。

他一面喝酒一面歎氣，忽然停杯。

「你見過多大的官？最大的官有多大？」他問我。

我見過的官，以湯恩伯最是位尊權大，他曾經到我們學校演講，我們到兩里路以外排隊迎接，看見他的汽車來了就拚命拍手。

他搖搖頭。

又問：「你們到了大後方，能見到蔣委員長不？」

沒想到有此一問，慌忙中倒也有答案。那時我們不知天高地厚，那時的教育是說，每個人都沒有自己，屬於領袖，恍惚間，我們和領袖有某種神祕的直接的聯繫。要我對一個保長承認見不著委員長，我是不甘心的。

我點了點頭。

「你告訴他，老百姓太苦了，攤派太多了！完糧納稅那是理所當然，可是天天有攤派，有時候，一天攤派兩次，今天就是上午一次，下午一次。你告訴他，如果他還要老百姓，就得禁止攤派。」

我忽然站起來。我想指著他的頭皮質問，你現在吃的是甚麼，喝的是甚麼，這豈不是今天的第三次攤派，你是不是要我也對蔣委員長說出來！

多年以後，我看到一份資料，它說抗戰後期，河南有兩百四十多種攤派，名目稀奇古怪，每一個「保」每年要負擔法幣一萬兩千五百元。當然，「招待學兵」之類還不在內。

保長是因執行攤派獲得權力的人，是利用攤派乘機自肥的人，連他都忍不住了，教攤派重壓下的老百姓怎麼忍得住！

連我也忍不住。

另一個村子，另一個保長，利用我做了另外一件事情。他把我引到一座茅屋前，指一指門口，表示那是我今晚睡覺的地方，外加一句：「好店不過一宿。」迎門是一張供桌，桌上插著白紙做成的靈牌，上書「亡夫馬百成之神位」。我問保長這人是怎麼死的，他說五月間河南打仗，國軍把這人拉去做「伕子」，槍子兒沒長眼，把他打死了。

既然如此，也算死於抗日作戰，就走上前鞠了一個躬，保長趁這機會趕緊抽身走開。

甚麼是「伕」？伕，又叫伕子，是民間向軍隊免費提供的勞力，甚麼叫「抓伕子」？那是軍隊不經過徵用的程序，任意強迫老百姓服勞役，不但沒有酬勞，還常常帶著伕子遠走，不放他回家。如果軍隊是開到前線去作戰，可能把伕子當新兵使用，臨時教他放槍。

耶穌說：「如果有人強迫你走一里路，你就陪他走二里。」看註釋，當年羅馬統治猶太，羅馬軍隊常常抓伕子，統治者特別訂下一條法律加以約束：軍人臨時抓伕輸送物資，距離以一里以內為限。猶太人在異族的高壓之下還有這麼一份保障，中國人居然沒有！

保長希望我睡在供桌前面弔客站著行禮的地方。這地方比我在學校宿舍分到的鋪位稍稍寬些，睡下去不成問題，夜裡不關大門，倒也涼快，只是得有一張蓆子或一把柴草才好，還有，我非常需要開水。

靈位左邊的房間裡傳出孩子的哭聲，接著是抽抽噎噎的吸奶，房門緊緊關閉，想必是遺孀遺孤住在裡面。靈位的右邊也有一間房，裡面哼哼唧唧，一聽就知道是兩頭豬！還好，主人收拾得勤，不怎麼臭。

我對著靈牌發了一陣子呆，不明白保長為甚麼給我找了這麼一個地方。靈牌上寫的是「亡夫」而不是「先夫」，鄉下人識字少，忌諱那個「先」字，「先夫」？多難聽呀，難道說以前嫁過人？難道說早已準備再嫁個後夫？

靈牌上的字數也不對。我們家鄉一向講究老規矩，我早知道字數必須湊成單數，用那個「之」字作調節，也就是說，如果只有六個字，就加上「之」變成七個。「亡夫馬百成神位」正好七個字，再加「之」字，錯了！

靈牌上那一手字也太壞，小學生的水準。我想，死者的社會地位很低，現在沒甚麼人可以保障他的妻子。那保長大概是想利用我來「騷擾」這個寡婦吧？他一定希望我給她要蓆子，把她叫起來燒開水，讓她認識一下保長的權力。

我偏不。蓆子不要，鋪草也不要，就在潮濕的地方打開被子，「好店不過一宿」，開水必不可少，我想我自己可以燒。——等我把水瓢伸進缸裡，刮響了缸底，這才驚慌失措：寡婦人家缺乏人力，家裡沒水。天到這般時候，不論是我，是她，都不可能去取水。想找保長，誰知他在哪裡？這下子算是擊中要害了。

只有恨那保長，想日後真的當個老總，路過本村，把那保長好好的懲治一下。——不行，我不是竭力主張檢肅軍紀的嗎？那樣不行。——可是除此之外，你又有甚麼辦法呢？那時候，中國人（或者說，我所知道的中國人）心目中的公平和報應，大半要靠惡人和惡人之間自相殘害，所以惡人必須輩出不窮，並且維持相當的數目。除此之外，正義怎樣在這樣的保長身上彰顯，我那時確實不知道，我所認識的人也都不知道。

黃土平原上一行腳印

由泌陽奔南陽，經過唐河縣境，我發現一位女保長，一個鄉下大腳板的老大娘。不知怎麼，我一看見她，哭了，她目不轉睛看我，看著看著也流下眼淚。

她煮了兩碗麵湯，讓我舒舒服服的享受了隨身攜帶的大餅。她半是禱告半是叮囑的說，路上千萬別遇見抓兵的，她看見過抓兵的抓當兵的，連人家掉隊的病號也不嫌棄，抓過來換上符號，就算自家的人。一個連長到她這個村子來抓走了幾個小夥子，這些小夥子的父母老婆孩子跪了一地，磕頭求情，那連長好像根本沒看見他們。

她教了我一些聰明，例如，若是迷了路，千萬不要向人問路，只管大模大樣不慌不忙的走，好像這一帶你很熟，你們老營就在前邊不遠。倘若逢人便問，人家就知道你是落了單的孤雁，說不定引出來個打雁的人。她說，人哪，有一百個心眼兒，九十九個好心眼兒，一個壞心眼兒，為人處事要把那個壞心眼兒放在前面。

想到軍紀，問她「能教日軍燒殺，不要湯軍駐紮」這話可是真的？她說，湯恩伯的軍隊很多，紀律有好有壞，最壞要數湯恩伯在河南成立的挺進縱隊，這是地方武力，中央不發糧餉，一切用度都在河南當地想辦法，這些人胡作非為，的確有人說過他們比日本人還要壞！而這樣的挺進縱隊有五十個之多！

老大娘說，挺進縱隊的故事可以說三天三夜，挺進縱隊的甚麼人想捉一隻雞，雞在前頭跑，他在後頭追，一直追進人家的內室，看見牆角裡站著個大姑娘。他轉身出來就託聯保主任做媒，硬要娶人家做媳婦。

老大娘說，挺進縱隊的甚麼人，看中了一座四合房，就命令房主在七天之內搬家，讓給他住。他住進去以後又嫌不方便，找了匠人來東拆西補，也不給匠人工錢。

老大娘說，挺進縱隊可狠呢，抓了個八路，問不出口供來，就在地上挖個坑，把那個八路插在坑裡，慢慢的填土，一邊填土一邊告訴他，不說是死，說出來是活。先是怎麼也不肯說，等土埋到肚子，上氣不接下氣，不說是不行了，那就乾脆說吧。既然人家都說出來了，就該饒人一命啊，可是填土填得更快，到底還是活埋了人家。

老大娘說，你們穿的草鞋是稻草打的，挺進縱隊的人打草鞋不用稻草，用老百姓的被單。他們從老百姓的床上把被單揭起來，當場撕成布條，幾個人圍成一圈打草鞋，有說有笑。你在路上可曾看見有人穿布條打成的草鞋？顏色不光是白的，有藍的，也有花花綠綠的。那個穿鞋的人就是挺進隊員。

我趕緊偷看我的背包。在我背包上掛了一雙備用的草鞋，也是用布條打成的，那可不是用人家的床單，是用我自己的破小褂！聽老大娘這一席話，那雙草鞋是不能穿了，要是河南老鄉以鞋取人，也許狠狠的揍我一頓，這種事，在河南是一再發生過的。

很累，可是睡不著，捧著肚皮生氣，國家竟有這個樣子的部隊。反來覆去沒辦法，只好作個夢，夢見化身成大劍客，伸手一指就把那甚麼隊的甚麼長弄瞎弄跛了，由他淒淒涼涼的後悔去。我承認，那時候，我的境界不高。

游擊隊走路有一種走法叫「踩坷垃」，遠離道路村莊，在村與村的間隙中穿過。「踩坷垃」防範敵人的襲擊，夜間行軍多半這樣走。

我偶然動了「踩坷垃」的念頭，就在耕作過的田畝上深一腳淺一腳蹣跚而行，不料沒走多遠看見了兩具屍體。我急忙轉彎尋找大路，坷垃地裡比大路還要凶險難測。

一面走路一面回想剛才所見的光景，倒不驚慌。兩顆頭顱的腦殼都裂開了，似乎是被人用大刀亂砍而死，或者是用步槍近距離射中頭骨。

他們大概是跪著受死的，加上雙手被人從背後反綁了，所以倒下去的姿勢堪稱「東倒西歪」。面對面殺人不容易，必須先讓對方跪下，業餘的劊子手才可以行刑。站著的人藐視跪著的人，這才認為有資格消滅對方的生命，姿勢居然能產生這樣奇怪的作用。

兩個人都赤著腳。我知道，鞋子照例由劊子手取去，算是他的報酬，如果劊子手放棄，參觀者可以上前動手脫鞋。死者的上衣染了血，仍然由他穿著，至於褲子，從來沒聽說有人扒死者的褲子，那時人還沒有那麼窮、那麼下流。

兩個人為甚麼死在這裡？太沒道理。無論如何，殺兩個人是大事，就算草菅人命，也得大城鎮大衙門大職位才有資格，應該把死刑犯押解上交才是。結果死在這裡，會不會是暗殺？

我把當時所有的常識全用上了。我忽然發覺我太冷靜，居然不駭怕，不哀傷，只憤慨，我用兩條腿行路來排遣憤慨。戰爭是殘忍的，戰爭是一種社會教育，所以戰時的人比平時冷酷。我想我逃不出這條定律。

寧枉勿縱。治亂世用重典。「如果多殺一個人能救中國，這人即使冤死，又有何不可？」我還不能接受這樣的意見，可是我似乎失去了反駁的能力。我完全沒有想到，我可以指著這兩具屍體發出質問：「這兩個人分明是含冤而死，你覺得我們的國家從此得救了嗎？」

進入唐河縣境以後，我知道我該改變方向了。朝北走，找公路，找大街，找到了！一打聽，這地方叫賒旗鎮。

盡情欣賞了這一段路上的標語，用石灰水刷在牆上，字很大，很醒目。

那時國府有國府的口號，中共有中共的口號。國府說抗日，中共說抗敵；國府說救國，中共說救亡；國府標舉國家，中共標舉人民；國府標舉法治，中共標舉民主。見了陌生人，聽他開口說話，就知道來路。抗戰勝利以後，「抗日、救國」鼓舞起來的民心薪盡火熄，「抗敵、救亡」激發出來的士氣還有餘脈千里。這究竟是事有湊巧，還是毛主席老謀深算？有誰知道？

我在阜陽還能看見「抗敵」「救亡」，現在全是「抗日」和「救國」了，這表示我們確已深深投入國府的懷抱，不過還能遇見滿口「人民」「救亡」的人，而且都很能幹，很熱誠，這表示左派的精英份子很努力，很活躍。有一位老師說過，抗戰以來，他閱人多矣，凡是反應快、思慮周密、能掌握對方心理的人，十有八九是共產黨人，言下不勝嗟歎之至。

也許標語可以作證，例如：「好鐵要打釘，好人要當兵。」這是把百年俗諺「好鐵不打釘，好人不當兵」反過來說。鄉下人用的釘子由鐵匠打造，一根釘子釘進了木頭就不能再作別用，以後釘子慢慢生鏽，慢慢腐爛，不能回爐鑄造，「好鐵不打釘」是他們的生活經驗，豈是文字上玩一點小花樣可以推翻？可見製作標語的人敷衍了事。

我認為當年最好的標語乃是：

禮是規規矩矩的態度
義是正正當當的行為
廉是清清白白的辨別
恥是切切實實的覺悟

這是說個人。後來又有四句，擴大到群體：

禮是嚴嚴整整的紀律
義是慷慷慨慨的犧牲
廉是切切實實的節約
恥是轟轟烈烈的奮鬥

這標語，從〈大學〉的修齊治平之道演化出來，真是惟精惟一。可是這樣的標語對鄉下的「愚夫愚婦」能起甚麼作用呢？

宛西，我聞我見我思

由賒旗鎮轉西，到南陽，正巧和二分校的大隊會合。這一路上人人曬紅了臉，甩粗了臂膀，頗有兵強馬壯的樣子。在南陽只停留一天，有些同學還是忙裡偷閒到城西南去看臥龍崗，任你說這個臥龍崗是假的，也止不住。

南陽位於伏牛山和桐柏山之間，漢水和漢水的支流白河流經此地，古時稱「宛」，因此南陽以西直到鎮平、內鄉稱為宛西。內鄉是西行最重要的一站，全校師生在此集中。

宛西彷彿是另一個世界，我第一眼愛上那裡的公路。那時的修路技術是路面中間高、兩側低，有個小小的弧度，形狀像魚背。以我所見，只有宛西的公路符合這個標準，汽車晝夜往來、路面沒有轍痕，兩行大樹成蔭、路面沒有落葉。他們護路用心，公路分區分段，由沿路各村的居民負責，平時天天掃路，大雨之後立刻補好坑洞，撒上細砂。至於說鐵輪的牛車在公路上行走，那種事絕對不會發生。

這一帶有幾條河，都從伏牛山發源，自北而南流去，我們看見河裡的石壩，兩岸的草灘，田間的溝渠，他們興修水利，治河增田。我們也看見河岸兩行柳樹，這些樹並不垂直挺立，每一棵都微微向外傾斜，放眼望去，河床如同鳥背，柳枝如同鳥翅，這就是有名的雁翅柳。

看那些村莊！每一個村莊都是一團濃綠，家家種桑，不留空隙。有桑而後有蠶，有蠶而後有絲，他們聘請專家來指導養蠶產絲，有絲也就有錢。所以宛西的農家都很殷實。

宛西的民團馳名全國。以內鄉來說，每個村莊都納入軍隊的編制，每個服役年齡的男子都有武器，平時各安本業，定期訓練，一旦有事鳴槍為號，半天之內可以出現成千上萬的武裝部隊。在這個小社會裡，不但土匪無法存在，即使是過境的國軍，如果滋事擾民，也馬上被民團包圍。隨便拉伕，隨便抓丁，隨便攤派，根本行不通。

我們老早就奉到警告，到了宛西必須謹言慎行，不可隨意進入民家，不可與小販爭吵。二十一中遷校經過宛西時，曾經受到宛西民眾抵制，買不到食物，也沒有房子住。我們住在內鄉的大王營，村頭有大片柿林，金紅色的柿子在日光下生輝耀眼，非常漂亮。常說道「兵多無瓜果」，可是我們遠遠躲開以避「李下」之嫌。我對宛西最深刻的印象就是這些柿子，它代表農民的尊嚴，老百姓財產的保障，國泰民安的夢。

由南陽到內鄉是一片丘陵地。內鄉背後是林木蒼蒼的高山，統治宛西的別廷芳，就出生在那深山之中一個叫「別營」的地方。

我讀小學的時候，課文講到地方自治，列舉全國三個實行地方自治的模範區，一個在山西，一個在廣西，還有一個在河南。那時，我已知道內鄉別廷芳的名字。等我來到內鄉，別廷芳雖然死了，治績仍在，他的掌故軼聞依然說得他栩栩如生。別廷芳本是一名獵戶，他打獵練就百發百中的槍法，結交了一些強健勇猛的獵人。有一天，他外出為老母買藥，途中遇見土匪，僅有的一點錢全被搶去。別廷芳痛思如何除匪，決定加入匪，掌握匪，改造匪。當年一同打獵的人，都成了出山創業的夥伴。

在內鄉，有關別廷芳的故事很多，他在亂世成長，有英雄思想，自律甚嚴，嫉惡如仇，立志造福家鄉，但是沒有政治手腕。當他初露頭角時，他的岳父批評他，聲言有一天要除掉他，他就先下手為強。在那個時候那個環境裡，岳父殺死女婿是可能的，那麼女婿殺死岳父也是可能的，大家都是「無毒不丈夫」的信徒。由這個例子可以知道別廷芳有一個甚麼樣的成長歷程。他從刀山血海走過來，歸結到服務桑梓修成「正果」。

我這次深入河南農村，沿途沒看見派出所，沒看見郵政代辦所，沒看見衛生所，沒看見小學，甚至沒看見布告和標語，更沒有經過規畫的公共建設。「天生赤壁，不過周郎一戰，蘇子兩游！」四三年飛蝗成災，政府事先沒有防治，事後沒有賑濟，還給老百姓開了個小玩笑：為了鼓勵滅蝗，宣稱每十斤蝗屍可以換兩斤糧食。事後才知道這是模仿曹孟德的「望梅止渴」。政府幾乎忘記了農村！遂令別廷芳成名。

別廷芳殺人立威。他曾仿效龐統清理積案，一日之間使擁擠的監獄成為空屋，他把大部分囚犯處決了。那時司法程序並不健全，可是別廷芳仍然認為迂闊，他指責法律為保護土匪而設，制訂法律的人都是土匪的「徒子徒孫」。這種思想是當時的流行病，執掌生殺大權的人都有這種症狀，別氏有政績支持，更是振振有詞。

別廷芳是一頭嗜血的猛虎，但深受宛西民眾擁戴，因為他「無苛政」。我在內鄉深深體味「孔子過泰山側」的那個小故事，恍如置身其中。

二十二中各路人馬在內鄉大團圓，軍語叫做「休整」。消息串通，這才全校都知道韓莊慘案。我遲到一步，老校長李仙洲集合全校師生講話的時候，我還在宛西漂亮的公路上東張西望。事後聽說，老校長對全校師生宣稱，遷校成功，他費了多少心血。他指名道姓的說，鄭仲平沒這個本事。……鄭校長就站在他旁邊！我大吃一驚，他怎麼可以這樣說，這是對鄭校長的公然侮辱。他忘了自己說過：我們辦的是文學校，不是武學校。他忘了他說過：我是校長、不是總司令。你對鄭仲平縱然有心結，也不可以把武將訓斥部下的那一套拿來對付知識份子，那一瞬，李仙洲終於按捺不住，失去修養。

我相信鄭校長受了傷害，他心中不能無恨。我以今日之心度當年鄭校長之腹，他用作官的心態對學生，或者是對李仙洲的報復。李太關心這批青年了，鄭不能去愛李仙洲所愛的人。

小時候，從課本上讀到「地方自治模範區」，對宛西很有好感，沒想到有緣一遊。好個宛西！兵氓兵痞不能擾民滋事，最令我讚歎。你應該了解你喜歡的地方，那時年紀小，沒有觀察力，長大以後愛讀有關宛西的論述，算是補救。

我們在內鄉住了一個多月，據說是漢陰的校舍費安排，地方人士有意見，李仙洲軟硬兼施，好不容易擺平，鄭仲平倒也確實沒這個本事。停留的時間那麼長，我在內鄉是怎麼生活的，事後一點也想不起來。全校不再維持大一統的集體作息，我住在甚麼地方，每天怎麼開伙吃飯，學校停課還是繼續上課，跟哪些同學有交往，有沒有寫過家信，對未來有甚麼樣的想像，竟然都是一片空白。

內鄉一個多月，正是秋高氣爽，奈何回憶中沒有晴朗的陽光，一片灰濛濛的天地，彷彿柿林中掛著成熟了的柿子，彷彿有過中秋節，彷彿野外跳著秋後的螞蚱，彷彿有一口水井，井口用黃土墊得很高。彷彿內鄉的光陰是一個漫長的月夜。

今天回想，那時候，我的精神出了毛病，疲乏，貪睡，長期頭痛，肌肉瘦軟，胸口脹悶，食慾減退了，以前吃不飽，現在吃不完。心情充滿悲憤和絕望，愛孤獨，常發呆，思想很遲鈍。我們哪有心理輔導，哪有健康檢查，治感冒只能喝開水的日子，拔牙沒有止痛藥的日子，誰管甚麼憂鬱症。如果說壓力，壓力是奮鬥的理由，不是生病的理由，誰出現了這般症狀，旁觀者只會論斷他不長進，沒出息。

回想離家遠走的幕前幕後，回想我在《昨天的雲》一書之末記下的因果，我怎麼可以不長進！不長進，為甚麼要離家流亡！不長進，怎樣負起命運交下來的責任！很不幸，這般症狀忽輕忽重，纏繞我很多年。以後，漢陰、瀋陽、天津、上海、一直到台灣，幾十年後才走出它的煎熬，它沒能壓垮我，我也沒能消滅它，漫長的散步演變出漫長的戰爭。

漢江，蒼天給我一條路

論西遷大事，除了「過路」，應該還有「入山」。在河南省過平漢路只消「一步」，由宛西到陝南，要穿過伏牛山脈和武當山脈，翻山越嶺，那可是八百里的崎嶇。

回想當年，至今捏一把汗。入山趕路，男生也不能掉隊，半大不小的孩子落了單、會迷路，迷了路、會遇狼。平原行軍我都力不從心，入山又如何得了！

後來知道，山路「一天九崗十八凹」，人煙稀少，「一人兩屋即成村，百里還稱是比鄰」，由黎明到昏夜，沒命的奔。小男生小女生從後面抓住大哥大姐背包上的繩子，大家走著走著睡著了，兩眼不睜，兩腳不停。路旁休息十分鐘就睡十分鐘，喊他上路，他跳起來走得比誰都快，他走的是來時路，是回程，你得一把抓住他，連搖帶晃。男生走到腳爛，女生走得閉經。我的生命一定被山淘汰，被西遷淘汰，被「麻煩症候群」淘汰。

內鄉一個多月，我竟然沒有任何規畫。我完全脫離了現實，思路紛亂，不能集中。蒼天在上，我不早不晚忽然生了一個瘡，而且不偏不倚生在右腿鼠蹊之旁，不是大病，無性命之憂，但不良於行，可以列入病號，走水路坐船。蒼天憐憫我，不，蒼天憐憫我一生行善的母親。文章寫到這裡，我跪下祈禱。

這個瘡來得突然，無聲無臭，右大腿內側靠近「鼠蹊部」起了圓形的硬塊，像塞進去一個桃子。等到它熟透變軟，正中央出現了小小的火山口、溢出膿血來。我趕緊到醫務室找護士，問這種瘡叫甚麼名字，她說沒有名字，中醫稱為無名腫毒。還好，我從小就聽中醫說「病怕無名，瘡怕有名」。陳百融同學說，他在河南界首住「流亡學生接待站」的時候，他的鄰陵同鄉張坤木生了一個瘡，外表不紅不腫，只是痛，只是有個瘡口每天流血流膿，大概全身肌肉都化膿外流了罷，死的時候骨瘦如柴。那叫「貼骨瘤」，醫書上有圖有樣。

我們的護士姓戚，她下手治療，動作很快，先把患部包藏的膿血擠出來，再把紗布剪成又窄又長的帶子，用黃藥水浸透了，從瘡口往裡面塞。紗布和黃藥水是醫務室裡僅有的藥物。現在想想，那樣的治療簡直是兒戲，可是那時她全神貫注，一絲不苟，大約一公尺長的紗布全塞進去，鑷子不會碰到瘡口。每天換藥一次，把沾滿膿血的紗布取出來，把浸透了黃藥水的紗布塞進去，人雖長得高頭大馬，但是手法輕妙，我幾乎沒有感覺。

我們的護士實在是個好人。她本來也是學生，和未婚夫一同出來流亡，寧願自己就業，讓未婚夫去讀高等學位，她用那一份微薄的收入接濟愛人，養活自己，還把愛人的小弟弟帶在身邊，照顧他讀書。這教人產生許多溫馨的想像，例如，他拿到了學位，和她結了婚，他用一生的柔情來報答妻子。

多年後，我們算是懂事了，一想起她來就非常擔心。我們漸漸能夠以男人的眼光發覺她不是一個可愛的女子，她的身材、面容、性格，恐怕都不能使她的中學同學在拿到博士學位之後回到她的身邊。她實在不該自己原地不動，用盡力氣把未婚夫推舉得那麼高那麼遠。一個人用生命編寫劇本時，要先想想自己能在其中扮演哪個角色。

又過了多年，我終於聽見了不願聽見的消息。那男子果然和別人結了婚，她曾經投水自殺，幸而（或者不幸）被人救上岸來。

轉述故事的人往往把故事的結局省略了，在真實的生活中，結局往往是盤中的殘餚。我不知道她怎樣度過淒苦的晚年，或者上帝安排了補償。也許上帝只是打發一位和尚告訴她，她不該有那麼大的野心，想為自己創造一個有高級學位的丈夫，野心才是痛苦的來源。

我們心地善良的護士對學校當局說，我不能爬山，必須坐船。此行有水旱兩路行進，水路僱船溯漢江而上，承載檔案、糧食、病號和年老的教職員，限制很嚴。我們大慈大悲的護士力爭，她說武當山裡野狼多，我若掉隊，一定餵狼。

我於是羞答答坐板車到了老河口。老河口當時是美國空軍基地，河南戰爭中一度陷於敵手，兩天後奪回。記得老河口的街道很窄，很長，也很直，兩旁的房子很高，兩層。多年後看巴拿馬運河，還想起這條街。我們走在街心，彷彿伸開兩臂就能搆得著兩邊的店鋪人家，那些人顯然是非常努力的生活著，但是與我們完全無干，我們在老河口市民的擁擠與漠視中浩蕩了片刻。

如果在市內，我只看見老河口的拘謹，碼頭則展示出老河口的奔放不羈。水面開闊，完全不像為橫渡而設，日光碎而尖銳，逢人亂射，威脅著不准細看。張了帆的船和裸著桅的船交臂而過，樣子很悠閒，文人雅士遙瞻目送所體會到的悠閒。那時我已知道人在這裡流血流汗求生鬥死，這種藏著人生的許多祕密，除非你仔細看，認真看，你將視而不見。

雖然匆匆一瞥，至今不能忘記，一座水旱碼頭的複雜與嘈雜，一種完全不同的生活方式，每個人的臉色都很奇怪，像家中剛剛發生了甚麼變故。他們站在生存的第一線，我不了解那個世界，也就看不懂他們的臉。

來到老河口，看出歲月是在拚拚打打中過，這裡才是洪爐，是戰場，才有大會戰的威勢。工商業的節奏操縱我的心跳。我喜歡那種感覺。

然後，不容分說的上了船。

我們的船小，也老舊，穹形的篷很低，差不多要爬進爬出。空間雖然跼促，還是要維持男女有別，一條粗席自上而下把船艙分成兩半。押船的江老師一家先上了船，夫妻隔席而臥。不用多問，我只有把背包放在江老師的枕頭旁邊。一分校有個女生也來同船，理所當然，她去擠江師母和孩子。江老師是個非常瘦小的中年人，說話有氣無力。他不抽菸，在那年代，抽菸與否往往是一個中年男人的健康證明。我看他來押船也是個名義，他若爬山，也是餵狼。

船上當然還有撐船的老大。這些人個個沉默寡言，氣氛沉悶，好像給這條骨節響動的老船添了許多載重。後來知道了：江老師早已養成習慣，所有的氣力都留著講課的時候用；江師母害偏頭痛，怕音響震動；船老大的陝西話很難懂，懶得和我們糾纏；那位女同學則是心事重重。

第二天天氣很好，風向對我們有利，船老大揚起帆來，我說了一句「一帆風順」。不料那船老大毫不客氣的說：「呸，呸！」又搖著手說：「沒那事！沒那事！」我又驚又窘，江老師覺得他不能不說話了：「你犯了他們的忌諱，他要破解。」

船上都有哪些禁忌？江老師說，這問題不能在船上答覆，要中午停船休息的時候到岸上去答覆。「從現在起，你暫時忍一忍，別說話。」

中午下船休息，江老師破例為我補了半節課。他說，人到新環境，要緊的是別犯忌，所以「入國問禁」。人在船上不能說「帆」，因為「帆」和「翻」同音。凡是「翻」的同音字都是船家的大忌，「吃飯了」要說「吃米了」。船家多半不讓乘客打牌，又是「番」，又是「碰」，防不勝防。有個軍官坐船押送人犯，他說「犯人」，船老大馬上惡形惡狀朝他噴唾沫星子，軍官莫名其妙，上去給船家兩個耳光，鬧了一場軍民糾紛。

也不許說「倒」。由此引申，南洋群島，搗亂，級任導師，都不能說。在這裡，日本帝國主義不能打倒，「道可道、非常道」也不能念。有一群基督徒坐船，每逢吃飯之前，領隊的人說「我們禱告」，船老大朝他「呸，呸」，每天睡覺之前，領隊的人說「我們禱告」，船老大也朝他們「呸，呸」，結果教徒們群起而攻，指著船家叫「撒旦」，船家也大怒，要趕他們下船。

一條船是一個特殊的小社會，它有它的「文化」，似乎也創造了一套語言，而船老大有無上的權威。我們不屬於那文化，所以東也是禁忌，西也是禁忌。禁忌製造沉默，也可以說對付禁忌的辦法是「不作為」。我想起小時候，每逢大年初一或者祖母的壽辰，闔家老少都沒有甚麼聲音，只聽見雞鳴狗吠，正是因為這時節禁忌特別多。我後來也受過威權專斷統治，積累更多的經驗。在一個簡單的封閉空間裡，似乎也沒有理由非說話不可。

一個讀莊子的人談論政局

江老師沉默寡言，總是捧著一本《莊子》，好像永遠讀不完。我逗他說話，想起《莊子》有〈秋水篇〉，我們又在秋天乘船，得到一句上聯：

江來江上讀秋水

寫給他看。他一看，夾在書裡，問我從哪裡來。

嶧縣。嶧縣有人問汪精衛到底是不是漢奸。我乘機把這個問題提出來。

他連聲說汪精衛太糊塗。汪投奔日本時，九一八事變發生，已經七年，溥儀到滿洲國去做皇帝，已經六年，日本怎樣耍弄溥儀、虐待溥儀，他應該清楚明白。他怎麼還敢去跳這個火坑？

溥儀的處境如何，我並不知道，抗日宣傳沒有強調。原來溥儀不能批公文，不能見部下，不能升降官吏，不能決定跟誰結婚，不能選擇繼承人，不能調動軍隊，不能有自己的衛兵。

滿洲國的大小政事由日本人操持，用溥儀的名義。日本人淨做壞事。比方說，農家每年的收成都要「上交」，老百姓再向政府領配給糧維持一日三餐，私藏糧食的人是經濟犯，刑罰極重。日本在滿洲國推行一種政策，把住戶少的村落合併成一村鎮，叫做「集家」。他訂下期限要你搬到指定的地方去，期限一到，他來放火燒你的老家。日本辦這等事，都用滿洲國的名義出布告。不能反對，還要常常親口廣播歌頌日本。

日本成立滿洲國，打的是種族的旗子，要溥儀去做皇帝，也因為他是滿族的龍種。誰知溥儀進了圈套以後，日本改了調子，支使溥儀到東京晉見天皇，與天皇結為兄弟，溥儀不能祭拜自己的祖先，改奉日本的天照大神，「同文同種」的意思變成日本文、日本種。這真令人羞死、氣死。

汪精衛太不自量了，他以為他是甚麼人？在日本人眼裡，他的利用價值還不如溥儀。他太聰明，聰明人一向佔盡便宜，處處得意，不知道臨事而懼，最後往往一敗塗地。

江老師說，汪精衛很難漂白。人生在世，甚麼都可以做，萬萬不能做漢奸。做土匪強盜還可以落一部《水滸傳》，做漢奸只有罵名，哪管你是真漢奸還是假漢奸！

船近鄖陽，在一個名叫烏池口（？）的地方停船，大家上岸，點了香燭，朝著江心遙拜，江老師還灑了些清淚。這裡曾經淹死過許多流亡的師生和眷屬，包括江老師的姪女和師範部何方平同學的姑姑——山東省政府主席何思源的近親。

民國二十七年，一九三八年，教育部為收容山東流亡學生，在河南成立山東聯合中學，由楊鵬飛（展雲）擔任校長。該校因戰火蔓延而內遷湖北鄖陽，改稱國立湖北中學。他們也是僱了幾條船溯漢江而上，走到鄖陽附近，上游有一條載運木柴的船斷了纜，這船順流旋轉而下，重重的撞在湖北中學僱用的船上。不幸中之大不幸，船上全是女生和教職員眷屬，當時有三十四個人落水，只救起五個人。有一位老師率全家大小乘船，這位老師「僅以身免」。校長楊展雲引咎辭職，山東教育界都說他犯了地名，「鄖陽」就是「殞楊」。

江老師說楊校長是他的老朋友，其人行政能力很強，歷來能力強的人私心重，楊校長不然，所有的本事都用在辦教育上。能者多勞，湖北中學這一趟差事把他累垮了。楊去，由宋還吾繼任。宋校長有學問，講原則，不畏權勢，當年在山東曲阜辦師範，學生演出林語堂的劇本《子見南子》，惹了極大風波，他和教育廳對抗的公文，已成為不朽的文獻。湖北中學入川，改稱國立六中，宋校長感染傷寒，一病不起，校長這個差事把他累死了。

提起宋還吾校長，我家堪稱久仰。五叔毓珍先生本想教書，戰前考進了曲阜師範，正是宋校長的學生。五叔是進步青年，積極參與了《子見南子》一劇的演出。林語堂的這個劇本，把孔子寫成喜劇人物，曲阜孔家認為侮祖謗聖，向政府控訴。宋校長抗爭不屈，全國教育文化界熱烈支持。事關意識型態，治安機關捕人，五叔也列在黑名單，學校通知他逃學回家，他的生命才出現了轉折。

事後回想，江老師這樣極力稱頌楊鵬飛和宋還吾，寓意深長。一路行來，他應該看出二十二中的弱點和危機，他也許想念真正的教育家，既有行政的長才，又有殉道的毅力熱情。

跟江老師一家同船的女同學，經歷過纏足放足的痛苦過程，右腳的小趾永遠壓在腳板下面，她也不能爬山。

行船的時候，這位女同學總是坐在艙外看水，看到發呆出神。江水值得看，但也用不著花那麼多功夫去看。船老大首先起了疑心，她莫非打算投水自殺？

她很懂事，主動來消除我們的惴惴不安。她說，她喜歡幻想，每到一個地方，她總要想，如果必須逃走，用甚麼辦法？人在船上，船在江心，除了跳水游泳，怎樣脫身上岸？這裡面有數學解題一樣的樂趣。

這夜，江師母跟那女生談心，兩人都掉淚。那女生好幾次被人關在黑屋子裡，出嫁那天，連洞房都從外面上鎖。她騙開門，翻過牆頭，可想而知，牆外有個男生。

他倆一同進了一分校。一分校過平漢路撞上了日本鬼，機槍一響，她纏過足，跑不快，他並沒有為她減低速度，自個兒一溜煙不見了。她心一酸，眼一閉，死了也罷，任憑鬼子的刺刀明晃晃插過來，不料倒地流血的竟是身旁姓宋的同學。兩人劫後重逢，雖然也悲喜交集，她總覺得這個「他」不是原來那個人。

不管生死禍福，茫茫長路照樣天天往前走。這男生，對女生的世界倒熟悉。她說，是他告訴我，有些女生年紀小，在家沒拿過針，從沒進過陌生人家的大門，半夜蒙著被子哭，旁人驚醒了也沒力氣勸她，第二天都不說破，有淚的臉掛上無淚的面具。我是女生，女生的事他知道，我不知道。某男生拿出路費來要求某女生替他帶著，女生心細，不會遺失，女生人品好，不會有人偷偷的掏摸同學的口袋。這男生把錢交過去，再也不提，再也不問，還似乎盡量避免見面。後來女生來找男生，斷然說「我不能再替你保管路費」，男生不肯把錢收回來，他居然有辦法打消她的提議。終於，有一天，女生很慚愧的表示，自己的路費早就用光了，萬不得已「挪借」了他的錢。男生早就等著這句話，他終於很欣慰的說，「你儘管用，我路上用不著。」立刻，兩人的距離拉近了。

女生的新聞他倒比我靈通，這怎麼行！某某老師一家沒有男丁，走遠路不方便，從高年級找一名愛徒來沿途照料，這位高材生一向勤於走動，老師、師母早不把他當作外人。夜晚住宿，他們借一個大房間，搬開雜物，打掃乾淨，八口人在地上睡成一個輻射圓，頭近圓心，腳登圓周。半夜，高材生抓起左邊女生的手，在手心上寫個「出」字，左邊這個人轉身不理；他又抓起右邊女生的手，在她手心上寫「出」，右邊這個人甩開手，表示拒絕。高材生心中煩惱，到外面抒散一下，哈哈，兩個女生都來了！哈哈，都來了！——你怎麼會知道？你說，誰告訴你的？一定是有女生告訴他，那個女生一定跟他很親密。他只是笑。

後來的事他不說我也知道。樹底下，女生掏出眼藥瓶來向他招手，他替她點好了眼藥，她還坐在那裡揚著臉瞇著眼等，噘著小嘴等著。一天好累！捱到晚上，那女生燒半盆熱水燙腳，他也把腳伸進去，女生不但沒惱，還說健走的人腳底板上有直紋，真的？擦乾了腳，你也擦根火柴，我也擦根火柴，互看對方的腳心。

人到內鄉，她——現在哭在江師母懷裡的這個人——就不理他了。再出發分了水旱，一個爬山，一個坐船，他不是更自由了？這幾天，她在艙前艙後朝思暮想的，就是怎麼逃出情網，和他斷絕，條條路都想過，偏偏沒想過自殺。

秋江夜冷，傳音特別清楚，那邊一夜切切私語，這邊跟著失眠。

江師母的意思是，流亡學生好像朝不保夕，但是要有久遠的打算，你的生命不是只有十七歲，也許有七十歲。現在只是為將來做準備，現在天大的事，將來回頭一看，都是小事。

想想你的未來，想想你的父母，你要頂天立地站起來，站給辜負你的打擊你的那個人看。

還有，流亡學生的機會不多，首先弄清楚你要的是甚麼。是愛情嗎，得到了愛情以後呢？是結婚嗎，再以後呢？生兒養女嗎？一個流亡學生最重要的是讀書，是追求知識，造就自己，這是主要目的，其他是次要目的，不要教次要目的妨礙了主要目的。你經過南陽，如果去遊覽了諸葛廬，很好，如果沒有去，也沒甚麼，因為那不是你的主要目的。

江師母說，人在失去了甚麼東西的時候，總覺得那個東西應該屬於他，總是不甘心，這是人的迷惑。其實，既然失去了，就是應該失去，世上自然另有屬於你的一份。只有知識應該屬於學生，希望應該屬於青年，不能失去，不該失去。

江師母很會勸說別人，我偷偷的聽，受益不少。

第四部

如果……這裡就是江南

漢江水程，最後一站是陝西省的安康，西風裡，又見平疇沃野。

大家下了船，揮揮手，落葉一般散開，離心力清清楚楚，又好像我們中間有個彈簧。同船的日子彼此那麼親近，好像全是一時的不得已。

人走散，木船也冉冉消失，在船上學會了怎樣蹲在船尾大便而不致掉進江心裡去，學會了怎樣在激流中舀起一碗水來，也全是一時的不得已，當時全神貫注，而今而後全不放在心上。

難得江老師還記得「江來江上讀秋水」，他臨走留下一句話：「有了下聯，寫信告訴我。」西風很大，獨自在江岸上立腳不穩。

我曾經對出下聯，現在忘記了。

我還得往西走，去找我的蒲溪。還是那一副散步的架式。安康、蒲溪之間有個小鎮叫恆口，走到恆口我覺得餓了也覺得累了。回頭一看，後面有個「我輩中人」趕上來大搖大擺，兩袖冷風——沒帶行李。那不是五級的程明光嗎！

我們倆吃了，喝了，坐在當地小學的大門底下合計前面的路程，嗯，這光景有幾分像西遷了。他也是個病號，坐另一條船，我們交換了一些坐船的經驗，以我們的眼光批評了異地風物，這七分像西遷了。今天恐怕趕不到蒲溪，索性在小學教室裡歇宿一晚，於是我們一同去找校長，這八分像西遷了。

校長的長相簡直可以冒充程明光的哥哥，白白的，圓圓的，笑起來眼睛彎彎的。他待我們不錯，教人在地上撒開幾把乾草。這幾把草很重要，自從離開打蛋廠就沒遇見水泥地，我這床被子半鋪半蓋，有一把草墊在身子底下，才可以攤開整個棉被與明光共享。一夜沒怎麼睡，聽明光談未來，背誦孟子「天將降大任於斯人」。嗯，這九分像西遷了。

第二天沒人催我們起床。我聽見早操的哨子，趕緊爬起來向校長辭行，臉也沒來得及洗。校長笑著說：「慢慢走啊。」我發了呆，不明白這句話甚麼意思。他只好再補一句：「慢慢走啊。」你看，那時候，我們哪裡懂得待人接物！

恆口向西，明光唱〈我是太陽〉，我曾經說那支歌簡直就是我們的校歌。他的歌喉好，是合唱團團員，聽他唱，才知道我有許多地方唱錯了，於是我一句一句唱，他一處一處訂正。

——這又不像是西遷。

大半是為了這首歌，我在八十年代和他通信敘舊。他在湖北黃陂落戶，一直教書，文革中畫歸「反動學術權威」，說明他在這一行是佼佼者。他對二十二中的鍾情和戀念，超過我，也超過我所知道的任何人，堪稱是我們最執著的校友。

蒲溪當然有溪，我抄起溪水洗臉，耳聽對岸。有人問，衡陽已經丟了，鬼子想打桂林，如果又要遷校怎麼辦。另一個人回答：「如果有那一天，那大概是國家快要滅亡了。」

抬頭一看，答話的人是五級的遲紹春。

遲紹春原籍山東文登，二分校五年級學生，有活躍份子之名。他後來和王孝敏同學都考入西北醫學院，隨校遷往台灣，併入國防醫學院。

那是五十年代，台灣人稱為「白色恐怖時期」，遲和王兩人一同涉入共諜案，遲紹春處死，王孝敏判七年。九十年代以後，台灣的書刊論述五十年代的權威統治，一再把王孝敏的檔案照片登出來，當作受害人的樣板，可能因為她長得動人，能增加文字的感性。

王孝敏的再生能力很強，大落大起，後來成為國際學者。我們不知道故事細節，如果她自己認真寫一本書，可以鼓勵跌倒在地的人站起來。

重讀戰史，這時，一九四四年秋末，英軍美軍大勝，中國軍隊大敗。菲律賓海面，美日兩國海軍交戰，日本損失航空母艦四艘，主力艦三艘，其他軍艦十九艘，日本海軍從此不能影響戰局。可是日本陸軍在中國戰場沿湘桂路攻擊，以三個師團兵力直指桂林，桂林失陷，第一三一師師長闞維雍陣亡。日本加強對中國的軍事進攻，派岡村寧次為侵華日軍總司令，代替畑俊六。日軍由桂林北進貴州，威脅重慶。

然而蒲溪是安靜的。看歷史，宋朝的金兵，明末的李自成，清初三藩之亂，嘉慶年間的白蓮教，同治年間的太平軍，都在這裡打過仗。然而蒲溪是安靜的，抗戰後期，這裡的居民才看見汽車、飛機、美國人。美國空軍開著吉普車匆匆經過，B29轟炸機飛往安康機場降落，只要木筏竹筏永遠沿著月河漂下去，就好像外來的新生的事物都是暫時，都是偶然。

華北各省的村莊，住戶房屋緊密的結合起來，一個村莊是一個相互擁擠的小集團，對外保持著警戒。蒲溪，除了那個小小的寨子以外，人家稀稀落落分布在山坡上，稻田裡，竹林旁。我們上課、住宿、吃飯，分別在不同的地方，踩著田間小徑走來走去，恍如置身江南。楊奇英老師說了一句：可惜蒲溪太窮，如果稍稍富足一些，這裡就是江南。

蒲溪鎮南有清溪，北有月河，可稱水鄉。河側溪旁是一個小小的寨子，寨外溪河交會處有一所小學，正是二分校的校址。站在二分校的校門口向西展望，只見右面秦嶺，左面鳳凰山，中間一條谷形的平地。月河由鳳凰山發源，流入漢江，二十二中的四大部門，就在這狹長的天地定點立足。

蒲溪的動脈不是溪，是一條公路。這條公路東西走向，叫安石公路，它的東端起自安康（一分校所在），經蒲溪鎮（二分校所在），澗池鋪（校本部所在），漢陰城（第二十八集團軍司令部所在），平梁鋪（師範部所在），到石泉。由石泉西行，是西鄉、城固、漢中。二十二中從東端出現，三年半後再度遷徙，自西端隱沒。果如遲紹春的戲言，三遷之後，中國大陸天翻地覆，改朝換代。

這條路，諸葛亮當年走過嗎，他曾經管轄這一帶地方，他「平天下」的戰略計畫，正是以漢中和荊州為轉軸，北圖中原，這條路是他和荊州之間的一條神經。現在老校長李仙洲在這條路上走來走去，他說，一旦抗戰勝利，二十二中師生可以沿著來路走回，從安康坐船，沿漢江到武漢，由武漢換火車回山東。他想像二十二中永遠設在濟南。

我仍在「病」中，所以，蒲溪的景物我也只有模糊的感受，像一張潑墨山水。為了滿足回憶，我和幾位老同學反覆通信，定居四川的郭劍青，定居北京的陳嘉樞，定居美國的袁自立，都盡力幫助了我。四川的周玉清女士，替我買來《漢陰縣志》。她是紅學家，寫過一部《紅樓新續》。

一九九一年出版的《漢陰縣志》，有兩條記述涉及我們那所流亡中學：

第一，我們那所學校由安徽遷入陝西漢陰時，帶來一輛木輪的車子。這種車在山東很普遍，漢陰人眼裡倒新鮮，就由良工巧匠大量仿造，充作當地的運輸工具。雖然這種車有缺點，不久就被漢陰人加以改良，賦以新型，但編纂縣志的委員們還是慷慨的記述始末，算是我們這群異鄉人對漢陰本土的一點貢獻。

第二，當年漢陰的醫療事業很落後，當地人生了病求診不易，縣志特別記載：我們那個學校的兩位校醫留在漢陰開設了診所。縣志記下兩位醫生的名字：朱秀建和張希華。在那只有教會醫院和縣立衛生所的地方，忽然多了兩個診所，患者是方便得多了。這也算是我們那個學校留在漢陰的一點去思。

縣志是一縣民眾的共同記憶。你看，只要你有一丁點兒成績、一丁點良好的影響，大眾都會記住你。我流浪各地，見廟參廟，見碑讀碑，發現同胞百姓隨時等著把那為地方立德立功的人永遠留在記憶裡。樹碑建廟，編小曲大鼓，都是他們使用的形式。當然還有地方志書。一個小小的診所算甚麼，一輛木輪車算甚麼（況且還是無心插柳），然而他們表示：「毋以善小而不為。」

漢陰現在有公路三十九條，有鐵路上接漢中、下通老河口。漢陰境內醫院、衛生院、合作醫療站、婦幼衛生保健站密布，醫療水準比上不足，比下有餘。情勢如此，縣志的編纂委員們撫今憶昔，不肯抹煞當初我們有幸參與的篳路藍縷。這就使人遺憾慚愧，貢獻何其太少。我不免要想：除了兩個診所一輛車，若能多留一下點東西，有多好！

可是，那時，我們還能做甚麼？

我們是一個規模龐大的中學。那時漢陰僅有一所初級中學，共有一百六十九個學生，而我們全校有一千七百人。中學畢業生在地方上有特殊地位，可以參加祭孔典禮。誰家的孩子應屆畢業，有專人從城裡到家中報喜，喜訊寫在一大張紅紙上，毛筆大字，有一定的款式，大意是某府某某老太爺之令郎某某，蒙省主席某縣長某批准在漢陰中學畢業，特此捷報鴻喜。畢業生的家長要開大門，放鞭炮，給報喜的人紅包，親朋鄰居都來道賀。然後，那一大張「捷報」高高貼在門楣之上的牆壁上。這還是科舉時代留下來的排場。

漢陰人受教育不容易，二十二中如能廣收當地青年，最是上策。老校長李仙洲為二十二中尋找校址，對漢陰父老許下諾言：你們的子女也可以進來念書。到了應該實行的時候，教育部說，漢陰不是淪陷區，當地人可以入學，但是必須自費。殊不知漢陰教育所以不發達，正因為家長沒有錢。非常遺憾，二十二中在當地只收了兩個學生，實在太少。

漢陰青年缺少讀書的機會，而我們糟蹋機會。漢陰一年，學生的成績都退步了，不過仍有少數同學以宗教徒那樣的熱誠和執著潛心向學，管他青年從軍，日本投降，管他拉肚子、打擺子，管他「浩浩蕩蕩的學潮、甜甜蜜蜜的戀愛」以及後來的「男生去延安、女生嫁軍官」，他們不識不知、念茲在茲，流亡三千里、考卷一百分。「書中自有黃金屋」，捧起書本忘了冷，「書中自有千鍾粟」，打開筆記本忘了餓。

若要在我們二分校選一位苦學的模範，我認為日照縣來的女生丁青潤應推第一。她的母親帶著她和她的兩個弟弟，到廣西桂林尋找他們的父親，不幸趕上黔桂大撤退。這是抗戰史上最悲慘的一次撤退，日軍由湖南下桂林，又從桂林攻入貴州，百萬難民沿著鐵路線逃走，一路上多少人凍死、病死、被土匪打死、從火車上掉下來摔死，人流從名將張發奎眼底經過的時候，這位鐵漢潸然淚下。就這樣，丁青潤在貴州境內失去了她的父母。

這年丁青潤的小弟弟十一歲，大弟弟十二歲，她自己可能十七歲。她在同鄉指引下回到陝西，進了二十二中，一面讀書一面教弟弟念書，她的成績全校第一。她夜間為弟弟洗衣服，補衣服，改作業，她的成績仍然全校第一。有一次，兩個弟弟都病了，她白天上課，夜晚護理，常常徹夜不眠，到學期終了，她的總平均分數仍然最高。後來他們姐弟三人全受完大學教育，這是一個奇女子。

論男生，像陳嘉樞那樣的學生也不可多得。他是山東煙台人，到安徽阜陽時十五歲。他創下的奇蹟是，初中畢業已經把高中的立體幾何和三角自修完畢。平時，除了上課，我們看不見他，他總是向廚房支領了他應得的一個饅頭，到山上林間躲起來用功。夜晚，隔著窗子，總可以看見他那盞紅豆似的燈火最後熄滅，甚至徹夜並不熄滅。

他創下的另一個奇蹟是，在一個暑假之內，「自修」讀完五經中的四經（《易經》除外）他每天到十八里以外的山村去見一位老先生，提出他弄不懂的地方。據說這位老先生一度曾經是于右老的業師，想必飽學，有個年輕人從東海之濱前來請益，他也視為奇緣。

據我耳目所及，二分校的劉宗元、宋釗、尹相墉、申淑貞、王學美、陳培業、司志國，也都在漢陰打下結實的基礎，後來成為各行各業的專才。從此以後，我常告訴人家：沒有好的家世（不要緊），只要有好的學校；沒有好的學校（不要緊），只要有好的老師；沒有好的老師（不要緊），只要有上進的志氣！

最好的哲學老師

李仙洲辦學的信條是「眾志成城」，可是到了漢陰，你得用人心渙散來形容。解釋原因，可以從少少中知道多多。

百年樹人，師表是園藝家，阜陽盛世，多半是良師營造。或者應該換個說法，阜陽師生的緣分深，西遷時，那些老師大半沒跟著一齊來，學生的失落感很嚴重。以我來說，沒有吳培申，沒有李仲廉，沒有李人傑，我好像住在沒有屋頂的房子裡，好像睡在沒有四壁的亭子裡，既淒涼，又恐慌。

怎麼辦？十幾歲的孩子，只有像企鵝一樣擁抱在一起，這就形成一個又一個小圈子、小團體，跟學校當局有對立的情緒，然後大家又互相鬧對立。這就為日後學校的亂局製造了條件。

在陝南請教員也真難，不過，卻有最好的哲學老師：冷和餓。

人在飢寒交迫的時候，還有人愛他嗎？大概沒有。

人在飢寒交迫的時候，還能愛別人嗎？大概不能。

漢陰一年，留下切膚刻骨的回憶。那年冬天棉軍服遲遲不見，降雪的日子我們還穿著單衣。那年夏天行軍，人人只帶來極必要的東西，可是夏天的「必要」和冬天的「必要」相差這麼遠！雪花疏疏淡淡，從窗外朝我們身上灑，把人凍得像一張X光底片。咬著牙握著拳挺著胸生活，等到天晴了，溫暖的太陽出來了，肌肉一放鬆，牙床、指關節、脊柱開始痠痛，手背腳踵的凍瘡也鑽心的癢。

太冷了，有人索性曠課，有人裹著棉被聽課。夜晚，有被子的人和沒被子的人擠一個被窩，棉被窄小，兩人緊緊摟著。教生理衛生的老師說，學生沒有棉衣，一次流行性感冒可以把他們全屠殺了。軍訓教官說，鍛鍊勝過營養，健康勝過醫藥，他們頂得住。教地理的老師說，秦嶺東西八百里，主峰三千七百六十七公尺高，在北邊擋著呢，漢陰的最低溫度是攝氏一度，凍不死人。教博物的老師說，你們種過小麥沒有？麥苗一定要挨凍，小麥才豐收。如果冬天暖和，麥苗長得茂盛，來年春天就不結穗了，這叫「麥無二旺」。這些話本是私下的閒言閒語，可是「隔牆有嘴」，陸續傳了出來，大家一聽，忽然有幾分鐘熱烘烘，因為心裡太氣憤了。

凍不死，只生凍瘡，腳趾腫得像紫蘿蔔。軍訓、室外的操課全免，早晨升旗，各班派一個代表，代表沒來，值日生胡亂拉上旗竿了事。陳培業校友說，生凍瘡的滋味使他想起林沖發配，公差虐待林沖，用滾開水燙傷他的腳，再給他穿上新草鞋。

有一天來了兩個流亡學生，手裡拿著介紹信，要進我們學校念書，湊巧我看見了那封信，信箋是雪白的宣紙，印著朱紅的銜名，顏體字墨色鮮亮，對照出我們的枯槁襤褸。介紹信由顧錫九署名，他是一個軍長，當然沒有問題，可是這兩個人只勉強住了一夜，其中一個說，這哪裡是學校，簡直是叫化子營！另外一個說，我們穿棉軍服、棉大衣，他們還穿著單衣，教我們怎麼好意思跟他們一起生活！

經他們提醒，我們才「看見」這裡也有穿棉軍服棉大衣的學生。學校西遷，「將門子弟」幾乎都沒跟來，教職員卻是帶著家小，為人父母怎麼忍心眼看著自己的骨肉單衣單褲迎雪迎風，既然還有辦法弄到一套棉軍服，怎能不給自己的孩子先穿上，可是這又無可避免的使單衣族群通體發熱，忘記寒冷。

我常想，在那樣的時代，那樣的環境，如果我是教員職員，如果我的孩子也在那學校裡讀書，我該怎麼做才最妥當？……我想不出來。

還有，餓。

一向吃不飽，現在更嚴重，一路行來，把我們的食量弄大了，把當初從家裡帶出來的皮下脂肪耗完了。離淪陷區遠了，抗日的激情淡了，個人慾望蠢動，羡慕飽食終日。「出頭鳥」先叫：怎麼會吃不飽，政府國家怎會讓我們挨餓，還不是奸商貪官剝削！學生覺得長大了，自己該有個主張，開了會，推選了伙食委員，要求接管每天的食米和菜金。原來以為學校不會答應，打算好好鬧它幾天。不料張主任好爽快，連說了兩個「可以」。

伙食權爭到手，同學們洋溢著喜色，可是仍然吃不飽。伙食改革的第一項是把糙米送到民間的作坊，除去硬殼、碎石、鼠糞，這就減少了斤兩。那時以從倉庫裡領出來的糙米為一百，精米為六十，中間依成色分八十斤米、七十斤米幾個等級，我們吃八十斤米，每一百斤損失二十斤，煮出來的飯比以前香得多，可是盛到碗裡的飯也少了。

伙食的第二項改革，是每月省下一點錢來分給同學們做零用錢，稱為「米尾」。那時淪陷區的家斷了音訊，後方有親友接濟的人不多，「米尾」可說是惟一的經濟來源。每到月尾大家對「米尾」形成一種神聖不可侵犯的盼望，伙食委員必須予以滿足。於是，為了製造「米尾」，只好平時撙節，這就更委屈了腸胃。

我們在改革以後比改革以前更餓，用山東話來說叫做「餓得慌」，這個「慌」字可以進修辭學，恍恍惚惚神不守舍，老師的話記不住，只記得午夜夢迴，聽見蒲溪街上做包子的師傳用擀麵的短棍敲案板，抑揚頓挫，好像有個樂譜。

多位同學來信談起當年飢不擇食的情形。生吃香椿葉下飯，葉子粗大堅硬，沒有烹調。我們吃槐花、榆葉、田螺、麻雀、鱔魚、野蠶的蛹。我們到田裡「偷吃」農家的花生、紅苕、向日葵、玉蜀黍。我們吃野蒜，細如韭菜，多半長在墳上，別名「死人頭髮」。謝天謝地，全國都有螞蚱和牛蛙。這裡也有春天，也有我們在山東吃過的野菜，也有能烹調野菜的宋釗。膽子小，始終沒敢吃蛇。漫山是竹，但竹筍極苦，只好望竹興歎。晚上，沒找到可吃的東西。睡不著，看「牛奶路」，想牛奶。

這個譯名也不壞。

食物中缺少維他命，這個那個得了夜盲症。我還記得，牽著某人某人的手，到野外出恭。食鹽缺碘，某人某人的甲狀腺開始腫大，大家心事重重，互相替對方量脖子，看這個星期比上個星期變粗了沒有。還記得，治夜盲要吃羊肝，價錢不貴，只是缺貨，我天天黎明到屠戶家碰運氣。治甲狀腺腫大要吃海帶，買海帶你得進中藥房，藥名叫「昆布」，分量多少，掌櫃的用戥子稱，嚴肅鄭重，我覺得可笑。

蒲溪鎮郊外，處處竹林，竹身茂盛強壯，碗口一般粗，可以做建材蓋房子。河中漂來浮去盡是竹筏，市上有竹器竹椅，家家有竹籬笆。寒夜起床到屋外撒尿也是苦事，有些同學用竹筒製成長長的尿路，由睡鋪旁通往室外。幸虧住在蒲溪，才可以「工欲善其事，必先利其器」。

胡開瑞、程明光、喬振鳴、張煥臣、陳培雲、吳德元、張仲孔號稱竹林七賢，二分校學生沒辜負滿山遍野君子之風。如果竹筍能吃，還可以產生蘇東坡，可惜它的滋味酸苦，萬難入口。竹林是用苦筍保護它的後代。

蒲溪人愛竹，他們說，若遇荒年，鳳凰山每一棵青竹都會長出米穗來，漢陰人不會餓死。明知這是傳說，仍然望著竹林出神，希望它也為我們顯現神蹟。心生抱怨，問它為甚麼漠視外來流亡的青年。

別看漢陰一帶人的手指粗糙，卻出產上等的絲綢。漢陰城內開了很多綢緞店，據說，女人戴漢陰製造的頭帕，可以去頭火、防傷風。很好，繅絲必先養蠶，養蠶必先植桑，蒲溪桑樹很多，當然，看不見遍身羅綺者。桑葚儘管吃，不算擾民，那是我們的水果，惟一吃過的水果。

那時候，世人愛我們嗎？大概不愛。我們能愛世人嗎？大概不能。

無論如何，我們應該自愛，自愛，終能突破困境，那就可愛了，也就能夠愛別人了。

我深深懺悔，我沒能做到。

有一句話比鑼聲更響，比炸彈更叫人東倒西歪；伙食委員貪汙！縱然餓得昏昏欲睡，也馬上睜大了眼睛。伙委在廚房裡吃飯，圍著一盆紅燒肉。漢陰產絲綢，某某伙委曾感傷的吟誦「遍身羅綺者，不是養蠶人」，現在他送給女朋友一方絲巾。同學們惶惶不安，滿地疾走，選出一批監委去監督伙委，可是月底發米尾的時候，有人進城看見監委伙委一同下館子……大家束手。我們的智慧不足以產生「監委的監委」。我們中間的佼佼者開始安排出馬擔任下一屆伙委或監委，去接管那一盆紅燒肉。

陝南各縣的人喜歡吃豬肉，年節餽贈以豬肉為厚禮，平時估量價值，也以能買多少斤豬肉為準，幾乎家家養豬，豬肉也不甚貴。幹一個月伙委，吃一個月紅燒肉，也該想吃青菜了吧？「不幸」他們這時忽然下台，換上一批轆轆飢腸，從頭填起。唉，選舉有何意義呢？為甚麼要選舉呢？

我這兩個疑問，一個來自冷，一個來自餓。

我帶著這兩個疑問，走西北、東北、華北、江南，直到台灣。

凡是你不知道的事就是新聞

這年冬天在漢陰安頓下來，男生沒錢買針線，衣服破了，用漿糊黏貼，女生沒錢買肥皂，星期天拿竹筐到民家去，把人家灶裡的青灰掏出來，用青灰濾水洗頭，水裡有鹼，個個洗成黃毛丫頭。為了救窮，工友出缺不補，由學生端茶送水，打掃清潔，整理環境，分享工友的薪金。學校包了一座山，僱些專業工人把大樹變成片片木柴，堆在山上，再僱些婦女兒童把木柴運到學校裡來，學校發動學生入山運柴，去賺這一分工資。我在〈插柳學詩〉的時候苦練過一年小楷，承事務處的畢文圃先生好意，安排我抄寫各種名冊，每個月發一點繕寫費。天氣寒冷，凍僵了的手指不能握管，畢先生為我在教務處的牆角安了個位子，那裡有個火盆。

這是我第一次坐辦公室，我在工作中有三項收穫，第一，我能看到《大公報》。雖然到手的是多日以前的舊報，然而「凡是你不知道的事就是新聞」，不管那些事在甚麼時候發生，我由此養成了看報的習慣。第二，我能聽見老師們閒談，他們圍著火盆坐，我在他們背後。

分校主任張秀峰，訓育主任楊善庭，教務主任夏岷山，他們三個愛談政治，訓導處和教務處的職員愛談掌故，我一面工作，一面增長見識。最後，第三，才是每月有一筆小小的收入。

他們交談的時候，我手不停，頭不抬，身體不移動，努力不引起他們的注意。我知道，倘若我在他們說笑話的時候笑出聲來，我就再也不能坐在這裡了。這裡是後台，「閒人免進」，而我，畢竟是個後排的觀眾！

眾所周知，山東省政府主席韓復榘這個人是一堆笑話，例如，他批評新生活運動：「走路要靠左邊走」，右邊豈不是沒人走了嗎？例如，他主持會議，問：「都到齊了沒？沒到的人舉手！」例如，他對來賓道謝，說：「我十分感冒。」例如，他對學生訓話，說：「你們是學校裡出來的，我是槍管子裡出來的。」

我們事務處和教務處的教職員熟悉省情，他們說，以上有關韓復榘的笑話都是謠言。韓在山東有治績，雖然思想和作風落伍，也還有西北軍的那一套章法，要不，國民政府怎會教他做一省之長？

謠言從哪裡來呢？說來話長。韓復榘為了改革地方行政，把一批縣長調到訓練班裡受訓，另外派了一批代理縣長。這批縣長認為「調訓」不過是變個戲法罷了他們的官，牢騷很大，哪肯好好學習，主持訓練班的人不敢得罪他們，任他們飽食終日、無所用心。這些縣太爺聚在一起編笑話消遣老韓，把他的言行扭曲誇大，把別人的笑話拿來換上他的名字，他們經之營之，給韓復榘塑造了這麼一個形象。

韓在山東用重刑禁止吸毒販毒，動不動殺人，《大公報》有個記者不知怎麼扯上了這個罪名，被韓逮捕。報社奔走營救，中央以蔣主席的名義發電報給韓，要把嫌疑犯提到南京審判，韓看了電報立刻把那記者槍決，硬說南京的電報來晚了，這就得罪了《大公報》。《大公報》派人搜集韓的笑話，每天登一條，老韓這才全國知名，家喻戶曉。

抗戰軍興，日軍打到山東。外侮當前，軍人的最大善行是克敵制勝，一善足以蔽百醜；軍人最大的惡行是抗令棄守，一惡足以障百美。韓復榘不戰而退，由軍事委員會交付軍法審判，定罪處死，他這副小丑的面具也就永遠拿不下來了。……莎士比亞說：「結局好的事就是好事。」我附會一句：「結局好的人才是好人。」

我們到漢陰不久，汪精衛死了，我聽見他們談汪。淪陷區盛傳汪是個假漢奸，他到南京來和重慶唱雙簧，戲弄日本。所以，我豎起耳朵聽他們怎麼說。

他們說，漢奸只有是或不是，哪有真假？汪精衛成立偽組織，簽訂賣國條約，出動軍隊特務殺害那麼多抗日工作者，不是漢奸也是漢奸。

春秋時吳越爭雄，西施「朝為越溪女，暮為吳宮妃」，她迷惑吳王，敗壞吳國的軍政，是一個立了大功的「假漢奸」。後來越王句踐破吳，有人說西施跟著越國的謀臣范蠡泛舟五湖去了，說得很美。事實很殘酷，越軍的特遣小組首先衝進吳宮，把西施裝進皮口袋裡，丟進了江心。不論是泛舟而去或沉江而死，都表示這個「假漢奸」不能再面對越國人民，否則等於跛腿的桌子擺不平，桌上的瓶瓶罐罐都稀里嘩啦掉在地上摔破。

他們說，假漢奸、唱雙簧的說法離奇，就算真有這種設計也輪不到汪，汪這個人太聰明，政治野心太大，人得有幾分傻，有幾分愚忠，有幾分宗教情操，才肯作這麼大的犧牲。依汪精衛的性格和「行為模式」判斷，他是爭權，是投機。政客聯甲倒乙、聯乙倒甲都可以，萬萬不可私通敵國，老汪這次是「天奪其魄」。

我想，他們說得對，可以和漢江舟中江老師的一番說法相互印證，可惜嶧縣警察局的那位巡官也無緣聽見。

下一步，消息傳來，汪的遺體準備葬在中山陵園的梅花山，又引起一陣談論。中山陵園面積很大，給後來的名人志士規畫了空間，江蘇都督韓恢、國民政府主席譚延闓、財政部長廖仲愷、陸軍上將范鴻仙已經葬在那裡。汪精衛本來有希望去佔一坏土，然而事到如今，中山先生的臥榻之旁豈容他酣睡？

他們說，汪死前應該看清了局勢，日本必敗。他應該留下遺囑，墓地選在荒山野嶺之下，那地方不會修路，不會開礦，不會建工廠大樓，既沒有名勝古蹟，也不是風水佳城，這樣才可以入土為安、長眠地下，永遠供子孫歲時祭弔。而且墳墓的外觀要樸實平淡，拋卻國府主席的架式，不向別人的政治意識挑戰。你為何等人做了何等事！不管漢奸真假，中國人斷斷難以容忍你死後還想「日月同光，山河並壽」。可是汪沒有這樣的反省能力，陳璧君更沒這個見識。

他們說，誰說人間到處有青山？你為害一鄉，本鄉沒有你的葬身之地，你為害一省，全省沒有你的葬身之地。你為害一國，全國沒有你的葬身之地！（抗戰勝利後，國府還都前，汪墓被人炸開，屍體送入火葬場，骨灰下落不明。）

有一天，他們談到中共。

共軍在退守延安的時候只有兩萬人，抗戰八年發展到一百二十萬人，而且在農村、工廠、學校有無數的地下組織，實在非同小可。

國民政府曾經訂出辦法，要「限共、防共、溶共」，字面很漂亮，實際沒有成效，因為共產黨的密度大。在物理上，油的密度大，不溶於水，水銀的密度大，瀉地無孔不入。就人事現象而論，一般人民團體的密度比不上軍隊和幫會，所以政團很難抵抗軍團，商會很難抵抗幫會。

共產黨自以為天降大任，立志赤化世界，所以要求人人過軍隊和幫會那樣的生活，以便向外發展。在共黨文獻中，「自由」是毒蛇猛獸，「民主」是「蘇維埃式的民主」，白紙黑字，有經有典，人家從不遮掩，可是卻有那麼多的青年學子、大學教授、報社主筆，大叫大鬧，認為只有共產黨能給他們自由民主，其癡迷一如墜入情網，這就怪了。

共產黨既要在蘇聯主導下改造中國，豈能留下任何一片土做「資產階級的租界」，所以一定要全面奪權。國民政府基於英美外交背景和儒家思想背景，一定要反共防共，兩者不可能真正合作，最後難免有一場惡戰。那時蘇聯幫中共，英美幫國民政府，可能由中國的內戰演變成世界第三次大戰。倘若如此，今天坐在這屋子裡的人當然沒命，我們的子孫後代也不知道要做哪一國的奴隸。

這幾位先生們說，美軍在太平洋戰場上反攻，把日本的海空軍打光了，日本準備必要時放棄本土，堅守中國的東北。美國希望蘇聯從西伯利亞出兵攻佔東北，讓戰爭早日結束。看樣子蘇聯遲早會出兵，小日本兒一定擋不住美軍蘇軍兩面夾攻，可是蘇聯撤退的時候會把東北交給中共。中共會在東北生聚教訓，和蘇共表裡呼應，除非蘇聯在第三次世界大戰中覆滅，中共的問題無法解決。

最後，我記得，張秀峰主任說，中國的社會應該改變，但是要由中國人來改變，不能由俄國人來改變。現在中國共產黨太像是俄國人的黨，不像是中國人的黨，希望他們有一天能反省，他們死後不是去見馬克思，而是去見堯舜禹湯列祖列宗……

從軍文告引發澎湃的熱情

到漢陰後，西遷造成的心理浮動還沒平靜，戰訊的刺激接踵而來。日軍發動了一個鉗形攻勢：一面由廣東沿西江而上，一面由衡陽南下，目標都是桂林、柳州。這一仗，史稱桂柳會戰。

由廣州到柳州、由衡陽到桂林，是兩條很長的交通線，但是他們進展很快，各地一片淪陷之聲。每次看到「淪陷」心裡都要撲通掉下去一次。守零陵的軍長王甲本力戰陣亡，零陵也只守了兩天。守梧州的軍長陳牧農擅自撤退，被判死刑，梧州只守了四天。廣西境內著名的黃沙河防線只守了一天。在安康出版的《興安日報》，雖然版面很小，因陋就簡，重要的新聞電訊倒也不缺，起初，我每天早晨巴望報紙趕快來到，後來看報竟成為一件痛苦的事情。

這年十月廿四日前夜，事務處派人把我從熟睡中喚醒，交給我一張鉛印的文件。那時盛行油印石印，看到鉛印，肅然起敬。

果然是國家大事，蔣委員長——現在是蔣主席——發表對全國知識青年的文告，號召大家踴躍從軍。我們聽不到廣播，看不到當天的報紙，負責宣傳的機構只有提前把文告印好，以十萬火急的速度下達，讓我們在十月廿四日這天和日報的讀者、廣播的聽眾同時接受文告的內容。學校在廿三日晚間接到公文，我的任務是連夜用毛筆抄寫文告，公開張貼，第二天早晨供全校同學閱讀。

外面下著細雪。我在教務處的辦公室裡先把文告讀了一遍，有一段話是「……在我親自統率之下來做我的部下。凡是立志革命、決心報國、願與我同患難共榮辱、來做我部下的青年，我必與之同生死、共甘苦，視之如子弟、愛之如手足。」我讀到這裡大哭起來。然後，我決定投筆從戎。

第二天早晨，同學們擠到布告欄前閱讀文告，只有前排少數人能看清，我這才想到我應該用大字寫，寫成壁報，使大家同時看到。或者我多抄寫幾份，東牆西牆都貼上，把同學們分散開。我沒有經驗，指揮我工作的人也沒交代，弄得場面很擁擠，很小家子氣。

這天早晨，那些讀完文告的人一轉身，都變了新的面容，好像換了一身筋骨，聚在訓導處門口，要求立即報名，雖然訓導處說報名的日期還沒有到，人還是越聚越多。為了安慰這些人，訓導處只好擺下桌子和簽名紙。我第一個簽了名。劉宗元緊跟在後。無數人一擠而上，擠倒了桌子。簽了名的人個個心滿意足，好像在簽下名字的這一刻，這人已經從芸芸眾生中分類。

得把這個重要的決定告訴一個人才行。首先想到的當然是父母，這個念頭一閃就過去了，父母由日本人管著，誰也不能對他們說真話，「編謊」就是那時學會的。有人馬上動身到一分校或師範部去找女朋友。也有些人的想法恰恰相反，偏不通知「她」，表示大割大捨，「我」在報名的那一刻已是馬革裹屍。

我寫一封信給五叔吧，今年我還沒接到過他的信呢。國軍反攻緬甸，他大概又打仗去了，也不知甚麼時候才看到我的信。在緬甸打仗的國軍叫青年遠征軍，那是第一代青年軍，我們現在算是第二代，五叔看了我的信，也許又要「熱淚潸潸」一次。

我在外面走了許久，也看了許久，頭上冒著蒸氣回到教室。冷冷清清，空空洞洞的教室裡有三個女生、兩個男生，他們伏在書桌上鴉雀無聲、文風不動，一心只有數理化，兩耳不聽風雨雷。這兩個男同學，一個是宋釗，一個是尹相墉，三個女生中間有一個叫申淑貞，一個叫王學美。我愕然僵立，半天說不出話來。

兩天以後，全校師生在澗池鋪校本部集合，當眾朗讀了蔣主席的文告。老校長李仙洲講話不多，他說今天可以看出來誰愛國誰不愛國，他指著台下宣布「愛國的人現在簽名」。轟隆一聲學生大夥兒朝前衝，而他們前面只有兩張桌子，兩枝筆，兩大張簽名紙。布置會場的人竟和我一樣沒有見識。大部分學生只好退回行列，摩拳擦掌。

在重慶，蔣主席為知識青年從軍連續講過三次話，有一次說了重話，他說誰對這個運動不努力發動，誰不配做本黨的幹部。從軍者的體格檢查也放得很寬：身高一五二公分以上，體重滿四十六公斤，五官四肢和肺部正常，砂眼不重。對女青年從軍者籠統一句：「體格健全。」我覺得中央事先低估了青年從軍的意願，惟恐十萬人不能足額，不料各校都掀起狂潮，聽說有一個工學院幾乎為之一空。這才體格檢查從嚴，大量淘汰，最後還是有十二萬人入伍。

體格檢查的「初檢」由團管區派醫官到學校裡來辦理，我們怕瘦，喝足開水再上磅秤。聰明人先觀察，發現受檢時只脫上衣、不脫長褲，就撿些鵝卵石放在褲袋裡。有人死盯住視力檢查表，記清ABCD的位置，憑「背誦」過關。在中華民國的兵役史上，壯丁為了能夠入伍而作弊，這大概是惟一的一次，團管區完全沒有防備。

我第一個受檢，第一個刷下來，因為視力太差。以後陸續有人與我同病，大概晚自習時昏黃的桐油燈損傷了我們的眼睛。我們太失望，也就太愛聽謠言，據說老校長看了報名的人數，心裡捨不得。有人說，新軍只有十萬人的裝備，現在有二十萬人報名，國家供養不起。還有個說法，青年軍將來要復員，要安排就業就學，現在多一個人從軍，將來就多一份負擔。

——可是，這十萬新軍只要打幾次硬仗，只要參加像台兒莊會戰、武漢會戰、常德會戰、衡陽會戰那樣的戰役，將來還能剩下多少？復員還不是輕而易舉。

據校友朱興義記述，二十二中從軍入伍的學生大約三百名。學校把符合標準的學生編了隊，另外安排了住宿的地方，單獨開伙，等師管區派大卡車來接他們上路，這一等竟等到十二月。這期間，日軍佔領了桂林和柳州，北上攻入貴州，獨山陷落。日軍的目標可能是北取重慶，或者南下昆明。那時，重慶是中央政府所在，戰時的陪都，昆明是中國最重要的補給站，中國為了這條補給線在緬甸血戰兩年。這兩個地方都不能有任何閃失。

那時美國建議中國二次遷都，蔣主席斷然拒絕。美國準備撤退僑民，富商大賈計畫逃往天水，甚至有些高官要求魏德邁協助他們往美國避難，魏是美國將領，正擔任中國戰區的參謀長。我們受戰局刺激，決定反抗團管區的體格檢查。在我們眼裡，團管區一點也不值得尊重，他們把那些連走路都要跌倒的所謂壯丁送進部隊，卻藐視我們的一腔熱血。我們決定和從軍的同學一齊去漢中向二〇六師入伍。為表示決心，有些人搬到從軍青年的宿舍裡去了，眼往西看，「風蕭蕭兮」的神情。

我的改變不大。聽課的時候心猿意馬，在教務處繕寫名冊的時候呼吸比以前濁重，聽覺特別靈敏，因為教職員談話總是圍繞著青年從軍。

那時徵兵不徵在校讀書的學生，名為「緩徵」，實際上是免除了兵役，所以一般士兵識字有限。仗打到四十年代，武器裝備有很多改進，士兵必須能認識ＡＢＣＤ，１２３４，略懂分母分子直角圓周，對十分之一秒和一萬公尺有概念，才可以接受新式訓練。這是知識青年從軍運動的背景。

新軍的兵源在例行的徵兵管道之外另闢蹊徑，因為徵兵制度已是黑幕重重，成為對熱血的侮辱，辦理徵兵的人已使入伍當兵成為人生的大失敗。我聽見有人說，將來海晏河清，這一代人以白頭宮女說天寶舊事，那些曾經在兵役機構工作的人將羞於說出自己的履歷。這次知識青年從軍的盛況說明蔣主席威望之隆，他深受知識青年崇拜，讀他的文告讀到「凡是立志革命、決心報國、願與我同患難、共榮辱、來做我部下的青年，我必與之同生死、共甘苦、視之如子弟、愛之如手足」，那些大學生中學生個個心跳氣促，感激奮發。可是「十萬青年十萬軍」之外，還有三百多萬士兵，如果他們有人識字，如果他們也讀了這文告，他們作何感想？何年何月才視他們如子弟、愛他們如手足？

他們說，這青年新軍一定要去打最大的戰役，最險惡的戰役，一定去創造「全勝」或「全體壯烈成仁」的紀錄，他們已登上歷史的舞台，這是他們要扮演的角色。但是政府也一定會有計畫的保全一些人，拔擢一些人，讓他們做這一代知識青年的活口，下一代知識青年的銅像。這些人將在戰後執軍政文教各界的牛耳，究竟誰是幸運兒，要看每個人的才幹性格，也要看他們的命運風水。

知識青年從軍運動的標語是「一寸山河一寸血，十萬青年十萬軍」，這兩句話一直受千萬人稱讚，可是，在教務處的火盆旁邊，它得到的分數並不高。有人說，古人的詩句有「一寸山河一寸灰」，現在改了一個字，怎麼連這個都是二手貨？有人說，「十萬青年十萬軍」這句話修辭有問題，它的本意大概是「十萬本來可以緩徵的知識青年，現在都志願加入了軍隊」。可是字面未能表達這樣的內涵，好像在說這十萬青年軍才是真正的軍隊，教人看了彆扭。不過他們也說，文宣詞令已無關宏旨，青年一定會踴躍報名。

那時候，知識份子談問題一定會想到中共。有人說，知識青年從軍運動磅礴堂皇，熱力自地心上湧，比中共的參軍運動「漂亮」。有人說，這十萬新軍必定是中共的一個目標，中共一定會有所作為，如果這新軍也被中共滲透、受中共影響……

有位老師一直冷冷的看，靜靜的聽，說話少，說出來的話可能很重要。他說：「應該趕快把志願從軍的學生送走，越快越好。」

時間表並不在學校手裡。學校只能一面和團管區聯繫，一面辦理從軍學生的福利，像政府的安家費，地方政府的勞軍款，都由學校轉發到每一個人手中。學校把他們未來六個月的主副食費折合現金，發給他們，據說這是教育部默許的通案。老校長那時還在漢陰，他也籌到一筆獎金，從軍的學生每人分到法幣一萬元，大約是一個教員十五個月的薪水。

學校主辦了一場送行的晚會。這場晚會是二分校的大事，也是蒲溪鎮的大事。我心情低沉，沒有去看，我應該去看，單單為了楊老師，也該去看。人人告訴我節目精采，尤其是于允蘭和武幼貞合演的歌舞劇。全部節目由楊奇英老師策畫導演，他說服于允蘭參加演出。他已另有高就，為了晚會、特別把行期延後。

蒲溪鎮東郊有一座戲台，與二分校隔溪相對。那時各地大村小鎮，多半在郊外建造永久性的戲台，供演戲慶祝或酬神之用，號稱萬年台。據縣志記述，抗戰改變了民俗，它列舉很多事例，像夜遊，踏青，重九登高，水陸道場，露天的大宴會，夏夜演戲說書，集體提燈或放燈，戰時都有種種不便、種種顧慮，停止舉行。可以推知，自抗戰軍興以來，蒲溪鎮、或者說漢陰縣、第一次使用萬年台公演，觀眾翻山越嶺而來，台下一片人海。節目演完了，人群不肯散去，二分校高年級全體男生出動，硬闢一條通道，演員才回到宿舍。

這一批從軍的學生真幸運，他們還在受訓，日本就宣布投降。從軍成了他們既漂亮又實用的經歷，即使在中共治下、也是一樁極輕的罪名，因為他們畢竟是獻身抵禦外侮。戰後，國民政府把青年軍復員辦得周全，在各行各業中扶植他們領先發展。國民政府退到台灣以後，特別注意人的背景，「青年軍」三個字就是忠誠的保證，是當局拔擢人才的一項識別。

一九四七年七月，美國政府派魏德邁將軍來華考察政局，新聞記者問他對青年軍復員工作的看法。他說，中國艱苦抗戰，農民的犧牲最大，學生並沒有甚麼貢獻，戰後政府對農民的照顧太少，對知識青年的照顧太多了。那一次，魏德邁專說逆耳之言。

唉，那時國民黨認為，革命建國有三大要素：領袖，幹部，群眾，而「幹部決定一切」。農民人數雖多，犧牲最大，不過是「被決定」的而已，青年軍復員是培養幹部啊！

悲壯與荒謬：無可評論

送別晚會的餘音銷歇，志願從軍的隊伍仍在原地滯留，他們開始用行為向我們顯示，除了愛國，他們還有別的情感。蒲溪鎮的農家，三戶五戶，成簇成點，疏疏落落的分布在山旁水涯，由一條一條小徑連接，師生常在小徑上相遇。平素都是學生禮讓先生，這一次，從軍的學生把一位老師推到水溝裡去了。從軍的學生不上課，手頭也寬裕，理當青春結伴進城消費一下。這天在街市中心遇見事務處的一個職員，學生攔住他，問他某一件事情辦好了沒有。他說還沒辦、太忙了，學生上前給他一個耳光。

各地的從軍學生都有情緒需要發洩。某地，他們離校以前敲爛了校內的玻璃窗，拔掉花圃裡的植物。某地，他們打了飯館的老闆，砸碎了所有的杯盤。某地，他們打了火車站的站長，搗毀站長的辦公室。由離校到入營，他們沿途製造新聞，地方治安機關不敢究辦，唯恐背上打壓「天子門生」的罪名。

今天我能體會那時的青年多麼苦悶。國破家亡，飢寒交迫，日軍的攻勢如此凌厲，政府和社會的腐敗氣味已飄入每個人的鼻孔。可是他們能怎麼辦，他們是羊，喊不出「狼來了」。現在終於有一個機會，他們發現絕對服從某一個人就可以攘臂彈腿反抗某一些人。時不我與，他們只有由學校到營房這一丁點子迴旋之地。的確有許多人該打，有許多地方該砸，出了這口惡氣再去赴湯蹈火，才算痛快淋漓。風聲所被，欲罷不能，本校的學生也想有點舉動，消一消胸中的塊壘。

不過，他們這樣做，到底可惜了，從軍使人尊貴，尊貴的人不該自暴自棄，他們表達思想感情，應該還有更好的方式。

劉道元先生曾任山東省教育廳長，有〈抗戰期間教育廳資送山東青年前往後方〉一文，談到從軍青年沿途的紀律：

> 自登記編隊至送入軍營，一律皆由地方政府供應。始而衣服伙食住宿，繼而菸酒肉菜娛樂，送入軍營時須以車輛滑竿代步，勒索之外，又時時向人民搶奪。紀律之壞，比土匪有過之而無不及。

這成甚麼話，簡直是死刑犯押往刑場的情景。當年習俗，槍決要犯先遊街示眾，罪犯在這最後一刻有特權。走到酒店門口，可以命令店小二送酒。走到飯店門前，他可以命令跑堂的上菜。走到鞋店門前，他可以換一雙新鞋。從軍青年放棄個人的生涯規畫，到日軍的坦克大砲前構築血肉長城，有赴死的心情。他們絕對沒有料到，他們的訓練還沒結束，日本就投降了。沒有壯烈犧牲作掩蓋，國人久久不能諒解他們的放縱。

從軍學生橫行各地，報上有簡短的新聞，標題也很小，似乎未見嚴詞批評。媒體放過你，老百姓不放過你，戰後社會上流行一首順口溜，說社會上有四大害：

青年從
軍官總
國大代
新聞記

順口溜用謎語的「脫靴格」製成，省略最後一個字，補足了、也就是青年從軍，軍官總隊，國大代表，新聞記者。

從軍的知識青年以大專學生居多，他們沿途的浪漫表現令國人驚愕。他們對政治不滿，沒聽說聯名上萬言書力陳時弊。他們滿腔激情，沒聽說高歌「風蕭蕭兮易水寒」。他們已把世俗的毀譽得失看破放下，沒聽說把領到的安家費、勞軍費、從軍獎金捐給慈善機關。他們中間也沒有出現林覺民，留下一封絕命書。他們既然不愛惜自己，也就不能愛惜別人。他們已不愛惜肉體，也就不愛惜精神。

他們向下找出口。毫無疑問，他們是國民黨執政時期的精英，他們的這番表現恐怕是國民黨精神層次降低的徵候，再沉淪一步，就是勝利後對淪陷區的接收了。

從軍學生在校園裡吹起颶風。今天有人稱他們「造反派」。我們那「把好酒留到末日」的分校主任就是這個時候「突然不見」的。代主任很能幹，立即宣布他也從軍了。三十五歲以上的人從軍要經過特許，他的申請書已經送到重慶。他說他要把從軍的學生親自送進營房，並且和他們同甘共苦。

「造反派」拒絕他的安撫，這些人揚言，代主任想從軍，到別處去入營，休想和我們在一起。從軍學生的隊長反覆勸說，強調代主任平時的愛心，現在的熱心，學生罵他是保皇黨，把他罷免了。「保皇黨」三個字有威力，從軍同學內部從此沒有不同的聲音，代主任也取消了從軍之行。現在玩味「保皇黨」一詞，它之所以能懾伏眾人，是因為支持官方立場已經變成不名譽的行為。念我們當初逃出淪陷區時，心中豈有絲毫這樣的想法？前後時間不過三年，不料竟出現了這樣的態勢。

後來，真的出現了「保皇黨」。二分校的學生大半來自膠東，膠東的學生大半和主任代主任有歷史和地緣的關係，並非一頂帽子能夠分化。保皇黨又怎樣，笑罵由你，決勝負咱們比拳頭。這些人很優秀，儀表、成績、戰鬥精神都在中上之列。學校裡的氣氛陡然緊張起來，雙方不斷放出狠話，他們時時戒備，連上廁所都「人不離群」。

我算是二分校的半個職員，從男生宿舍搬出來，睡在事務處堆放雜物的小樓上，校園裡的一舉一動看得見。某天夜裡，忽聞「金戈鐵馬之聲」，憑窗而望，但見星光下一片灰衣白頭，左衝右突，原來是造反派把軍帽反過來戴，用作夜間行動的識別證。他們和「保皇黨」混戰一陣，呼痛喊媽，此起彼落，可笑也可怕。後來他們把宋捷軍同學逼在牆下，宋有國術訓練，藉一棵樹上了屋頂。「造反派」包圍了屋子，朝上丟石頭，宋大喝一聲，飛身而下，眾「小將」驚呆了，動彈不得，任他突圍而出。

第二天，我發覺代主任也不見了！二分校陷入無政府狀態，成為一個危險的遊樂場。例如，從軍同學中的造反派忽然發覺有一個保皇黨潛伏在他們的隊伍裡，他們決定審問這人，可是這人藏起來了。「造反派」到處搜查都不見蹤影，最後找到女職員宿舍門口，被戚護士擋住。大家諾諾而退，每個人都被戚護士安慰過，治療過，關心過，此時只有她是大家敬重的人了。

又例如，某天夜裡，造反派通知從軍學生緊急集合，說是保皇黨馬上要來夜襲。他們在學校裡布置陣地，站崗放哨，對「敵人」的戰術作了假設，對自己的戰術定了設計。訓育處的兩位幹事趕來勸解，其中一位陳先生很年輕，有書卷氣，言談微中，終於說服造反派收兵。「保皇黨」諸人也從此不見了！

十二月，侵入貴州的日軍匆匆撤退，來得疾去得也快，中國軍隊乘機追擊，戰局轉危為安。據說國軍欺敵，在貴州北部徵集糧秣，搜購軍事用品，使用了十個軍的番號。日軍孤軍深入，補給困難，無法過冬，此時分析情報，誤以為國軍在前面布置袋形陣地，連忙全線撤退，國軍追擊，失地次第收復。就在此時，團管區的大卡車來到蒲溪，接走了從軍的同學，預兆極佳，象徵青年軍日後在昇平中復員。這時我知道二〇六師對志願從軍者還要進行複檢，複檢嚴格，專業化，難容僥倖。我度德量力，沒有上車。

我永遠記得那時教師的愴惶，從軍學生的憤慨，以及保皇黨的忠肝義膽。但是，最難磨滅的印象，還是某幾位同學在騰騰殺氣中守著那方寸清淨，晨讀晚修，分秒不輟。當年管寧華歆同席讀書，門外有人車喧鬧，管寧好像甚麼也沒聽見，華歆卻丟下書跑出去看。他們好比管寧，我就是那個華歆了。

牛老師，戲劇與人生

十二月某日，新的分校主任來了。

新主任需要立即選聘一位訓育主任，恢復和學生之間的對話，他選中了我們的國文老師牛錫嘏，膠東人。二分校是「膠東幫」的天下，請一位膠東人來擔任重要的位置，可以安撫、收編、運用既存的勢力，而牛先生為人忠厚正直，有所不為，是膠東幫的清流，新主任倚重他，也可以使平素對膠東幫嘖有煩言的人有一新耳目之感。新主任這第一著棋可謂出手不凡。

牛老師對新主任提出兩個條件。他說，如果學校對學生的要求是合理的而學生反對，或者，學生對學校的要求是合理的而學校拒絕，他都馬上辭職。這個「條件」的背景是：那時學生和學校之間已失去共同的價值標準，例如，學生不肯參加早晨的升旗典禮，不交作業，體育課只剩下十幾個籃球隊員。另一方面，女生隊長劉忻然重病，學生要求送到安康醫院治療，校方斷然拒絕，結果，劉忻然死亡。

牛老師愛皮黃，善操琴，也工老生，我聽過他一齣《罵殿》。他這次「扮」訓育主任，姿態高，人家胡琴調門兒更高。學校在山中買了許多木柴，新主任說，應該發動學生入山運柴，這是鍛鍊，也是教育。國立一中、國立六中的木柴都由學生搬運，這是戰時，一粥一飯，來處不易，請同學們共體時艱。這話聽來合理，無可駁難。可是學生坐在教室裡文風不動，任教官吹哨子，工友搖鈴，也沒人出來結隊上山。

為這件事，牛老師頻頻召集各班班長開會，費了九牛二虎之力。學生義務勞動，學校省了運費，沒人相信校方能正正當當用那省下來的錢。最後還是新主任出場，他把學生集合在操場裡，由各班導師輪流講話，每人五分鐘。他宣布全體教職員——包括他自己在內——和學生共甘苦，一同運柴。這一天，牛老師的心情大概很難過，臉上紅一陣白一陣。學生上前代他揹柴，他堅決拒絕。他的家境不錯，冬天穿呢料的中山裝，燙出稜稜褶褶來，白色的襯領耀眼。憑這套打扮，他背著八十磅木柴，默默走畢全程。

每個人以搬運八十磅木柴為準。一個步兵的全副裝備是八十磅。山上當然沒磅秤，差不多就好。主任也許背了六十磅，幾位女老師也許每人四十磅，他們剛要起步，身強力壯的學生馬上把木柴接過來，這才叫懂事。懂事的學生可能負重一百磅，雄赳赳氣昂昂，路上一根樹枝也沒短少，忠誠果然激發潛力，能人之所不能。一般同學，我也在內，半路上心跳氣促，頭暈眼花，一面走，一面抽出木柴來丟掉，遺痕零零落落，不便回首。在這裡，我必須記下，有些同學彎著腰，拭著汗，呵著蒸氣，手裡卻是拿著書本，嘴裡卻是在喃喃誦讀呢！彷彿壓在他背上的不是木柴，而是書籍。此情此景，幾十年後的今天，我還從空氣裡、從白色的牆壁上、從天邊那一抹雲端，看見他們迤邐而過呢！

牛老師履行他的諾言，提出辭職，新主任堅決不肯。你看，動員學生運柴並未失敗，咱們僅此一次，下不為例。從此，牛老師說話再沒有那麼錚錚鏦鏦，經常在主任和學生領袖之間奔走傳達，沒個果斷。好像是，新主任藉著運柴一事收伏了「老牛」。新主任是行政人才，照常例，帽子裡應該有幾套戲法。

緊接著，是寒假前的大考。這要說到我對牛老師的感激。

在漢陰，老師在課堂裡但求盡心，不再過問學習的情形，只有教化學的滕清芳老師還像阜陽時代一樣嚴格，她是好老師，可是引起了許多學生的反感。

那時我們進入三年級，即所謂最高年級。初中三年，每一年級的學生有不同的心態：一年級自知處處不如人，最「乖」；二年級對各門學科興趣最濃厚，肯用功；三年級自命老資格，環境熟悉了，朋黨也結合成功，「兒大不由爺。」何況也知道馬上要離開這裡，要超越這裡，原來忍讓的不必再忍讓，該發洩的現在可以發洩。所以三年級的學生不穩定。「教學不難，不得罪最高年級」，而且要籠絡其中有影響力的人。滕老師涉世未深，不知道運用之妙。

這天早上考化學。教室門口聽到耳語：大家交白卷。滕老師來發考卷，交代大家：「現在把題目看一遍，如果有疑問，十分鐘以內提出來。」人人不看考卷，挺起胸膛看老師，老師始而驚訝，繼而慌張，正待說甚麼，只聽到轟隆一聲，人人推開座位，湧向講台。滕老師趕快走開，她進了教務處放聲大哭，立時請了病假。

滕老師在教務處點了我的名，她說交白卷由我發動，因為我「在阜陽已經交過一次白卷」。我這才知道一個人的素行紀錄如此重要，「前科」足以使人含冤莫白。身兼訓育主任的牛老師召我查問，我當然否認。我說，我在阜陽考化學，會做的題目都做了，不會做的題目只有空著，只恨我會做的題目太少。同桌的王文堂不讓我看他的答案，我跟他賭氣，不等下課就交卷出場，那並不是一張白卷。

新主任把這個問題交給校務會議決定。張乃晨老師說，交白卷是對滕老師「精神槍斃」，學校對首謀不可寬貸。又有人說，必須趁此機會整飭紀律，寧可錯殺，不可錯放。滕是良師，大家支持她。老張主任並未失蹤，藏在漢陰城裡養病，靠滕老師照料，看在老主任面上，也得讓滕平下這口氣。這是我今生遇上的第一樁冤案。

牛老師是我遇見的第一位清官。他對我說：「你自己去向滕老師解釋一下。」滕住在一個農家的茅屋裡，門窗緊閉，拒絕接見。天氣突然變壞，我在門外「立雪」甚久，噴嚏連天，涕泗橫流。我本可以對著窗口大聲陳情，她一定聽得見，可是我那時沒有這份聰明，怏怏而返。牛主任見我鼻紅臉青，瑟縮有甚於寒雞，頗動惻憫。他在校務會議上反對「借人頭」，結果是化學舉行補考，白卷不再追究。

後來我知道「白卷」由五人主謀，他們以牛刀小試的心情製造惡作劇的樂趣，寫下誓詞，蓋了手印。他們認為我替事務處抄寫名冊，跟教職員接觸太多，決定讓我不知其所以然。他們把那份誓詞拿到我眼底下晃了一下，擦根火柴燒掉。這是我第一次受互相敵對的雙方同時懷疑。

照相士的說法，牛錫嘏老師確有幾分「牛」相，例如頭大，肩寬，前胸後背積肉很厚，顴骨高，唇形稍稍向前延伸，說話中音低沉，慢條斯理。這樣的長相使人覺得可親可靠，但是並不可愛，是好朋友好鄰居好上司，然而不是好玩伴。

可是錯了，牛府本來有錢，牛老師有世家子弟的氣質，能「與人樂樂」。他長於皮黃，拉一手好胡琴，京戲裡的琴師都能成人之美、分享別人的成功，否則他萬難出色當行。從牛老師身上可以看出，操琴雖是小技，卻與「尊賢而容眾，嘉善而矜不能」的大道相通。

這年二十二中招生，有個在老河口坐科學戲的潘雪亭來到二分校。牛老師大喜，他結合愛唱京戲的師生，正式成立平劇社，高中部的楊其銑同學也是出名的琴手，應邀前來參加策畫。武生潘雪亭，老生叢淑滋，花旦曲季濤，青衣張秋實，花臉傅綏生，都一度是陝南山區民眾的偶像。他們曾演出《賀后罵殿》，牛老師飾趙匡義，我對牛老師心存感激，特別捧場去聽。

牛老師扮成皇帝，他那有過僕從、見過高官、登臨過名山大川的生活背景都顯出來了。那五段唱詞，對賀后攻心為上，有擒有縱，寫得極好，在皮黃裡並不多見。

那天散戲以後，我在漆黑歸途中默想歷史。宋代第一任皇帝是趙匡胤，事母至孝，可是這位皇太后不懂政治偏要瞎指揮，她認為年幼的人不宜繼任國君，皇帝應該把大位傳給弟弟，若干年後，再由弟弟傳回去還給姪子。這樣，每一位皇帝都年富力強，可以長治久安。這老太太哪裡知道，她這麼一吩咐，如果皇帝不肯把帝位傳給弟弟，他只有把兩個弟弟都殺了！如果弟弟接位，不願意傳給姪子，他只有把幾個姪子都殺了！這老太太真糊塗，可以當選天下第一個糊塗母親。

歷史上寫得明明白白，趙匡胤很聽話，一心培植他弟弟趙匡義，匡義似乎等不及，有逼死匡胤的嫌疑，即所謂「斧聲燭影」一案。匡胤死，賀后看見匡義，哀呼「官家！我母子性命俱在官家之手！」自知不妙。匡義登基後和宰相趙普談論將來傳位的問題，趙普知道這個問題本來用不著討論，居然提出來，可見皇帝動了傳子的念頭，這念頭是不可抑制的，於是說，「先皇已經一誤，陛下不可再誤。」因為這句話，趙普在戲台上賺了個奸白臉。匡義部署傳子，逼死一個姪子，陷害另一個姪子，把有資格繼承王位的人全消滅了。

平劇的情節不是這個樣子。在舞台上，趙匡胤的妻子賀后能夠指著趙匡義開罵，「只罵得賊昏王無言可答，兩旁的文武臣珠淚如麻。」挨了罵的趙匡義走下龍椅，為自己有一番辯解。然後，他給賀后以「太后」的徽號，賜她上方寶劍，由她管理三宮六院。又封趙匡胤的兒子趙德芳為「一勤王，二良王，三忠王，四正王，五德王，六廷王，上殿不參王，下殿不辭王」。賜給趙德芳窪面金鐧一副，可以「上打昏君，下打奸臣，壓定了滿朝文武大小官員」。

趙匡胤孝悌忠信而結局悲慘，太說不過去。京戲《罵殿》予以「重新來過」。趙匡義登基，傳子，無法否定，但細部作業盡可能填海補天。京劇唱詞堆砌稀奇古怪的官銜，渲染荒唐不經的特權，來調理我們的心肝脾肺腎，消積化氣，知足樂天。它反映了中國農民的善良願望，它也是對已往歷史的批判，未來歷史（歷史發展）的規畫。倘若歷史可以修改，可以規畫，——可惜不能！這就顯出戲劇的迷人之處：它可以修改，可以重新排演，甚至可以更換演員。

內戰後期，我在山東巧遇牛老師。中國大陸對外開放後，我尋訪過他的公子。有情的眾生，無盡的後話。

新師表如此如此

學校從皖北遷陝南，有些老師沒來。分校主任易人，「膠東幫」又走了兩位。外國史一直沒人教，這天來了個大胖子，站在台上能擋住半塊黑板。開口先談史觀，「人是能製造工具的動物」，工具改變了，社會也隨著改變。他只講了一堂課，不知他是從哪裡來，也不知他又到何處去。

然後出現了瘦子，皮笑肉不笑的樣子。他說歷史要用革命來推動，「改良主義」一定失敗。誰是改良主義呢？他提出一個名字：孫科！這人也只來了這麼一次。

在陝南請教員似乎很難，隔了很久才又請到一位女士。她總算言之有物，講了些「兩河文化」。可是「驚鴻一瞥」，以後杳無消息。

據說那胖子講的是唯物史觀，瘦子講的是階級鬥爭，那位女士呢，她在黑板上寫簡體字！所以，這三個人，二分校全都不敢領教！

難道這三人是中共的文化幹部？那可真是「聞名不如見面」了。且說那胖子一點親和力也沒有，身體好像還在膨脹，要把你的空間全佔了去。瘦子手足無措，沒個站相，隨時想抓癢、隨時又忍住的樣子，講西洋史講出個孫科來，匪夷所思！

依我猜想，這三位人士大概屬於「左傾幼稚病」之流，嘴上時髦，腹內空虛，游食各地，沒有組織背景。這才一端上來就露了餡兒，一露餡兒就撤下去。

我有時想起，在蒲溪之北，越過重重疊疊的秦嶺，是歷史上興起了十四個朝代、埋葬了七十二個帝王的渭河流域。渭河之北，再越過許多巉巉巇巇的山，就是中共的大本營延安。那裡也有許多許多「立志出鄉關」的男兒女兒，和我們一樣大割大捨、過著千辛萬苦的日子。但是他們別立門戶，庭院深深，實在神祕。

打開一條縫，讓我們窗隙望月的，是這位新來的主任。

新主任常來講課，他沒說這門課叫甚麼名稱，內容多半是批評共產主義。現在猜想，大概教育部規定要加強這方面的思想訓練，他只有自己上陣。

新主任的人緣不怎麼好，學問倒不差，對共產主義、資本主義、三民主義確有研究。講課時中英語並用，我們乘機認識了一些單字，這些字在日常生活裡並無用處，卻至今沒有忘記。有個朋友問過我：「你的英文，打油買醋未必說得清楚，怎麼會認識許多怪字？」

射擊的人要先豎起靶來，批判共產主義要先介紹馬列恩史怎麼說。共產黨主張暴力革命，認為「國家的出現和存在，本身就是一種暴力。」「構成這種權力的，不僅有武裝的人，而且還有物質的附屬物，如監獄和各種強制機關。」我聽了心中大震，「暴力革命」且不管它，人家說出來的可是警句呀！

共產黨處處講「階級」，主任說中國沒有階級，只有「階層」。這個說法嚇人一跳，階級好比樓梯，下面的一層還可以伸出頭來透口氣，階層簡直是水成岩，上面蓋得嚴絲合縫，不見天日。想用階級代替階層，弄巧成拙啊！

既然反對階級，當然反對「階級感情」，他說感情沒有階級，天下父母都愛他們的子女。我聽了莫名其妙，這如何能證明感情沒有階級？富豪和乞丐都愛自己的子女，可是他們同樣愛對方的子女嗎？你老人家走來走去掛著一張包青天的臉，到底能愛我們多少？古人「貴易交，富易妻」。含含糊糊，半藏半露，現在，「階級」！人家多坦白、多透徹啊！

從新主任口中知道，共產黨把革命分成「資產階級的民主主義革命」和「無產階級的社會主義革命」。主任說，這是「兩步革命論」，我們主張把革命一次完成，「畢其功於一役」。我們迷惑：兩步革命？這不是說共產黨也在革命？這不是說我們和中共在做一樣的事？那麼……

共產黨說「歷史是螺旋形上升，波浪式前進」，我們聽了好喜歡。共產黨說「否定之否定，不等於原肯定」，我們聽了……也喜歡。共產黨說「拉攏次要的敵人，打擊主要的敵人；拉攏明天的敵人，打擊今天的敵人。」我們聽了……好刺激！好害怕！好好玩！這些話，若不是他老人家來批判共產主義，我們是聽不到看不見的啊！

我說過，教育的結果，未必和施教的預期吻合。新主任講授的「共產主義批判」引動了許多學生的好奇心。他也許並未撒下種子，他至少耕鬆了土地。一九四八年學校中出現了陝北熱，那些學生互相引述他們的主任說過的話。雖然出於無心，他總算對共產黨有些貢獻。他後來捨陝南、去川北，一九四九年共軍入川，沒有捉到他，卻百般折磨了他的妻子兒女。咳，天知道啊！

新主任請來的各色教員裡面，有一位河北人最受歡迎。姑隱其名，稱他為新老師吧。他很和氣，談吐很客觀，對學生也關心。例如，他有時到學生宿舍走走看看，能記得誰沒有棉被。他雖然不能給你棉被，但是他給了你溫暖。這等事，新主任從來沒有做過。

我從未見過新主任的笑容，他永遠有一副戒備、挑戰的神氣。起初，大家以為他這張臉色是給「膠東幫」看的，新官上任，通常都不苟言笑，跟同仁一律保持距離，以便放三把火，開幾刀。後來膠東大將陸續散去，他的表情還是繃得很緊。他請來的物理教員授課頗能深入淺出，兩個月後突然辭職，我們一再請求他留下來，他感動得流淚。他還是走了，他對我們說他不能再看主任的那張臉，那是殯儀館化妝師的臉。他說，如果他辦學，他想授意某一個教員辭職，他就每天擺出這樣的臉色來。

這就顯出新老師的可貴，他能坐在操場邊上，對圍在他四周的學生談天說地，引得大家前仰後合。我還記得，有一次大家談預兆，他走過來參加，那時日本、德國、義大利以世界的軸心自居，日文報紙簡稱為「日獨伊」。他說，你們看，「日獨伊」就是日本孤獨的剩下他一個，軸心國註定失敗。像這個樣子的「與民同樂」，也是別的教師做不到的。

不僅如此，這位新老師還懂得用偏方治病。那時我們的處境是「樑靠牆，田靠天，病靠命」，因為沒有藥。有一個同學跑進醫務室喊肚子痛，醫官愛莫能助，經不住他的再三懇求，只好說：「我在你肚子上塗一點紅藥水吧。」新老師的辦法多，他教我們用辣椒煮水洗凍瘡，吃生蘿蔔治感冒，韭菜搗爛去淤血，擦明礬末治牙疼。我們在阜陽一直跟疥瘡奮鬥，新教師有個方子：蟾酥、鐵鏽、馬齒莧、明礬加上清油調和，放在瓦片上烘乾，研成粉末，搽在疥瘡上，這個辦法還真有效。醫生的望聞問切最能使一個人覺得他被關懷和看重，而關懷和看重，正是我們非常缺乏的東西。

他很爽朗，因爽朗而對我們說出一個姓甚麼的女人指揮昆明重慶之間的走私，連最有權勢的特務首長戴笠也不能辦她。據他說，某一個我們最尊敬的人，當年以「開小差」的方式離開日本士官學校。他又說，某一個我們最崇拜的人，太太的指甲在他的臉上抓出兩道血痕，因為他有了外遇。還有，他說，多少省主席、多少總司令，都在重慶有個年輕漂亮的姨太太，我們生平不二色的老校長到重慶開會，聽到了一些，也看到了一些，心中非常憤慨，他正準備自己也來一個，以示抗議。

不用說，這些訊息，那時對我們的撞擊有多大了。那時的教育，並沒有準備讓我們承受（或者化解，或者逃避）這種壓力。現在老同學通信，有人告訴我，這位老師當年如何影響了他，使他逐漸「左」轉。真奇怪，人家在黑板上寫簡體字就得另請高就，「他」怎麼能夠穩坐釣船，而且後來還做了訓育主任。

我猜，這位新老師，大概也是來查察青年思想的吧？這種人根深柢固，別人沒法把他拔起來。他有他的指揮系統，校方不便干涉。輕輕的主張一點民主，悄悄的表示一點反動，攪動一池春水，看水底能泛起甚麼樣的沉澱物來，似乎是一種制式的工作技巧。

也許，世上確實有人為了釣魚，先在水裡養魚苗。也許，世上確實有人為了行醫，先在食物上布菌。世上每種專業都有祕訣。可是我說過，種因由你，結果由不得你。一人撒米，千人跟在後面拾米，也未必拾得乾淨。這樣太辛苦、太辛苦了！

孤雁不堪愁裡聽

一九四五年上半年，我們這一群流亡學生的意氣消沉到最低點。誰也沒料到這年八月美國使用原子彈轟炸日本，蘇聯出兵進攻偽滿洲國，日本無條件投降。

這年一月，中英聯軍和中美聯軍在緬甸大獲全勝，打通了由雲南昆明到印度雷多的公路，恢復了西南的國際補給線。三月，美軍攻佔呂宋和琉璜島，蘇聯攻佔華沙和匈京。但是在中國境內，日軍一再發動攻勢，我們也一再顯出戰力薄弱，民眾組訓虛有其表，想把日軍完全逐出國境似乎非常非常困難。

這年一月，日軍打通了粵漢路的南段，把粵漢路和平漢路連接起來，稱為「大陸走廊」。那時美軍計畫在中國東南沿海登陸，中美聯手北進，日軍打通大陸走廊，準備在華南華北進行決戰。日本可能在必要時放棄本土，以中國的東北為根據地，長期抵抗。

來漢陰後，沒有人再為我們解說時事分析世局，只有自己看報。人生憂患自讀報始，報上說，日軍在南太平洋逐島作戰，戰至最後一人、最後一彈，絕不投降，他們在美軍佔領該地幾個月之後，還躲在地洞裡、大樹上、叢林中狙擊美軍軍官。尤其是琉璜島之役，日軍在子彈打光之後端著刺刀衝向美軍陣地，最後防守該島的栗林中將帶著司令部的全體軍官、揮著武士刀衝向美軍的機槍火網。美軍的砲火改變了琉璜島的地形，不能消滅日軍的戰鬥意志。半壁中國等於多少個琉璜島！也許得再打八年！

這年三月，日軍發動豫西會戰，佔南陽，向鎮平、內鄉推進，正是我們入陝的原路。然後日軍取淅川，佔西峽口，企圖沿丹鳳、商縣、藍田、繞過潼關攻略西安。為了策應豫西的戰事，湖北的日軍進攻襄樊，佔領老河口，也許要沿安康、漢陰一線攻取漢中，進窺重慶。這又使我們這個喘息未定的流亡學校頗受威脅。

報上說，國軍早在漢陰一帶修好了陣地，準備有一天用得著。安康，漢陰，石泉，西鄉，城固，漢中，一條陽關大道，可以調兵遣將，兩側山陵連綿，正好居高臨下，控制敵人行動。耳語是一種「兩隻腳的報紙」，據說，只要日軍進了紫荊關，本校馬上遷往甘肅天水。這個消息也給我們無限的愁。

國軍以伏牛山為根據地，堅守潼關、朱陽關、紫荊關和西峽口，並以大軍圍困老河口，日軍在湖北、河南、陝西三省交界的地方左衝右突，未能得逞。國軍反攻，收復失地，穩住了局勢。託前方將士的福，我們總算免了一劫。

豫西戰役使另一所流亡中學倉皇內遷——國立一中。

七七事變發生後，河北的學生分頭逃亡，最後在豫西集中，設校本部於淅川，後來由教育部改為國立，排名第一。他們沒有一個李仙洲，遷校不易，稍一猶豫，已是西峽口淪陷前夕。敵前撤退，有人在夢中驚逃，有人藏在山中再伺機出走，有人病死淪陷區，連小孫子也送給人家。

一中遷移，沿商南、丹鳳、商縣、藍田、而至西安，這些地方皆在敵人作戰計畫之中，由於國軍截堵成功，他們這才安然由西安而寶雞，南下到漢中，再西行到城固設校，做了我們的鄰居。他們沒有李仙洲，但是他們有郝仲青、楊玉如、王國光、吳治民、楊繩武。這些人以精神補物質之不足，以愛心補權力之不足，以想像補現實之不足，帶著二十一個班級絕處逢生。

一中和二十二中不一樣，他們的校長在大操場裡和學生一同吃飯，教師給生病的學生煎藥送水，高年級學生輔導照顧低年級學生，晚會、野營、登山活動多，入山運柴進城運米視為當然。他們師生之間的情誼四十年後猶有人津津樂道。一中能做到，二十二中做不到，因為一中有教育家，教育家有道德使命；也有中共的工作者，這些人有政治使命，這兩種人在一中是「天作之合」。而二十二中，這兩種人都沒有。

二十二中到了漢陰，師生幾乎只剩下課堂裡五十分鐘的緣分，此外可說是陌路，至今我還記得某些老師眼觀鼻、鼻觀心的模樣，對學生從不開眼開顏。學生都窮，而且隨時可能生病，何苦跟這種人建立私人關係？想發財的人必須放棄他的窮親戚，這是中國人的祕密箴言。如果你關懷學生，如果你讓學生撲上身來，如果一群學生在課外還把你圍繞在中心，這對你沒有好處，你既不是為自己，那麼你是為誰？

你也許是為了中共？這種推論，到了台灣還在使用。戰時是危疑猜忌的時期，人活著，最重要的是使人了解你的動機。為了自己的利益，為了老婆孩子的幸福，為了私人恩怨，即使做點壞事別人也理解。若說為國為民，為教育為青年，為正義為公理，即使做好事也有人不放心。二十二中之冷漠疏離，是明哲之士洞明世事自求多福的結果，也是國府有效控制的充分證明。

一中到了城固以後，師生公演京戲籌措經費，阻擋無票的軍人入場，有一個軍官老羞成怒，開槍打死一個學生。這一槍，把唱《盜玉馬》的打成演《棠棣之花》的，把看《三國演義》的打成看「大眾哲學」的，把到西安蘭州升學的打成到延安升學的。如此這般某些權威批評家倒以為自己有先見之明：你看，一中果然有問題！

我們也有問題，有另一種問題！

由重慶傳來的消息教人頹廢。據說，在重慶，「轟炸東京」只是一道菜，「前方將士的血」只是紅葡萄酒，「收復香港」是治療腳氣（腳氣病一名香港腳），「反攻南京」是捉臭蟲（臭蟲一名南京蟲）。抗戰掛在嘴皮子上，到處貼標籤，名不副實。

據說奸商囤積。據說美援的盤尼西林不在傷兵醫院裡，在西藥房裡，每一支盤尼西林值一石白米。據說高官生活奢侈，每星期六晚上都跳舞，舞會中的女子穿長筒絲襪、高跟鞋，侍女托著銀盤子。據說某夫人天天用牛奶洗澡，天天換真絲床單。據說某某人花了十萬銀元跟某某女明星隔著玻璃窗接吻。重慶最有名的人物不是蔣委員長，而是鄧大少爺，孔二小姐，龍三公子，他們的傳奇流傳到英國美國。

牛奶洗澡，隔著玻璃窗接吻，今天一望而知其為謠言，因為無此必要。「反攻南京」可視為戰時幽默，幽默有益，至少無害。重慶是陪都（第二國都），美軍顧問和外交使節雲集，舞會是他們的生活方式，主人待客以禮，也是為了得道多助。可是我們那時沒見過世面，缺少現代知識，政府的宣傳和教育，把超出我們現時生活水準的一切現象看成罪惡，沒有留下彈性。

這些年，看人家記述抗戰往事，都說以上這些消息來自中共的宣傳部門。如果這是事實，中共擁有第一流的宣傳天才，推出來的作品符合一般農民的趣味，能激發他們的想像，農民會偏愛這種傳說，抗拒一切解釋和辯駁。重慶已被渲染成舊約裡的所多瑪城。日軍曾千方百計進攻重慶，也曾正面溯江而上，打到宜昌，也曾側面取道貴州，打到獨山，也曾別出心裁，從緬甸攻入雲南，打算由金沙江順流而下。有個同學憤憤的說：「下一次，由他打到重慶，放一把野火罷！」

愛情，苦悶的象徵？

那時，都說越接近勝利越艱苦，沒說越接近勝利越苦悶；都說越接近黎明越黑暗，沒說越接近黎明越疲倦。「意見領袖」總是這樣，意見只說出一半。

抗戰打到第八年，很多人累了，也急了。大後方的八年比後來在台灣的三十多年難挨，台灣後來有酒家歌廳，電影電視，後來有吃喝玩樂，旅行出國。抗戰時期的後方只有煎熬，沒處轉移，沒法麻醉。有些男人說，誰知道抗戰哪一天勝利？到那一天，也許我早已戰死了，炸死了，得猩紅熱得戰爭傷寒病死了，索性再結個婚吧——雖然在老家有髮妻。女的想，誰知道抗戰到哪一天才勝利呢，也許在勝利之前，我已經被日本兵強姦了，管他呢，嫁給他！這就是出現了千萬「抗戰夫人」的心理背景。

我們那些同學，早慧的，早熟的，也都有了「性的覺醒」。我們可愛的小老弟陳培業告訴我一個生動的故事。他有了愛慕的對象，他倆參加演講比賽，她得第一，他得第二，大家笑他們「天生一對」。他倆參加合唱團，他是男高音，她是女高音，大家笑他們「夫唱婦隨」。這戲謔的言詞好像在背後猛踢一腳，使他身不由己墜入愛河。在歌詠隊裡，發聲之前，他有時全身發抖。從那時起，他常常夢見塔裡的歌聲。

那時，壁報上出現這樣的詩：

在菡萏待放的季節
我離開了第二故鄉
胸懷凌雲壯志
張開了翱翔的翅膀
希望的種子萌芽了
散出芝蘭的幽香
一顆閃亮的心
溫暖著另一個心房

後來知道這首詩是程明光向他所愛的人致意。那時二分校有三文三武，明光是「三文」

之一，前面提到的宋捷軍是三武之一。明光追求某美女前後寫了四十萬字的情書，女方的回報也有二十萬字。

戀愛結婚，都是苦悶的象徵，這一詩一夢，開始了二分校的「厚地高天情不盡，癡男怨女債難酬」。

那時二分校有美男，也有美女。

女生眼中理想的男生應具備三個條件：籃球隊的身材，外交家的口齒，飛行員的氣質，如郭劍青、遲紹春，都常有女生往他手裡塞字條。老郭有菸癮，買菸一次只能買一支，某次他剛走近菸攤，一隻「玉手」搶先替他買了一包駱駝牌。每年春天，女生排隊等著給老遲拆洗毛線背心，後來他覺得還是一位劉小姐打成的毛衣特別溫暖。

那時我不知道女生的心何等細密，她們時時刻刻觀察你，衡量你，在你們中間挑來揀去，比訓導主任比間諜還要用心。平劇社的肇造者潘雪亭同學飾演黃天霸，台下秀潔、台上勇武，一時成為白馬王子。傅綏生唱黑頭，有雄風，卸裝後「照人臉似秦時月」，也是青春偶像。女生並非完全以貌取人，宋釗胖、矮、微黑，但溫良敦厚，讀書用功，語音低沉有磁性，使女生覺得穩妥可靠，也成為另一型愛情戲的主角。

說到美女，于允蘭、王孝敏兩人是眾望所歸，如果今日再選一次，她倆仍然可得全票。

于修長端重，王嬌小活潑；于有古典韻律，王有現代朝氣；于似畏友，王似胞妹。于不苟言笑，但常常主動資助貧病交迫的同學，王對人親切，但是保持恰當的距離。我們那時對女性美的領會以臉部為限，「領如蝤蠐」也曾念過，食而不化，遑論三圍。二十年後從報上看見一個女明星的意見，她說女人最性感部位是小腿，這才大吃一驚。

表演事業能培養審美能力、啟迪性別吸引，古今中外皆然。于建立不朽的形象，是經過歡送知識青年從軍的晚會，那時，她擔綱演出歌舞劇《我愛中華》。于本來不答應，礙於音樂老師楊奇英的大面子，知識青年從軍的大題目，終於登台。于扮演劇中的「母親」，象徵燦爛的文化和壯麗的山河，武幼貞扮演「女兒」，和另外一個男生共同代表炎黃子孫。于除了身段歌喉，那時已知道用眼睛表情。

美女中的第三人可就眾說紛紜。有一位吳國幀同學呼聲甚高，嬌嫩紅豔，天真無猜——年紀最小。還有一個趙珍榮，綽號「八十分」，可以想見多數同學的觀感。至今猶被同學們常常提及的夏幼芬，大方瀟灑，有口才，演講比賽得過亞軍，前程似錦，可惜五十年代死於肺結核。看相算命她實在不像薄命紅顏，也許上帝當初並未打算要她熱量不足、蛋白質缺乏、飲含有寄生蟲的水。上帝不能改變她的環境，只好改變她的命運來遷就現實，我時常想像她沒死，後來長成了甚麼樣子。

眼望著這一波戀愛潮，我遠遠的躲著，沒有捲入。原因不在功名未就，也不在匈奴未滅。戀愛需要勇氣，勇氣需要哲學。我缺少哲學。

不過我並不認為愛情是黑洞洞的陷阱，我看愛情是亮麗短暫的火花。我對生死相許的人同情，有時覺得悲壯。神父以不結婚為高，但他仍然能衷心為新郎新娘祈福，我欣賞這種態度。我喜歡如下一個故事：某某老人，他的職業是每夜晚去點亮公園裡柱子頂端的燈，那時還沒有電。倘若他發現柱旁的長凳上坐著情侶，他就越過那盞燈，讓那地方有一片黑暗，以免驚擾甜蜜的沉醉。

我多次幫助為情所苦的同學。有人想自殺，我陪他徹夜散步，黎明前坐在竹林旁邊沉思，望見幼筍突然冒出地面。竹筍不是躡手躡腳長出來，是奮身跳出來，白白胖胖，像個人參果。我們走進竹林察看，東西南北如有十面埋伏齊出，想那新生代驟然漫山遍野，驚喜交集。

有一位同學，靜聽我長篇大論，面無表情，最後撂下一句：你很會勸人。這句話到底是褒是貶，很難琢磨。我說得出，做不到，常為別人打算，忘了為自己打算。

我常常去看虹，浪費多少光陰。蒲溪虹多，我聯想故鄉的虹，外婆家的虹，不能不看。一座虹橋能讓多遠的人看見？今天出版爆炸，可有一本書專門談虹？虹是織女的梭子織出來的錦繡。虹是橋，連接仙境塵世，仙女可以走下來，人不能走上去。我們只看見側面的虹，可有人見過正面的虹？為甚麼不能？我猜，虹腳指地，地下埋著珠寶。我猜，虹下有村，村中誕生偉人，虹是他的光環。虹是美，虹是謎，虹是誘惑，虹也是當頭棒喝。登山者走入虹中，迎面有巨人，蟒袍玉帶，青面獠牙。

以後許多年，我夢中有虹，彩色的虹。誰說夢境只能是黑白照片？夢中，我牽著虹，舉起虹，擁抱虹。八十年代，人垂垂老，一切的夢都遙遠，我由紐約去舊金山，噴射機追趕落日，忽然，虹進入機艙，忽然，虹撲入懷抱，忽然，虹在我指縫間游走。當然，緊接著，虹消失了。

千里萬里，愛情的網羅裡

流亡學生失戀發瘋，張三李四，這裡那裡都有。叨天之幸，國立第二十二中學，悲劇的情節輕微，像徐秉文，已經算是最嚴重的了。

他是我的同班好友。他說，他反覆作夢，夢見走在又泥濘又崎嶇的山路上，手裡捧著一缸金魚。玻璃缸很薄，很脆，像肥皂泡，金魚紅過一山野花，而他的腳步如醉舞。金魚缸美麗易碎，一碎即不可收拾，辛苦艱難，每次醒來都一身大汗，筋骨痠痛。

秉文在戀愛。我不知道他的意中人是誰，只聽說她在宿舍窗下種花。我不知道他們進展如何，只知道秉文相信心電感應，一個男子思念一個女子，想到心靈枯竭，想到精誠所至，即使水遠山長，她一定會知道，也會感動。我不知道秉文的痛有多深，只聽他說「追求，會自卑；放棄，會自傷」。我也不知道她的模樣，有人說，漂亮，可是千萬別讓人看見鼻孔。

秉文是一天天萎靡，看樣子，他有一天會枯乾。我想有三種狀況可以救他：學校恢復阜陽時代的朝氣，或者伊人來床邊俯身一吻，或者抗戰勝利。三者都不可知，不可能，只剩下我的空話。戀愛要有行動，可是秉文怕羞。我對他說，趙匡胤千里送京娘，赤腳趕路，腳掌被利石割破，得了破傷風，死了，他始終沒告訴京娘，京娘根本不知道他的死因。

咳，你真不知道你種的因會結甚麼果。秉文聽了我的話，寫下這麼一首詩：

這一筆寫下去
心血就交給了誰
墨水變血
染了滿地鳳尾
我也像一座燈塔
幾番雨雨風風
日日夜夜
守望我們的愛情

詩送出去，又退回來，對方十分粗暴的改了幾個字，變成：

這一筆寫下去
心血就交給了狗
墨水變屎
染了一身花柳
你像一座燈塔
幾番雨雨風風
日日夜夜
守望別人的愛情

不得了，詩是落在情敵的手裡了。秉文頓時身輕似燕，命薄如紙。我想人在此時需要宗教。我忽然覺得基督教無能為力。我想起在阜陽聽到的說法：一個人，若是拚命愛一個女子，而那個女子不愛他，等到來生，那女子要做他的女兒。我把這段話轉述給他聽。咳，你真不知道你種的因會結出甚麼樣的果，秉文若有所悟，他說：「我離開這裡，轉學到國立六中，等候來生吧。」

故事的結尾是另一種風格。

秉文轉學入川，要經過漢中、廣元、劍門、江油，走「難於上青天」的蜀道，必須有一點路費。那時我們已是「最高年級」，遇事能拿出自己的主張，並且出現了領導人物，叫曹湘源。湘源身材細長，露筋露骨，但能打能鬥，是二分校的「三武」之一。

湘源消息靈通，他說秉文在學期中間離校，教育部要到暑假才刪去他這個名字，也就是說，秉文走後，學校仍然可以領到他的這一份公費，直到學期終了。「秉文，向他們要這筆錢。」

秉文央我替他寫報告。我父親辦理公文的經驗很豐富，我常常旁聽，大致懂得起承轉合。我和秉文彼此「同是天涯」，將心比心，措詞也很懇切。湘源主張直截了當的說破財源，使新主任無法拒絕，我則認為每個學期都有人請假、轉學、甚至死亡，這筆公費餘額是校方的「不名譽收入」，公開說出來太難為情，秉文要錢，他們心裡應該有數，最好彼此心照不宣。我特別在報告結尾外寫上「級任導師黃轉呈主任張」，由黃自安老師從中美言。

黃自安老師是魯西人，個子矮，大臉盤，算是「生有異相」，性格是標準的山東漢，耿直熱情。秉文的報告批下來，他大叫「豈有此理」，因為批語是「向無此例，礙難照准」。這個糊塗主任不但沒找秉文談談，反而對黃老師說，秉文有手淫的惡習，當務之急是戒除，並非轉學。湘源聽了立即爆發，提起拳頭要揍人。

我知道辦公文有一道手續叫「申覆」，即再度說明理由，就拖住湘源，從長計議。我替秉文寫第二份報告，這一次我把心一橫，指明要秉文名下的剩餘公費。黃老師看了，慷慨代轉，毫無難色，並且在報告後面簽註意見，力主「酌予濟助」。我們自鳴得意，認為新主任無法搪塞，湘源用象棋術語說：「這一次，將死他！」

我們當然不是新主任的對手，看他怎麼批示：「……公款公用，不得徇私。但本人愛護學生，豈可後人，因此……」他發起教職員大家捐錢助秉文上路，自己先寫下兩百塊錢。黃老師一看，也只有跟著捐兩百元。文件回到秉文手上，已有十個人簽過名，我們面面相覷，慚愧連累了眾人。那時法幣雖然貶值，兩百元仍然是個數目，因為大家待遇低。新主任回馬一槍，不但使出頭的黃老師破財，也可能使所有的同仁怪他多事，至於新主任自己認捐的那一筆，事務處自然設法出帳，不會扣他的薪水。這就叫「薑是老的辣」。

秉文動身，我們「童子六七人」送了一程，在長滿菖蒲的溪水旁灑淚而別，那時我們還不會握手。返身回校，冥冥中如見新主任那張「棺材蓋」也似的臉浮在空中。

後來知道，秉文入川並不順利。蜀道難，他又體弱，有一輛軍用大卡車停下來，要他上車。那時沒有客運，軍車常常私載百姓，按里程收費，稱他們為「黃魚」。秉文說，我是流亡學生，沒有錢。司機說，沒有關係，我同情你，幫你一個忙。

秉文信以為真，誰知入川以後，司機逼他把錢拿出來，五六個司機圍住他，簡直就是硬搶。他未到六中，已是一文不名。

不止此也，他進了六中，仍然不能專心讀書，功課常常不及格，高中難以畢業，又拖著衰弱的身體離開學校。

秉文的失敗也是我們的失敗，令人非常難過。看來秉文也有甚麼憂鬱症，我和他氣味相投，其實是同病相憐。他的病情比我嚴重，我還有文學和宗教可以排遣，他完全沒有。

我在二〇〇一年修改本書，懷念秉文，不禁要說，秉文受的苦並不是「她」給的，是時代給的。今天，至少台灣香港，沒有誰再為愛情那樣痛苦，愛情是抽象名詞，年輕人對抽象名詞不再認真。人間事有它的遊戲規則，戀愛也是一局遊戲，今天，他們中間大概難再產生羅蜜歐或少年維特，也不會產生徐秉文。

我想，當年還有一個祕方，可以治秉文的病，就是加入中共的地下黨。秉文喪失了人生觀，中共可以給他一個新的；秉文讓一個女孩的背影塞住生命的通道，中共可以替他挪開；秉文覺得天下無事可為，其實天下還有他從未見過、從未想過的事，中共會向他展示，幫助他學習。

然後，浴血內戰，生死恩仇，還有甚麼鬱結不能一洩而盡？

國立第六中學有中共的祕密組織，曹湘源轉學到六中，生命也大轉彎，秉文何以沒有機遇？當然，中華人民共和國建國前後，發生九九八十一難，曹是能人，曲曲折折逆流而上，秉文，可就難說了！

打日本，我過足癮了

五叔年輕時說，他的志願是在戰場上跟侵入中國的日軍廝殺，結果，他參加了許多重要的戰役，尤其是中國軍隊在滇西緬北跟日軍作戰。

為五叔，我勤讀戰史。第一次入緬戰事失利，國軍一部分退入雲南，一部分退入印度，於是有了「中國駐印遠征軍」。日軍不但佔領緬甸，還攻入雲南，在騰衝、龍陵、松山一帶建立陣地，和國軍隔著怒江對峙。那時打的是世界大戰，緬甸屬於印緬戰區，雲南屬於中國戰區，由印度的雷多到雲南的昆明，有一條公路橫貫緬甸北部，把兩個戰區連接起來，盟國以作戰物資援助中國，這條公路是陸上惟一的補給線。緬甸淪陷，中國太痛苦、太痛苦了。

盟軍在卡薩布蘭卡開參謀會議，決定印緬戰區和中國戰區同時反攻，打通中印公路。一九四三年十二月底，中國駐印遠征軍東進。一九四四年春，國軍以第十一集團軍為左翼渡怒江西進，五月，以第二十集團軍為右翼繼之。五叔率領的山砲營此時配屬預備第二師

（師長顧葆裕），在騰衝以北怒江西岸牽制敵人。五月，預二師編入第二十集團軍序列，由五十四軍指揮（軍長方天），參加騰衝之役。十一月，編入第十一集團軍序列，由第六軍指揮（軍長史宏烈）參加龍陵之役，並進入緬甸，在克復芒市、畹町時著有戰績。

在滇西打仗好艱難。滇西多山，橫斷山系自西康南下，「峰巒錯綜，道路稀少」，兩峰相望，由這個山頭下來，攻上對面的山頭，動輒幾十華里。在如此險要的地方，國軍翻山越嶺攻下敵人的陣地。兩山之間，必有大河，怒江一瀉千里，流速每秒鐘五公尺，對岸的高黎貢山由日軍據守，國軍在江岸排開千隻木船，奮勇強渡，把近岸的敵軍趕上高山。高黎貢山南北一百七十英里，路高一萬英尺，山下氣候炎熱，山上冰雪交加，「一山分四季，十里不同天」，人跡罕到之處，鳥獸到，鳥獸罕到之處，戰爭到。國軍把日軍的陣地一一攻克，迫使日軍退回騰衝。

騰衝高山環繞，城牆兩丈多高，牆外有護城河，日軍盤踞兩年，精心修築工事，知道自己勝不了，沒打算逃，也沒打算降。國軍以六個師強攻，預二師在內，陣亡八千六百七十一人，傷一萬多人，將騰衝收復。來鳳山和飛鳳山是城外最重要的據點，由預二師攻佔，切斷了城裡城外的補給線，戰史用字何等簡鍊！寫下一句「預二師作戰極為艱苦」，骨山血海，如在目前。九月，城破，敵方守軍兩千六百人只剩下十個活口。

這年十月，預二師歸還建制，由十一集團軍第六軍指揮。十一月，十一集團軍攻克松山，此役經九次激戰，最後挖坑道用三千公斤黃色炸藥把敵人的主陣地夷平。日軍的確戰至最後一人，而且是一手一眼的人。戰後數十年，每當陰雲四合，山風怒號，附近的居民還聽見遍山殺聲。

十一月，國軍收復龍陵、芒市、畹町，預二師在大黑山、牛角山、金瓜山作戰，戰史稱為「苦戰」。畹町之敵，向緬境退卻，國軍乘勝追擊，預二師攻核心山、黑山門。由畹町指向芒友，預二師戰於馬鞍山。一九四五年一月廿七日，西來的駐印遠征軍和東進南下的國軍在芒友會師，第二天，中美在畹町會師，中印公路完全打通。

滇西緬北之戰，前後兩年，光耀史策，揚名世界。五叔從未誇耀過他的戰績，只對他的朋友說過一句話：「打日本，我算是過足癮了。」

五叔打日本有癮，今天需要解釋一下。當年的日本不是今天的日本，一心「要征服世界，必先征服中國；要征服中國，必先征服滿蒙」。蠶食鯨吞，一步比一步緊。民國四年，日本提出二十一條件，蓄意滅亡中國，五叔七歲。民國十七年，日本在山東製造五三慘案，殘殺我同胞萬人，「剮死」我外交部特派員蔡公時，五叔二十歲。民國二十年，九一八事變、日軍進佔東北，五叔二十三歲。次年日本強襲上海，砲擊南京，是為一二八事變，五叔二十四歲。青年在這般連續的強烈的刺激下成長，又有誰能心平氣和？

日本把中國青年逼成俾斯麥的信徒，「我有血，請給我鐵」。各大城市裡，青年不斷罷課，遊行，演說，請願，要求政府對日作戰。學生臥軌、絕食等待政府答覆。政府阻止北方的學生南下請願，火車司機都藏起來，交通大學的學生自己做駕駛。那時各大學教授聯合發表宣言，主張立即抵禦外侮，連國民黨在學術界的重要骨幹都簽了名，不簽名，那是自絕於同仁，就算是為黨工作吧，也得能夠在原來的圈子裡維持溝通。

謀國者的想法看法和年輕小夥子不同。中國太弱，日本太強，倘若現在對日宣戰，三個月可以亡國，這句話裡的「三個月」後來被人家改成「三日」，稱為「三日亡華論」。中國需要練兵，需要生產建設，還需要「剿共」，「安內而後攘外」。那時的共產黨和現在的共產黨不同，那時他們聽第三國際指揮，奉蘇聯為無產階級的祖國，依照俄共的方法重組社會，另立價值標準，改變生活方式，他們在中國成立的政權也叫蘇維埃。這就和奉儒家思想為正統的國民黨極不相容。

可是中共主張抗日。紅軍人數雖少，有戰鬥力，很多人寄以厚望。「兄弟鬩於牆，外禦其侮」，大家聽得進。章太炎說：「只要能把日本鬼子趕出去，我們情願赤化。」中國歷史上「殺人放火受招安」的故事無數，有人相信中共能在抗戰的旗幟下修成正果，放棄那一套清算鬥爭。中央政府所受的壓力天天加重，到民國二十五年出現了西安事變。

民國二十一年，一九三二，五叔二十四歲。這年年底馮玉祥在張家口策動抗日，通電激烈，眾望所歸，他的老部下吉鴻昌組軍出戰。馮氏部下有多員猛將，分前五虎、中五虎、後五虎，吉鴻昌是五虎之一，與張自忠、馮治安、趙登禹、鄭大章齊名。五叔投奔吉鴻昌帳下，吉部在察哈爾先戰沽源，後攻多倫，頗有戰果。但吉鴻昌的鳴聲與中央的製譜不合，政略戰略攪亂了，而且吉氏已祕密參加共黨，動機複雜。中央派大軍包圍吉部，將吉氏逮捕。

五叔，這二十四歲的青年想到，打日本不能憑血氣之勇，個人要有戰鬥技術，部隊要有訓練裝備，於是到南京去考中央軍校，進了砲科第十一期。畢業後參加武漢會戰，長沙會戰，多次立功受獎，一九四二年調雲南，升至山砲營長。

山砲是一種輕便的小砲，配合步兵山地使用。戰史記載，緬甸之戰，靠砲兵補空軍之不足，砲彈的消耗超出其他戰役。據戰史，在滇西緬北的戰場上，砲兵射擊十分準確，彈落如「插秧掘土」，有時敵我對決，相距只有幾十公尺，砲彈也不會落到自己人腳前。因此日軍在步戰時吃了大虧，在我軍陣地前移動也非常困難。

五叔先後配屬第五軍，第六軍，第二軍，正面攻堅，迂迴包抄，從來沒有機會做防守軍或預備隊。抗戰時期國軍擴充，原有的部隊番號之外，有暫編師，新編師，預備師，這些部隊的編制和任務都和原有的「正規軍」相同，五叔所屬的「預備第二師」，孫立人指揮的「新編第三十八師」，都是如此。五叔從不誇耀戰功，只是淡淡的說過一句：「打日本，我算是過足癮了。」

由一九四三年冬天起，我就接不到五叔的信，他在雲南作戰，沒功夫。遠在天邊的事，當地報紙篇幅小，我沒注意新聞。

五月，滇西戰爭發生，報上應該有，可是這時我夾在淮上戰爭和中原會戰的中間，夜間像游擊隊，白天像難民，閱報欄沒人張貼報紙，自己也沒心情。

然後西遷，一路上與世隔絕。十月到漢陰，才知道騰衝、龍陵激戰，字裡行間張望，不見五叔，只見硝煙。一九四五年一月，滇西之戰結束，三月，緬北之戰結束，五叔仍無消息，我寫掛號信寄到雲南呈貢羊洛堡問儲開甲先生，他是五叔的朋友，沒有回音。一九四五是抗戰勝利年，也是我們心情最苦悶的一年，遇事容易往壞處設想，把朝曦看成晚霞，我擔憂五叔也許真的裹在馬革裡了，經常失眠。

戰役結束，軍隊番號和將軍的姓名從報紙的要聞版隱沒，新話題是搶修中印公路。第二次緬戰是由中國駐印遠征軍「東征」開始，一路旗開得勝，修路的工程隊緊跟在部隊後面，工人二十四小時輪班工作，打通一段修一段，把彈痕累累、血跡未乾的舊路翻修成新路。這條路有時穿過原始山林，有時跨越一道又一道河谷，有時洪水豪雨肆虐，把快要完工的路基完全破壞了。英國的邱吉爾認為這條全長一千八百二十五英里、越過十三座大山的公路不可能修成，可是在戰役結束之時它也隨即通車了。

這條路通稱中印公路，又叫滇緬路。它以印度的雷多鎮為起點，所以也叫雷多公路。可是通車之日，國民政府蔣主席給它取了個名字，叫史迪威公路！史迪威是美國馬歇爾元帥的愛將，美國羅斯福總統培植他，推薦他做中國戰區的參謀長，這人個性固執，態度傲慢，和中國政府不能合作。他指揮第一次入緬之戰，把中國軍隊當印第安人，在戰局逆轉時脫離軍隊逃往印度，棄大軍如敝屣。這個人對中印公路並無尺寸之功！五叔如果健在，不知對這個名字作何感想！

史迪威頭腦不清楚，可是美國政府支持他，中國看在美援份上，只有隱忍遷就。史迪威不懂政治藝術，不知察看火候、拿捏分寸，有一天弊大於利，中國只好請他走路。這就得罪了羅斯福和馬歇爾。最後把中印公路叫做史迪威公路，是東方式的統馭術，「先打一巴掌，再朝嘴裡塞一顆甜棗。」美國不懂個中奧妙，羅斯福、馬歇爾並未由此改變對國民政府的成見。五叔有知，他作何感想！

可是五叔健在！五叔都知道！八月，日本投降，抗戰勝利，我首先想到五叔，他老人家忽然來了信。他老人家活到一九八四年才在雲南省南華縣去世，那些年，想不通猜不透消化不了的事情更多了。據說，他老人家的絕筆遺墨是：「恨不抗日死，留作今日羞。」正是吉鴻昌被國府處死前留下的句子。

我想過，他老人家能來台灣有多好！現在知道得多了，想得也多了，台灣清查人的歷史問題，也是上窮碧落下黃泉，他和吉鴻昌的那一段如何能交代清楚？豈不後患無窮？唉，五叔這人，由於一心一意打日本，到頭來竟是中國之大沒有容身之地了！

我和五叔，以後還有千言萬語，其中多是酸甜苦辣，並無悲歡離合。

總得讓我想一想

蒲溪的生活清靜鬆散，我們開始有自己的思想。

起初，只有「不成文的想法」，腦子裡意識到，不能有系統的說出來。等到一年一年長大，終於形成「成文的想法」。

那時國民黨一黨專政，標榜「開明專制」。開明專制的意思是，我專制，可是我專做好事，專心專力為國家造福。歷來成大功立大業，要有卓越的領袖和堅強嚴密的團體，那遊方和尚、行吟詩人，既不能令又不受命的名士，不能創建公共勳業。中國人救亡圖存心切，想試一試這一條看來急功近利的捷徑。

可是我們看見專制，也看見腐敗。

那時兵役是專制的，也是腐敗的。蔣委員長剛剛下令槍決了姓程的兵役署長（考其時應為一九四五年七月）。我在公路旁看團管區押送壯丁，他們用繩子把壯丁一個一個捆起來，連成一串，路上同時大便，同時小便，當然也同時睡覺，同時起床。當然吃不飽，所以從來沒見過有人這麼瘦，當然不盥洗，所以從來沒見過有人這麼髒。誰生了病當然也沒有醫藥，一旦輕病拖成重病，只有就地活埋。那天適逢其會，我發現他們正在幹這個勾當。

我大吃一驚，急忙跑回學校，大喊大叫，不能控制自己，驚動了「學生領袖」曹湘源。湘源呼嘯一聲，立時有三十多人相從，大家把帶隊押運的軍官痛毆一頓，把奄奄一息的「壯丁」從坑洞裡抬出來，救回校內。

我寫《山裡山外》的時候使用過這個情節，此處不必細表，現在要說的是，這一下子觸怒了團管區，他們派出軍隊，對準學校大門架好一挺機槍。來者不善，他們打算「抓」走一些學生，當作壯丁押送出去。我們的學校是普通中學，老校長李仙洲為了各分校辦事方便，給每一位分校主任弄了個「上校參議」的名義。那一套軍服平時就掛在我們分校主任的辦公室裡。新來的主任雖是文人，倒也見過武場，他立即披掛整齊，不慌不忙的走出大門。軍隊是個「人要衣裝」的地方，團管區的帶隊官看見出來了一個長官，十分意外，只好近前敬禮。我們的主任也就毫不客氣的把他訓斥一番。主任攻心有術，抬出老校長壓他，又舉出那名正典刑的兵役署長來嚇他，他果然恭恭敬敬的收兵。

新主任處置有方，果然老辣，可是那個押送壯丁的中尉也有才幹，他率領班長一人、槍兵五人、執行任務，當我們一擁而上朝著他拳打腳踢時，他命令部下原地不動，他的部下也就肅立一旁，聽任事態發展。他本人直挺挺的站好，既不招架，也不躲避，任憑我們扯破了他的軍服，在他臉上弄出紫色的瘀血和許多細碎的傷口。他的苦肉計效果極好，警備司令部認為他上了十字架，對他同情，不但活埋壯丁一事免予究問，還來了一紙公文對我們學校加以斥責。

三十五年後，我寫《山裡山外》寫到這一段，巧逢台灣高雄發生「美麗島事件」，示威的群眾攻擊警察，徒手的警察「打不還手，罵不還口」，將示威運動的領袖們置於理屈辭窮之境，幾乎是我們「救壯丁」那一幕重演。我惟恐人家說我抄襲時事，只好略去這一段情節。這件事是我們的親身見聞，對我們的思想有很大的影響，當初不得不刪，現在不得不補。我想那中尉是個受過嚴格訓練的優秀軍官，只可惜擔任了這份窩囊的差使。

參與抗戰生活的人都說那時很苦，都說自己吃的苦比別人多，除非他極不懂事，才會誇耀自己在戰時活得多舒服。抗戰真是了不起，一度改變了中國人諱貧誇富的習慣。

「苦」代表奉獻，所以「以苦為榮」。但是，拿苦當歌來唱還是淺薄，因別人吃苦而滿足未免下流。故意製造別人的痛苦則是殘忍。

壯丁為甚麼要吃這種苦？這個樣子的吃苦對國家民族有甚麼貢獻？那時所謂「壯丁營」

只是在地上鋪一層薄薄的柴草——陳舊的柴草，碎斷的柴草，發出臭氣的柴草，視察人員在鋪草上走了幾步，就兩腿爬滿了虱子跳蚤。日本飛機來了，押送壯丁的官兵急忙把壯丁鎖在屋子裡，自己跑出去「躲警報」，結果壯丁全被炸死了。還有，有一個新兵不堪虐待，看見地上有一堆砂，就一把一把往嘴裡塞，吞砂自殺了。抗戰何嘗需要他們吃這種苦？我們為甚麼不能懷疑，不能批評，不能拒絕？

要一個人絕對服從、完全忘我，有一個重要的條件：領導者居心完全純潔、行事完全準確，他本人確已以身作則、徹底奉獻給大家共同服膺的抽象理念。基督教的對象是神，問題較少，至於人，世上哪有「居心完全純潔、行事完全準確」的政治人物？上帝並未創造這樣的人類，群眾若以此期待領袖，乃是逆天行事。事實是，人民的忠誠度越高，執政的人在下達命令的時候越容易掉以輕心、草率從事，統治者個人的權力越大，他的左右親信越容易透過服從的方式竊權自肥。所以要求「絕對服從」，政府與人民可以慮始，難與樂成，聰明人陽奉陰違，純潔的人就憤世嫉俗了。

服從！服從！代價何其沉重！抗戰救國要每個人付代價，付很大的代價，可惜由於專制，可以任意揮霍，不肯精打細算。有多少人，「抗戰」不需要他們死，他們死了，不需要他們殘，他們殘了，不需要他們破家，他們赤貧了。除了敵人的殘忍，這裡面還有我們自己的殘忍。為了抗戰應該人人吃苦，於是不再關懷別人的苦，甚至安心製造別人的苦。所以，我說過，「抗戰！抗戰！你是我們的驕傲，也是我們的隱痛。」

「絕對服從」的理論終於破產，在二十二中，因西遷而破產，在全國，因勝利接收而破產。奉行最徹底的人幻滅最大，他們恨長官訓示，恨報紙社論，恨小說詩歌，認為一生受他們欺騙，黨政文宣好像都是問心有愧的職業。

可是，危急存亡之秋，你不說服從又說甚麼呢？急診室裡當然相信醫生，房子起火當然依賴消防隊。我們戰時的奉獻，也許不必說是受到欺騙，無妨說它是同意透支，「絕對服從」是一張緊急提款證明。戰爭太大太久，透支太多太濫，政府無法善後，只有等人民大眾遺忘。遺忘需要時間，任何國家在大戰以後都該「休養生息、與民更始」，所謂休養生息，就是留出時間產生遺忘，所謂與民更始，就是雙方回到未透支不欠債的關係。

要多少時間才遺忘呢，大概三十年罷。三十年為一世，這一世人死亡或是得了老年癡呆症，國家社會對他的種種虧欠沒有人知道，或者雖然知道認為事不干己，你就可以順順當當對下一世人透支。所以國家在三十年內不可有兩次戰爭，國民黨的悲哀，就在八年抗戰之後、接著又打三年內戰，前債既未忘記，由幹部到群眾都不讓你再透支下去，當然要捉襟見肘，終於破產。

抗戰八年，國民黨只有一件事誠實無欺：十二萬知識青年的從軍和復員。政府每一句諾言都兌現了，戰後還增加了項目：本來只有就業，增加了輔導創業；本來只有就學，增加了派出國外深造。後來國防部辦理第二期知識青年從軍，宣傳資料上說，一切條件和第一期相同，蓄意透支第一期知識青年從軍存入的資本，再欠新債。所以，政府從未用第二期知識青年從軍做宣傳。

抗戰勝利，別有一番滋味

秉文走後，我思來想去。誣賴秉文手淫太惡毒了，說他應該振作倒沒有錯。我把秉文當作我自己檢討一番。

我思索離家的初衷，想起私塾老師怎樣講解「困而學之」和「勉強而行之」。生活裡盡是「喜歡做、但是不應該做的事情」，和「不喜歡做、但是應該做的事情」。沒奈何，教育，訓練，強迫你選邊站，站在不喜歡的一邊，久而久之，勉強成自然。

我想起當年同窗的那班蒙童，他們何嘗願意讀書，老師的辦法是強迫他們大聲朗誦，默讀可以裝假偷懶，心不在焉，朗誦則不能。聲音把雜念摒除了，課本的內容強制灌進耳朵裡，只要聲音不斷，你就沒法不學。

後山處處有竹林，我鑽進去大聲念書，不但國文英文要念，連數學物理學也念。竹林裡清靜涼爽，也很乾淨。用絕望的聲音念，用無可奈何的聲音念，念到口乾舌苦。後來就念得圓溜，泛出一絲甜味，念到頭腦清涼，念出意義，再念出樂趣。讀書也像存錢一樣，存錢不易，起初，辛辛苦苦存一丁點兒錢，好像得不償失，只要存存存，存到相當的數目，快樂就悄悄的分泌出來，自此以後，存入一文錢的意義、等於全部儲蓄的意義。

沒人關心我在幹甚麼，我也不邀任何人作伴，讀書也像存錢，最好悄悄的幹。有一次，念著念著，忽然一顆腦袋伸進來，他是本鎮的農夫，也許以為我瘋狂了。他退出竹林時，我跟著鑽出竹林看他，他趕一頭牛往上走，奇怪，他的牛會爬坡。是了，蒲溪是山地，需要能爬坡的牛，適者生存嘛！要把這句話告訴秉文才好。

學生總要讀書，總要把書讀進去才活得實在，總要書讀得好才活得有精神，書中自有興奮劑，書中也自有忘憂草。有一天，正讀到忘我，大雨忽然劈頭澆下來，想趕快跑回宿舍，宿舍又那麼遠，索性把衣服全脫了，伸展四肢，仰臉向天。我們都有一個書包，它本是步兵的乾糧袋，防水，不怕打濕筆記本。這肉身就由他淋個夠，撫摩的感覺，解剖的感覺，獻祭的感覺。再無隱私，再無顧惜，此身若不化為流液，就還我一個大丈夫。那冷冷的瀑，使我恍如初洗的嬰兒。

那場雨好像是個洗禮，把我還原成一個學生，功課天天進步，心情也開朗許多。我嚮往設在四川綿陽的國立六中，雖然是中學，卻有大學的風味。好好讀書吧，我計畫轉學。

可是，就在此時，霹靂一聲，日本投降了。

八月六日，盟軍以第一顆原子彈轟炸日本的廣島，七萬人當場死亡，十三萬人陸續死亡，以後年年有人因後遺症不治而死。二〇〇五年（戰後六十年）這一年還有許多後死者。

八月九日，盟軍以第二顆原子彈轟炸日本的長崎，七萬人當場死亡。也就在這一天，蘇聯對日宣戰，進兵攻入中國的東北和韓國北部。

八月十日，日本公開求降。

談起日本投降，走過抗戰的人無不眉飛色舞。我們這批流亡學生，也曾砍下竹竿，灌滿桐油，製成火炬，編成遊行的火龍，喊著口號，敲著鑼鼓。蒲溪太小，我們漫山遍野的走，走到破曉。然而一夕興奮激昂，衝不開日後四合的陰霾。

我們也參加了蒲溪鎮舉辦的慶祝大會，一位鄉紳站在萬年戲台上呼喊：抗戰勝利了！政府不要老百姓納糧了！

安康出版的《興安日報》成了搶手貨。現在，校友郭令吾有〈陝南生活日記摘抄〉一文發表，抗戰勝利那年，他是澗池鋪校本部高六級的學生。安康離澗池鋪九十華里，《興安日報》郵寄到達時，天已昏黑，他們每天晚上在郵局門口等候，報紙到手，立即飛奔回校。眾同學圍繞下，一人掌起昏黃的油燈，一人朗誦新聞，大夥兒一面聽、一面大喊小叫。

說〉。作者是安康人，他聲明手頭沒有任何與原子彈有關的材料，僅根據物理學知識推斷。這是一篇及時而來的好文章。

《興安日報》報導了盟軍投下第二顆原子彈之後，刊出一篇大約三千字的〈原子彈臆

我們那時的教科書還在說「原子」是物質最小最基本的單位，讀〈臆說〉，才知道原子由電子、中子、質子組成，因此原子可以分裂。原子分裂時產生極大的能量，可以用於建設也可以用於破壞。所謂原子彈，來歷大概如此。

事後證明他沒說錯。《興安日報》能在倉促之間「拉」到這篇文章，顯見編輯部的人很努力。多年來，我一直想像〈臆說〉的作者是何等樣人。他大概是「出外讀書、回家隱居」一流人物，像荊石老師或我的父親。

興奮是短暫的。

日本雖然投降，蘇聯軍隊在中國東北的攻勢並未停頓，直到佔領東北全境，連非軍事區也沒放過。他把日本的七十萬關東軍俘虜了，把無可計數的物資接收了，把各大城的工業機械拆走了。不僅此也，蘇軍的紀律簡直比日軍更壞，到處強姦婦女，搶老百姓的東西。那時社會主義國家的道德威望很高，蘇軍無情的拆穿了這個神話。東北淪陷十四年，東北人現在是戰勝國的國民，還要受這番糟蹋，令人十分悲憤。

八月十一日，解放軍的朱德總司令在延安連下七道命令，從各地調集人馬，分派任務。他要接收東北，他要控制華北各省的鐵路，阻止國軍接收，他要在華北各地接受日軍投降，把日軍撤走以後的地區畫為解放區。

國府這一邊，蔣介石主席命令共軍原地待命，嚴令日軍只能向國軍投降，調兵遣將，向淪陷區挺進。

國共雙方展現這般全面的、公開的軍事對抗，看樣子要拚命，我站在閱報欄前心跳頭暈。我家本是淪陷區，不久勢將成為戰場，父親，一個鬢髮蒼蒼的書生，母親，一個裹了小腳的主婦，弟弟妹妹，兩個弱小兒童，他們的生活基礎已經被刀兵摧毀，怎能再面臨一場戰爭。

我是家庭安放在棋盤空曠之處的一枚棋子，可是天蒼蒼，野茫茫，我仍是孤零零一枚棋子，沒有機會也沒有能力和他們連成一氣。

何況我橫跨四省，眼見百姓必須休養生息。蒲溪鎮的鄉紳吶喊：抗戰勝利了！政府不要老百姓納糧了！這句話別人聽不懂，我聽得懂，戰時負擔太重了！太重了！他們祈求和平。

我又被擊潰了！失眠，內鄉症候群加重，在幻想中與許多人為敵，功課成績急速下滑。那個主任，他喜歡猜想學生手淫，大概正用同樣的眼光看我。

突然，有一個人，從我的家鄉來到蒲溪。

這個人，我在家鄉見過他，他是個傳教士。我在安徽見到他，他是個少校。現在，我在陝西，他從山東來，經過我的老家，是個商人。

他莫非看出來我餓，一見面就帶我到蒲溪鎮上去吃包子。在這個小鎮上，王老頭的包子鋪是個名店，他高高的個子長長的臉，人瘦，可是氣質敦厚。每天破曉時分，我們躺在床上遠遠聽見他用擀麵棍敲打他的擀麵板，聲音清脆得像一種樂器，聽得我們失魂落魄。

我一面吃包子，一面聽這位家鄉來的人講話。我說過，我不能寫出他的名字。陝南人喜歡吃豬肉，尤其喜歡肥肉，一口包子咬下去，左右嘴角流油。

王老頭的包子真香。

「令尊託我帶口信來，教你不要回家。」

我停下來望他，包子在食道裡卡住。

「令尊本來要寫信。一路上情況複雜，白紙黑字有顧忌，只能口傳。他教你別回家，這句話對我說過三次。」

這是個大問題，得好好的想一想。現在先吃包子，吃飽了再想。

他不吃，把他面前的一碟包子推給我。我大口吞嚥，希望趕快吃完了，離開這裡，去反覆思索父親的那句話。

兩盤包子一個也沒剩下，可是好像都堆積在食道裡。我們來到鎮外的那條小河，他說了許多話。多少年來，我反覆咀嚼他的話，至今還記得他是怎麼說的。

他說，魯南十四縣，除了津浦路上四個據點，其餘的地方都解放了，包括臨沂、嶧縣和蘭陵。

他說，山東的局勢是中日對抗、國共對抗，所以游擊隊有兩個敵人，一個日軍，一個「友軍」。以前有中央軍，咱們的游擊隊「大樹底下好遮蔭」，中央軍撤走了，國共白刃相接，殺來殺去殺不過人家，有些處於險境的孤軍就和漢奸通聲氣，和日軍建立默契，一些小部隊就駐在日軍據點附近，但求減少壓力、繼續生存。八月十五日日本投降，第二天小據點的日軍向大據點集中，漢奸跟著走，有些游擊隊也跟著走。

——為甚麼跟他們走？怎麼可以跟他們走？

這幾年，在山東各地，國共互相殘害，已到不共戴天的地步。現在日本軍隊走了，政府來不及接收，八路軍是近水樓台。山東除了鐵路沿線，廣大的山區、平原、海濱都是解放區，他們要消滅像你我這樣的人。令尊大人說得對，你絕對、絕對不能回家。

這是驕傲的結束。這是幻想的破滅。這是惶惑的開始。我呆呆的望著他揮手離開，簡直不能思想、沒有知覺。這是歡欣和憂愁的輪流捉弄。這是希望和絕望交替逗引。這是靈魂的瘧疾、精神上的食物中毒。我忽然想起一件事。我得馬上做一件事來解脫目前的困境。這件事非做不可，不能逃避——

我對著河水沒命的嘔吐，把吃下去的東西吐得乾乾淨淨，繼之以黏液、鼻涕、淚水。

這就是我對抗戰勝利最深刻的回憶。

形象是日漸磨損的幣面

史家評論中國政局，常說抗戰勝利的時候，國民政府蔣主席的聲望升到最高點，如果那時蔣主席退出政壇，可以成為世界偉人。

他是否應該交出權位，是另一回事，若說他那時聲望最高，卻是和我們的生活經驗不符。我們所知道的是，抗戰突然勝利，他的聲望急速下滑。

第一個挫折是朱德公開抗命。

八月十三日，朱德發表打給蔣主席的電報，反抗「駐防待命」，認為駐防待命「僅僅有利於日本侵略者及背叛祖國的漢奸們」。八月十七日朱德再公開第二封電報，堅持在「解放區軍隊的作戰範圍內」，有權接受日軍的投降。他對蔣主席說「我現在向你提出嚴重的警告」，又說「你和你的政府不能代表中國解放區和中國淪陷區一切真正抗日人民的武裝力量」。

朱德的電文裡還有一個長句：「一切同盟國的統帥中只有你一個人下了一個絕對錯誤的命令，我認為你的這個錯誤是由於你的私心而產生的，帶著非常嚴重的性質，這就是說，你的命令是非常有利於敵人。」

我問王老師這話是什麼意思。他說，中共一直宣傳國民黨不抗戰，因為蔣主席是日本士官學校畢業，對日本有感情。

「朱德的電報怎麼這樣粗魯？」

「他想把『老頭兒』氣死。」（蔣氏是年五十八歲。）

抗戰八年，蔣委員長一向壁立千仞，言出必行，以此贏得擁護尊敬。朱德以石破天驚之勢，向他挑戰，他似乎完全不能反應。他想以政治方式解決國共爭執，原則是對的，可是爭執越演越烈，他的形象嚴重受損。

第二個挫折是簽訂中蘇友好條約。

八月十四日，國民政府和蘇聯簽訂友好條約。依條約規定，外蒙獨立，東北的中東鐵路和中長鐵路由兩國共管。中國損失重大，新聞界稱這個條約對中國「割去一塊肉，抽掉兩根筋。」「日本慘敗，中國慘勝」。

這條約令人心碎。我們都受過軍訓，見過戰爭，知道在敵人火力下前進五十公尺要付出多大代價，而蒙古是那麼大、那麼大，一百五十六萬六千五百平方公里，等於把中國的領土割去十分之一，也等於南北朝鮮日本越南再加緬甸的總和！

令人啼笑皆非的是，這條約的名字居然叫「友好」！新聞報導說，宋子文不願意在這個條約上簽字，他辭去了外交部長。在戰時，以至戰後，宋子文並不是一個受公眾尊敬的人物，可是這件事，他對這個條約的態度，使我們對他肅然起敬。

不簽條約，中國得罪了美國也得罪了蘇聯，今後完全陷於孤立。簽了條約，我們的情感沒法宣洩，意見無法表達，只有對宋子文一鞠躬來維持起碼的是非標準。

第三件事，他發表「以德報怨」的文告，要求全國同胞對已經無條件投降的日本寬大對待，他引用了新約的「愛仇敵」和《論語》的「以德報怨」。

這是一份引起爭議的歷史文件，在我們那個小小的學校裡，也曾有人不以為然。但稍經辯論，下面的意見佔了上風：日本有一百多萬軍隊駐在中國，他們當然擔心「降卒」的命運，蔣主席及時作了這樣的宣告，日軍就不會逃亡或反叛，聽候中國政府安排。還有，日軍侵華，對中國人屠殺、砲擊、轟炸、縱火以及逮捕拷打太多太多了，八年來的抗日宣傳，也都是「血債血償」之類。現在日本戰敗投降，倘若淪陷區的民眾趁機對日本軍人或僑民加以報復，日人挺而自衛，豈不難以收拾？蔣主席的宣告，不失為防患於未然。

還有一層看法。這日軍日僑，總數超過兩百萬人，殺也殺不完，留也留不下，他們回到日本以後，你希望他是中國的朋友、還是中國的冤家？這就更深謀遠慮了。

至於「以德報怨」四個字，我們那時並未發覺不妥。抗戰八年零三十九天，軍民血淚未乾，屍體未寒，這時要勸國人寬容，尋常格言並沒有說服力，好在耶穌有一句「愛仇敵」，警闢激烈，發人猛省。但中國元首的文告得在「舶來」之外再配上「國產」才合身分，要找一句成語與「愛仇敵」心同理同東西呼應，當然是「以德報怨」。至於說孔子反對以德報怨，那倒問題不大，勝利文告並非闡揚孔子學說的論文。

他轉彎太急太快，大家跟不上，只覺得這個委員長已經不是那個委員長了。

如果國共能就受降問題達成協議，避免演變成內戰，他的聲望可以恢復。如果蒙古真能建成獨立自主的國家，不為蘇聯變相併吞，他受的傷害可以痊癒。如果國民政府能在戰後復興經濟，使飽受戰禍摧殘的人民得到補償，大眾可以忘記對日本的慷慨。可是這三個「如果」永遠只是如果。

再下去，是國民政府對淪陷區的接收弄成「劫搜」。

再下去，是一塌糊塗的行憲。他的聲望跌至谷底。

遲到的歌聲：散了吧

一九九七年，我身在紐約，打開電視機，聽到台灣歌星林志炫：

散了吧！算了吧！
人真傻，情真假，
別回想，別留下，
認了吧！散了吧！

驀然一驚，這是一九九七年的歌，怎麼唱出我們一九四五年的心聲！電視畫面是逆光拍攝的，林志炫的青春身段，站在遠處的懸崖上，張開雙臂，朝著大海，反覆呼喊。散了吧！散了吧！歌聲亢急迫切，帶著絕望不甘，短句迴環往復，不能盡言而情溢於言，正是我們一九四五年秋天的心境。

八年抗戰，大體上是日軍自東向西進攻，國軍且戰且走，無數機關團體一同西撤。國軍固守從北到南一條長線，用黎東方教授的說法，這條線「起自黃河由北向南的一段，連接伏牛山脈，漢水由北向南的一段，長江在岳陽與漢口由西向東的一段，與洞庭湖、湘江、大庾嶺」。

今天查地圖，在這一條線上有許多大山，國軍利用山地作戰，拖住日軍。這條線上有山西的呂梁山、中條山，河南的伏牛山，湖北的鄂西山地，湖南的湘東山地，廣東的大庾嶺和雲開大山，廣西的南嶺和十萬大山。中國的山地佔總面積的百分之三十三，山是老天預設的防禦陣地，人擋不住的、山來擋，後來有句話，說是「抗日靠山」。

抗戰勝利以後，國共又有三年內戰，共軍破壞陸上交通，國軍主要由海上運輸支援，因而出現了下一句話「反共靠水」，此是後話。

那時有幾千萬中國人，被日軍壓縮到黎東方所說的長線之西。戰爭期間，無論如何這些人總有同舟共濟的心情，說個比喻，大家像在寒夜圍著一堆火，利害相同，心念相近。

可是這些人原本有富有貧，有貴有賤，有智有愚，一聲勝利復員，人與人之間的差異立刻表面化，當時有一句流行的口頭禪：「復員就是復原。」復員使人人臉朝東看，這就不像烤火而像是看電影，雖然座位挨著座位，心與心之間卻互不相謀，彼此中間等於築起高牆。

舉個例子。我們校中的將軍之女，平時和大家守望相助，一聲復員，馬上有了孤芳自賞的架式。她坐飛機去徐州，住在司令的官邸裡，臨行雖然留下地址，可是誰也沒再接到回信。那個和她祕密交換了三年情書的男生，專程奔赴徐州，登門求見，吃了一碗冰冷堅硬的閉門羹，造成他終身的抑鬱沮喪。

所謂人生經驗是甚麼？和將門之女談情，他預先知道不會有結果，他得有五十歲。她動身登機的時候，他知道他們完了，他得有四十歲。當女生不肯回信的時候，他應該知道他們完了，他得有三十歲。可是那時他們十六十七歲，還要去敲官邸的大門，摘下苦果。

這幾千萬人都想趕快越過這條縱線，向東湧去，情勢彷彿大江潰堤，奔流向海。這些人在戰爭期間千辛萬苦，所有的慾望也都用一條線封鎖起來，這條線就是「等抗戰勝利再說吧」。現在抗戰突然勝利了，人慾的堤防也突然潰決，於是出現了「劫搜」和「有條有理、無法無天」，這也是後話。

我們滯留在鄂西山地之西，秦嶺之南，漢水上游，教育部除了發給經費和學生貸金，別的事也管不了許多，學校一向由創校人李仙洲將軍出力照顧。李將軍是當時有名的「山東三李」之一，這時他非常失意，雖然一心想把學校遷到山東，「把山東子弟還給山東父老」，實際上沒有力量做到。

復員聲中，學校裡的教職員心念浮動，本事大的想「接收」，本事小的想衣錦還鄉，學校算是個跳板，學生完全成了累贅。有時候，我覺得我們都生了痲瘋病，住在療養院裡，有病人，某些人才有職業，得到了職業，病人又實在討厭。

今天看地圖，重認那些崎嶇閉塞的山區，想起希臘神話裡潘朵拉陪嫁的箱子。抗戰勝利好比把箱子打開了，飛出無窮「後話」來。我們一群剛剛成丁的流亡學生，有幸（或不幸）躬逢其盛。

我們聽到一個新故事。據說，美軍的一個大兵向長官請假，以便照顧即將臨盆生產的妻子。長官責問他：「你愛國家還是愛妻子？」這個大兵回答：「國家有一億七千萬人愛她，我的妻子只有我一個人愛她。」（當時美國人口為一億七千萬。）

據說，長官立刻批准這個大兵的要求。

這是從潘朵拉的箱子裡飛出來的新觀念，我聽慣了「犧牲小我」的教訓，覺得這個故事完全是諷刺。我把這個故事講給別人聽，講到「我的妻子只有我一個人愛她」，故意停頓一下，察看反應。聽故事的人都點點頭，說一聲「對呀」！沒有人批判他、駁斥他。

那時，在思想上、我們很迷惑。德國的希特勒和他的納粹黨是我們的模範，只有學習他們才可以救中國，他們怎麼會徹底失敗？美國人私心很重，貪圖安逸，是我們的反面教材，怎麼反而把日本和德國打敗？人人為自己，誰為我們？我們又為誰？集體主義一夕變為個人主義，我們好像全成了廢品，全被拋棄，戰時負責引導青年思想的人，怎麼不給我們一個說法？

社會大變動的時候傳言特別多，有消息說，流亡學生的資金本是戰時措施，也是暫時措施，現在戰爭結束了，政府要把資金取消。如果沒有資金，我們不只無法讀書，也無法生活。

現在我讀舊約〈列王紀上〉第十二章：「以色列人哪，各回各家去吧！大衛家啊，自己顧自己吧！」心中還有當年的徬徨震動。

如果吳培申老師跟我談一次話，我會振作起來，可是他留在山東省政府，沒來漢陰。如果楊奇英老師跟我談兩次話，我會安定下來，可是他去了成都。如果我能和五叔通信，他會告訴我怎麼辦，可是他進入緬甸作戰以後，斷了音訊。如果張秀峰老師還做二分校主任，而且身體健康……

我已一無依傍，我只能自己作決定，然後承擔後果。

後來我知道，能作出決定並承擔後果，人開始成熟。

對著溪水，我告訴自己，你絕對不能、也不該繼續受學校的教育，你的生命屬於家庭。

你也必須走出這一重又一重高山，尋找一個立足點，支持你的父母。

在山東，我家是「沒落地主」，人口雖然不多，父親、母親太老，一個弟弟一個妹妹又太小。經過土匪洗劫綁票，農村經濟破產，再加上這一次戰爭摧殘，已經要為衣食發愁。我離開淪陷區到大後方，一方面是不願進日本人辦的學校，盡忠，一方面是為家庭殺一條出路，盡孝。我是長子，在那個時代，長子是不能獨善其身的。

一個初中三年級畢業班的學生，本來還可以拖延一些日子再負起家庭責任，可是抗戰突然勝利，使我提前面對不可能的任務。

家鄉，日軍撤出，共軍立即進佔。中共要用激烈的手段全面改變社會，家人逃亡，成了流離失所的難民。我必須立刻想辦法賺錢，哪怕是極少的錢。勝利像一堵牆倒下來，壓在我們身上，我得思索如何先從瓦礫下鑽出來。

賺錢必須有職業，我能做甚麼呢。記得當初決定離家，五姨非常樂觀的說，等到抗戰勝利了，你們登高一看，東西南北全是出路。而今現實情況是，東西南北全是烽火，日本宣布投降後一個月內，國軍共軍為了接收，在北中國十一個省處處開打。

我和我的家，都得馬上在烽火的閃光中找路，一條狹窄彎曲的小路也好。我打游擊的時候，曾在大雨和雷電之夜爬過山。

我現在離家人兩千多里，即使是大雨和雷電之夜，也得從這萬仞山叢爬出去，這一步棋我倒看得清楚。我在年輕時沒有別的方向感，大家庭牽引著我的靈魂。

我在《昨天的雲》裡寫過，我家為甚麼有許多空房子，基督教會怎樣把禮拜堂設在我的家裡，我家怎樣以食宿接待南來北往的基督徒。

回想起來，我家接待的過客很複雜。父親有一個習慣，他陪來客吃過晚飯，問他們的職業，然後指著我提出要求，請他把自己的專長教我一手。客人奔波多是步行，明天還有遙遠的路要走，但是在接受款待之後不便推辭，只好答應。有時候，客人一面教我一面打呵欠。

我跟著這些「一日為師」的人，學過很多玩藝兒：認五線譜，拉胡琴，畫素描，看相，剪紙，打拳，還學過一套簡易的魔術。第二天，父親照例問我學到了甚麼，有沒有興趣，我那時才讀小學，又不是神童，一兩個小時之內能學到甚麼？至於興趣，一律沒有。

《昨天的雲》裡有一章〈插柳學詩〉，在那一段日子裡，我順便學過占卦、看相和刻圖章。沒有興趣，略知大意而止。父親的願望是多麼熾烈，他希望能發掘我的才能，及早訓練我覓得謀生的技術，分擔家計。我約略知道世上有很多很多種職業，不知道世上有很多種學問，不知道每一種職業都可以上升為學問，每種學問都可以落實為職業。也幸虧不知道，少了痛苦掙扎。散了吧，落得慷慨瀟灑。

一個時期有一個時期的輿論，你儘管不信，仍然免不了受它影響。我愛讀課外的閒雜文章，當時流行的論調是文憑無用，學校教育完全失敗。他們冷諷熱嘲，指責學校把學生的大腦分割成許多小塊，一塊裝數學一塊裝物理……有人把大學（University）這個英文字音譯為「由你玩四年」。一九四九年，我把這個詼諧的譯名帶進台灣。

林語堂先生的主張，幫助我作了最後的決定。他說讀書貴在興趣，今天的學校不准學生憑個人興趣讀書，強迫學生為考試為文憑讀書，以致「學校是令學生看書成為非法的地方」。他譏諷學生在學校裡「所讀非書，無書可讀，不許讀書，書讀不好」。他的文句又警闢又痛快，我們一群成績不佳心事重重的學生爭相傳誦。

如此這般，我跟那一條路完成學業、從無貳心的同窗，也就漸漸話不投機了。散了吧！

王吉林：死有銳於利刃

在這裡我要記述一個人，一個同班同學，他的老家在魯西，卻取了個名字叫王吉林。這人瘦弱沉默、平常不大引人注意，誰能料到，就是他，把我們這些風箏的線割斷，以致我們漸遠漸小，漸漸消失。

他在我們面前死去，死亡的衝激永遠是最有力的。

那時我們睡大統鋪，也就是十幾二十幾個人排列在一起睡眠，王吉林睡在門口，和我的位置隔著三個人，我早晚出入經常看見他，夜晚也常聽見他的鼻息。有一天，他忽然不能起床了，我們輪流送飯給他吃。再過幾天，他忽然不能吃飯了，我們輪流送水給他喝。再過幾天，他忽然不能喝水，而且昏迷不醒，我們知道要發生甚麼事了。

從王吉林不能吃飯那天起，我們天天去見分校主任，請他想辦法治病。咳，他冷淡的把王吉林的命運推給事務主任，事務主任，那個油腔滑調的人，教我們去請中醫。蒲溪當地的醫生來了，開了一張藥方，教我們到五十里外的漢陰縣城去請名醫。名醫來了，開了一張藥方，教我們送病人到九十里外的安康縣城進醫院。辦住院、必須學校派教職員拿著公文出面交涉，我們以王吉林命在旦夕，再三懇求校方施恩，主任堅決拒絕，他最後說，即使是我的兒子得病快要死了，我也不答應。

我們極其憤怒。所謂我們，是指王吉林的魯西同鄉李蘊玉、李廣恩、袁自立、畢德厚、程佩瑞，這些魯西同學的龍頭崔崑，還有與我來往密切的李孔思、徐秉文，還有我們的班長、頗有領導能力的曹湘源。我們覺得王吉林好像被謀殺，而我們奉命在旁參觀全部過程，這是一種憤怒。那分校主任和事務主任都是我們瞧不起的人，被迫向你瞧不起的人求告，又遭到冷酷的拒絕，這是另一種憤怒。

我替王吉林煎過兩次藥，那明知無效還要虔誠鄭重對待的草汁。中國人說「自古書香藥更香」，可是我覺得藥的氣味又酸又苦。多年後我才知道，我的母親也是在那濃烈的酸苦中無救的，煎藥的氣味一直祟著我，至到今天，我經過中藥店門口，聞見那氣味，仍然痛感中國人的無助。

有一天，黎明時分，李廣恩把我搖醒，他就睡在王吉林旁邊，他說有奇怪的臭味從王吉林身上散發出來，這表示病人快要死了，他在家鄉有經驗。一個瀕死的病人不能再躺在大宿舍裡，必須和團體隔離。

我們在附近農家找到一間空屋，確實是空屋，屋子裡一根乾草也沒有，好像早已收拾妥當，準備收留異鄉人的屍體。我們弄到許多乾草，在地上鋪成臨時的病床，空屋「空」到連門板也不見了，幾個同學輪流守衛，替病人抵擋貓狗的侵擾。

夜間守衛的時候，我反覆思索生死。奔波千里的盡頭是死，不早不晚，恰恰是抗戰勝利，好像一個人用全部錢財參加抽獎，卻在開獎之日遺失了獎券。

王吉林「骨細肉薄，步輕腳浮」，沒有壽者之相，上帝為甚麼給他這樣一副相貌？為甚麼要他的父母這樣失去他們的兒子？如果這是上帝的安排，到底有甚麼必要？依照中國人的說法，造化是個頑皮的孩子，世人都活在他的惡作劇裡，這和《聖經》的啟示相差太遠，為甚麼反而比較貼近事實？我對基督教傳統教義疑貳，是從這個時候開始的，直到九十年代後期，我的宗教觀才重新建構起來。

在這間小屋裡，我看見由人變成屍體的全部過程，氣味次第改變，表情次第改變，顏色次第改變，層次分明，每況愈下，彷彿日落時的雲霞景色。然後他吐出大量白色的泡沫，滿腮像聖誕老人的白鬍鬚，然後喉頭格格作響，據說這是文豪雨果斷氣時的聲音。最後，王吉林死亡，用一位美國詩人的名句來形容，「他為將軍和蝨子所棄」。

魯西同學邀我一同整理王吉林的遺物，大家圍成圓圈，看我蹲在地上打開包袱。嶄新的枕頭套，用亂針繡出一盞燈、一隻雄雞，代表「三更燈火五更雞，正是男兒立志時」。嶄新的小褂，衣襟裡面繡一行小字：「吃得苦中苦、方為人上人。」想必都是慈母手中線！望著遺物，我的腦血管膨脹，鼻腔呼呼有聲。

十個字，一針一針，彷彿繡在我的心上。這一次，我意識到自己對文字的敏感，以後終身為文字所苦，也終身被它牢牢吸住。

怨天必定尤人。王吉林的生命，對他自己、對他的家庭有極大的價值，可是這個價值被管理學校的人藐視了，一個母親對兒女的苦心癡愛，被踐踏了。我想起在校每一個同學和他們的母親。死的不止王吉林，我們都死了，我們的母親都受到侮辱。我們竟是這樣的微賤嗎，竟是這樣無能無用嗎，剎那間，我們一躍而起，儼然成了還魂的殭屍，立志要給人間添一點禍害，出一口惡氣。

西遷一年以來，我們眼見四個同學病亡，都沒有得到認真的治療，分校主任沒有到病床旁邊站一分鐘，也沒在喪事前後嘆一口氣，這不是「戰時物力艱難」一句話可以遮蓋的。女生學生隊的隊長，男生尊為劉大姐，她替衣服破了的人縫補，為想家哭泣的小男生擦眼淚，她死得很苦，事務主任抹黑她，掩飾自己的殘忍，散布流言，說她死於墮胎，言外之意是，她自取滅亡，不值得同情。他傷害死者，也傷害了未死者，未死者還有知覺，還能反應，因死者不能反應而過度反應。

情勢醞釀，條件成熟，於是出現領袖，這個人是我們的班長曹湘源。

曹湘源是行動派，要帶幾個同學去把分校主任和事務主任痛毆一頓，他當場徵求敢死隊。實在冰凍三尺，積怨很深，說到一個打字，個個摩拳擦掌。

不知為甚麼，我總是比他們多一點見解。打人，我力言不可，我說，學校裡的風波只能「鬧」、不能「打」，鬧是教育問題，打就是法律問題了。他們說不過我，暫時作罷，不過他們是不甘心的，是不甘休的。兩個月後，我們輟學離校，曹湘源還想打人，沒打著。直到今天，老同學說少年事，還有人批評我穩健誤事，害他們生命中少一件響叮噹的回憶。

曹湘源也許是天生的領袖，他知道怎樣用人。他問我，除了打人，還有甚麼妙計？我主張談判，好，你出的主意你執行，他派我去找分校主任攤牌。

每一次，都是我硬著頭皮走進辦公室，那時我清清楚楚告訴自己，要實現自己的理念，只有自己赴湯蹈火。湘源帶領大隊人馬包圍前門後窗，每逢聽到分校主任口氣硬，大家一致喊打，活像啦啦隊。分校主任很鎮靜，江湖風波見過許多，他那一臉永不改變的豬肝色，也幫忙掩護了他。不過他最後還是一一妥協，到底他輸不起，我們輸得起。

我出頭，分校主任非常生氣，據說他在內部點名批評：「他是可以讀書成器的青年，為甚麼和敗類混在一起！」奇怪，他為甚麼不當面告訴我？訓導工作不是有個別談話嗎？只要有人勸我一句話，我立刻可以安靜下來，可是沒有，一個人也沒有。我並非壞份子，我是苦悶的份子，只想放一掛炮仗，表示自己還有作為。

老實說，在我們心目中，王吉林並沒有那麼重要。我們努力放大了他，以彰顯我們的行動合乎正義。把主觀的利害客觀化，原是政客的把戲，我不懂，湘源懂。依中國民情，死亡可使弱者突然變大，活人總是理屈三分。我們倒是都懂，都抓住了機會。鬧到興高采烈的時候，總覺得欠王吉林一點甚麼。也許我們利用他多於同情他。後來我知道，學潮無論多麼波瀾壯闊，大抵不出這樣的框架。

中國人最忌「撕破臉」，整人用陰功，表面照常君君臣臣，一旦公開決裂，難以善了。既然走到這一步，我們就自暴自棄了，山東有句俗語：「一個牛也是牽，兩個牛也是放」，意思和「一不做、二不休」相當。一旦越過這個門檻，我們就是浪子。管理學校的人冷冷的（或者說幸災樂禍的）看著我們往前走，沒打算攔阻我們，該說的都沒說，該做的都沒做。

藉著治喪，我們和校方大鬧，以魯西同學為骨幹，吸引了二十幾個人參加響應，一時成群結隊，橫行校園。學校給王吉林準備的棺木太薄，我們大鬧。起靈時，分校主任不肯到靈前致祭，我們大鬧。我們「規定」全體教職員送葬到墓地，校方拒絕，我們大鬧。曹湘源有鬥爭經驗，他提出威脅，要抬起王吉林的屍體，送到分校長家中停放，校方的態度只好軟化。

曹湘源要風有風，要雨有雨。事務處為王吉林搜購柏木壽材，用水泥青磚砌墓，備妥長明燈、招魂幡、倒頭飯，請四個和尚來通宵念經、超度亡魂。那事務主任悄悄對我說，你們要用這樣好的棺材，實際上是害了他，我看盜墓賊不會放過這口棺材，不出三個月，一定有人把墳墓挖開。我很厭惡他這句話，但是這句話到底影響了我。

魯西的幾位同學說，王吉林留下的新衣服、新床單，都可以放入棺中陪葬。我想起事務主任的話，想起盜墓賊。一個人說的話（即使內容令人厭煩）怎樣影響另一個人，生出意料之外的事故，我親身體驗到了，我說死者已矣，班上有一位同學正在生病，滿臉蠟黃，不如拿衣服被單賣錢，救那位同學的急。大家沒有異議，就這樣辦了。

亡人入土為安，生者餘怒未息。今天想，我們對校方的要求，多半存心無理取鬧，可是全校同學們一致鼓掌叫好，「殺君馬者道旁兒」，我們也就戮力演出，不能下台，而且所有的「無理」都是表象，深層都藏有「至理」。可以說，這是戰後學潮的基本結構。

兩個月後，我們再鬧一場，然後集體離校，頗似戰場上佯攻急退。分校主任額手稱慶，他說壞份子都走了，學校去了心腹之患，從此可以風調雨順。卻不料「壞份子」生生不已，學潮也是前浪後浪，一波又起，而且後浪總比前浪高，鬧到他下台，也鬧到國民政府垮台。正是由於裡層依然，表象也就繼續。

一年以後，全國才進入學潮期，想不到我們在最閉塞的地方，糊里糊塗做了前衛。二十二中以後幾次學潮，都和中共的學運沒有關係。中華人民共和國建立以後，學運人物細說革命功勞，二十二中無份。

沒有共產黨的地方照樣有學潮，學潮由國民黨自己製造。

興安日報，文學之路第一步

依照校方規定，我們每年辦兩次壁報，由訓育處評定優劣。我們這一班，壁報一向由我主編。我對這件工作極有興趣，每一次都得到最高的分數。

可是，一九四五年下半年這一期壁報，訓育處另外指派了負責人，我仍然算是編輯委員，開編輯會議的時候，他們並不通知我。我為了王吉林的死出頭鬧事，當然失去學校的信任，由他去，我不在意。

他們不該約我寫稿子。或者，對他們的邀約，我應該推託了事。可是，他們約我寫，我也真的寫了，文章的題目是〈悼王吉林同學！〉他們沒有採用，使我勃然。

為發表這篇文章，我窮一夜之力，獨自製作了一張壁報，另外加寫了短詩、短文、格言集錦做襯托。我的壁報，篇幅和他們一樣大，我的文章，盡我所能譴責了或是諷刺了學校遷校以來的作風，比他們的文章有看頭。作者為了適應你的園地，本來用含蓄委婉的文句批評你，你關門拒絕，他去使用另外一個園地，就放肆了，編刊物的應該引為殷鑑。第二天早晨，我把壁報貼出來，立刻轟動各班，連分校長和訓育主任都來了，從頭到尾細看一遍。五十年後，我找到陳培業同學在南京浦口的地址，和他通信，他給我的第一封信就談起這張壁報，說是記憶猶新。他畫出二分校校舍的平面圖，標出我當年貼壁報的那面牆。

壁報叫座，我意猶未盡，又把〈悼王吉林同學〉寄到安康，在《興安日報》副刊發表。這可是我第一次跟人賭氣。幾十年後，我才從林語堂的《京華煙雲》裡看到一句話：人生甚麼都可以賭，不可賭氣。

《興安日報》只有對開一大張，分四個版面，第四版是副刊，由萬鈞先生主編。我在他那裡發表的第一篇文章，是〈評紅豆村人詩稿〉。「紅豆村人」是清代詩人袁子才的弟弟，詩稿列為隨園六種之一，我在〈插柳學詩〉時愛讀此書，瘋爺老師頗不以為然。〈評紅豆村人詩稿〉一文，多半記述瘋爺的意見，編輯部的評價很好，所以第二篇文稿〈悼王吉林同學〉很快見報。嚴格的說，第二篇文章才真正是我的作品。它出自肺腑，沒有依傍。個人色彩濃厚，寫作時不考慮別人的看法，坦然流露了我的思想性情。

兩篇文章順利發表，引起我的幻想。寫稿是有報酬的，報社表示財務困難，稿費要拖欠一些時候。我讀當時名作家的文章，知道戰前稿費的標準是千字斗米，在我看來相當優厚，戰時物價高、物資少，作家很苦，但仍有許多人靠稿費和版稅生活。將來我也許能以寫作為職業，以我當時所知，沒有高等學歷而又不受文化界排斥的、只有作家。回想起來，我在家對醫卜星相一律不愛，在校對聲光化電一律不愛，是因為我已愛上文學。

我想起沈從文，他做作家和在軍隊裡做文書上士同步。依我當時所知，你可以一面從事卑微的職業，一面拿出高水準的創作，現實對作家的一切虧欠，作家都可以從文學取得報償。我方寸已亂，不能讀書，為甚麼還要守著學校互相憎恨、暗中悲傷呢。「以色列人哪，各回各家去吧。大衛家呵，自己顧自己吧。」找個工作做，餘暇讀自己愛讀的書，寫自己愛寫的文章，那就對家庭對自己都有了安排。

《興安日報》是一份甚麼樣的報紙呢？新版的《安康縣志》說，它是國民黨創辦的報紙，依縣志所述，它的誕生出於偶然。二次大戰後期，美國要中國政府在安康修一個新式的飛機場，供長程轟炸機 B29 起飛，轟炸日軍的大後方。中國政府把施工的責任交給安康的行政專員許卓修，並且責成地方籌一筆款配合。飛機場修好以後，地方的配合款還有結餘，許專員說，那就辦一份報吧。他是個清官，在人民民主專政下督修的縣志，並未埋沒他的操守。倘若他造一篇假帳，把這筆公款吞沒，那就沒有《興安日報》，也就沒有我這個作家了。

我和《興安日報》進一步結緣，是同班一位女同學的功德，我的「一人壁報」引起她的注意，她叫申淑貞，湖北老河口人。老河口本為國軍第五戰區長官司令部所在地，一度失守，三天後又奪回。這三天淪陷，使申淑貞及時以陷區青年的資格進本校讀書，倘若老河口沒有那三日之失，申淑貞進不了國立第二十二中學，《興安日報》對我的影響，或者說文學對我的影響，就很淺很淡了。

中小姐沉默寡言，我們都不知道她外面人脈甚廣，她的未婚夫戴子騰在一分校教歷史，跟《興安日報》副刊主編萬鈞是好朋友。她在校外介紹我和兩位先生認識，以後又見過兩次面，通了幾封信，使我覺得人海也有風和日麗、波平如鏡的景象。萬鈞是湖南耒陽人，戴子騰是江蘇邳縣人，都很年輕，都很溫和穩重，都對文學有很深很廣的認識。那時候，能夠認識他們，是我的一大幸事。

但是時間短促，不久，我輟學就業，遠離他們。行前，我到安康的報社裡向萬鈞先生辭行，戴先生也來相會。安康和流亡學生因緣多，抗戰初期，教育部在此收容華北的流亡青年，送入四川，成立國立四中。一年前，學校由安徽西遷，我坐船溯漢江而上，在安康「起旱」步行到蒲溪。安康，安康，安康，她又是我文學之路起步的地方。

報社是一座小小的兩層建築，樓下印刷廠和排字房，樓上是編輯、主筆和經理辦公的地方。我逕自上樓，聞到油墨的氣味，很濃，很悠久，像古剎中百年不散的香氣。我立刻醉了，怎樣天天受這氣味的薰染才好！曾經有一個駕駛兵說，他如何如何愛聞汽油的氣味，他才去學開車。汽車幾乎伴他一生，油墨也幾乎伴我一生，雖曰人事，豈非天命？

樓上除了幾張辦公桌，到處有報紙高高堆起，顯得很擁擠。萬鈞和戴子騰兩位早已等著我。他們對我的選擇沒有一句詢問、沒有一句安慰、沒有一句勉勵，和以往的談吐不同。他們完全避開這個話題，無聲之聲應該是不以為然。倒是報社的總主筆，對我不再讀書深為奇怪，問明原因之後，嗟嗟兩聲，相當動聽。看樣子，他想給我在報社裡安排職位，如果他開口，我想我幾乎會留下。他終於沒說，唉，也幸虧他沒說。

總主筆大概是安康的一位名士，穿一件月白色的長衫，袖口翻起兩寸，手拿一把摺扇，藏青色的布鞋，鞋底露出一圈白邊，頭上的呢帽進了屋子也不摘下來。日後猜想，那篇〈原子彈臆說〉也許是他寫的。總編輯在樓下排字房辦公發稿，萬先生特地下樓把他請上來，他就完全是另一副模樣了：深色中山裝，怕袖子磨損、外面套一層黑色的袖罩，近視眼鏡的度數很深了，前額後腦圍一圈布，像今天示威群眾的打扮，那時是為了節省腦力，防止疲勞，有個很好聽的名字叫「健腦器」。他誇獎我寫的〈評紅豆村人詩稿〉，送給我一本艾蕪的《文學手冊》。那時送大本書算是厚禮，不過，我讀了這本書，沒有得到甚麼點化。

這是我看見的第一家報館，不但紙張和油墨的氣味惹我喜歡，端正莊嚴的鉛字也比手寫體多了幾分神聖。本是多麼平凡的人，寫出來的東西經過鉛字印刷，好像就進入古典。報紙每天載著信息，漫天飛翔，觸目化作靈魂的營養，幕後的工作者何等可羨可敬！半日流連，產生我無窮的遐想。

他們採用了我幾篇文章，早就說給我一點稿費，見我遠走他方，東拼西湊拿出來以壯行色。我想起班上有位同學，非常窮苦，我們都窮苦，他是窮苦中的窮苦。我當場寫了一張字條，授權那位同學以後來領錢。這筆錢是我生平第一筆稿費，錢數不多，意義重大，給了患難中人，心裡覺得很甜。有時自己也奇怪，為甚麼會覺得付出是甜美的？

兩年後，我在河北省秦皇島國軍後勤單位工作，生活比較安定，有懷念這份報紙的心情，我寫信到安康，要求報社贈閱一星期。我想他們一定忘了我是誰，想不到報紙還是寄來，而且是一天寄一份，不是七份一次寄。

雖然勝利已經兩年，《興安日報》還是用當地製造的土紙。那時都是活字排版，鉛字好像也沒有更新，筆畫磨損嚴重，印出來的字往往缺邊折角。早上印出來的報紙，下午報紙起毛，有些字往往失蹤。頂重要的是副刊取消了，一定是為了省人省錢。我好難過了一陣子，本來想給他們寫幾篇文章，不要稿費，表示回報，也只得黯然罷休。

《安康縣志》說，這張報紙維持到一九四九年十月。野史記載，國軍的一個單位接收了報社，把機器拆下來，連同鉛字，私下變賣了。那時國府敗亡已成定局，絕望的人做絕望的事，「國家之敗、由官邪也」，換個角度看，「官員變邪，由國敗也」，都不堪聞問。十一月，解放軍進入陝南，十一月廿七日，安康自衛隊起義，迎接解放軍入城。

其後地北天南，我對萬鈞先生思念最多。有一年，台北的《中央日報》出現「本報駐英特派員萬鈞」，我急忙寫信去問是否同為一人，料想不是，果然不是。戴先生有一個筆名叫「申抒真」，很見巧思，台灣也有一個申抒真，當然，完全是另外一個人，我對台灣這位申抒真一直充滿好感。

一九四九到一九八〇，台灣和中國大陸絕對隔絕，我曾稱之為真空包裝。八〇年後，我自稱「尋找前生」，從美國寫信到中國各省，查訪當年幫助過我的那些人，費盡輾轉。戴子騰在老河口，他和申淑貞結婚的時候，內戰還沒打完。我補奉一份厚禮，遂了埋藏已久的心願。戴先生告訴我，萬鈞現居原籍湖南耒陽，但是沒說出詳細地址。我寫了一封信，請戴轉交，我後來又寫一信拜託耒陽僑辦代為聯絡，都沒見回音。第二年，耒陽僑辦忽來一信，為救濟水災募款，他們知道我的地址，必然是收到了我的請託，也必然把我的請託轉告了萬先生，必然是，萬先生置之不理。

我在台灣曉事漸多，一度瞎猜申、戴、萬三人也許是中共的工作人員，只有中共派到國統區的文化幹部，才肯接近處於困境的青年，當然是有選擇的接近。可是，共和國成立以後，戴子騰做出版社編輯，萬鈞做中學教員，他們得到的職位，在國民政府時代也能得到，並沒有革命功勛可以改變社會階級。萬先生不肯來信，顯然認為多一事不如少一事，不像那些老幹部，對海外統戰有使命感。戴先生的反應，起初也是驚疑不定，距離「有所恃而無恐」的境界很遠很遠，我只好再三交代自己的工作歷史，家庭狀況，尋人的動機。看來他們當年也只是普通的文化人，僅僅是思想左傾，他們幫助我，大概是本諸當時所謂「左派的良知」。這就實在難得了。

五十年後，定居四川的校友郭劍青來信告訴我，老同學留在四川的、為數不少，有位某某，聽到我的名字，表示當年曾得到我的資助。我完全忘記這位某某是誰，肯說出這樣一句話來的人，今世稀有難覓，他為何不肯來封信，續個緣，令人納悶。他沒來信，只撂下這麼一句話，我不禁惘然。唉。五十年後，他還有這麼一句話，也夠了。

第五部

大結局

一九四五年十月，我離開陝西漢陰，到瀋陽天津上海一帶漂流，僥倖度過內戰的歲月，那是另一本書。不過，母校二十二中的結局，我得提前記在這裡。

抗戰勝利，二十二中未能遷回山東，反而再遷漢中，三遷城固，在陝西山地打轉、消失。後來知道，早期畢業的校友雖然遍布海內海外，各有成就，但最後在校的學生，大部分散落在陝西和四川，只有幾十個人回到山東。你可以說，事實粉碎了每一個人的夢想。

說來令人慨歎，勝利後主持山東軍政，國府發表了王耀武，王耀武也是魯籍名將，但是和李仙洲不睦，二十二中得不到省府的積極支持，遷校根本不可能。稍一拖延，國共軍事衝突升高擴大，國軍處處失利，華北的交通幹線經常被共軍切斷，遷校的時機喪失。一九四七年二月，李仙洲率兩個軍、一個師進入沂蒙山區與解放軍作戰，在萊蕪以北叫做吐絲口的地方被俘，二十二中也就幾乎被人遺忘了。

到後期，二十二中的名氣，學生的成就感，已不是建立在知識學問上，而是因學潮廣受社會注意。據石磊、孟海風、邵紀遠、張君藻各位校友記述，校本部的同學們在澗池鋪發動了一次澎湃的學潮，學生成立自治會，把當時的校長、也就是第二任校長軟禁起來，清查學校的帳目，向教育部檢舉貪汙。那時教育部還在重慶，先後派了三位督學到漢陰處理，老校長李仙洲在重慶中央訓練團受訓，也趁回老河口駐地之便到漢陰疏解，前後歷時半年之久。《新華日報》有詳細報導，譽之為後方四大學潮之一。

李仙洲比較同情學生，他一面釋放校長，責備學潮，一面要校長交出職務，聽候處理。督學支持校長，他說國立第二十二中學受教育部管轄，校長任免由教育部決定。

查帳起於學生吃不飽，這一查，又查出校方吃空缺，還尅扣了教育部發給學生的西遷費。查帳人員發現，學校替每一個學生刻了圖章，蓋在各種報銷的名冊上，而學生無人知情。學生認為這一麻袋圖章是最有力的物證。

如果那時我是校本部學生，也許能使大家的情緒緩和一些。學生都是完美主義者，容不得缺點，我對那一麻袋圖章，倒是見怪不怪。二分校設在打蛋廠的時候，就在阜陽城裡特約了一個刻字匠，專刻學生圖章，我對篆刻頗有興趣，曾經在他的刻字攤旁邊參觀良久。

這種集體報銷用的名章有幾個特點：印材一律用黃楊木，價錢便宜；印面一律為一．五公分見方，造冊用的十行紙，每行的寬度是一．五公分，每一個名字佔一行，印章就蓋在名字下面；印文一律用朱文楷體，使上級機關的審核人員容易辨認。還有，一般名章上的文字，照例在姓名之末還有個「印」字或「章」字，集體報銷用的名章省掉最末這個字，省字就是省錢。

我以後闖南走北，見過許多文武團體他們都用這樣的辦法造報銷，都有大袋小袋的圖章，他們不可能讓幾百個、一千個學生或工人都來排隊蓋章，這是當時的文化。教育部可以諒解，學生不能諒解。

國立中學的校長也是地方上的領袖人物，有許多應酬他必須參加，有許多來往賓客，尤其是教育部的官員，他必須招待。那時，師生每月的食米，先由學校向教育部報價，再由教育部撥款給學校，學校派人在當地買糧。那時通貨膨脹很快，這個月申報米價，要請縣政府寫一張公文，預先估算下個月的米價漲了多少，依當時政風，學校對縣政府有關人員必須打點。這種種開支，校長要在正常的經費之外另想辦法，虛報和剋扣就出現了。當時的官場認為，因公而取，為公而用，取不傷廉。這種行為，叫做「舞弊而不營私」。督學可以諒解，學生不能諒解。

那時國立一中、國立六中、國立七中都和二十二中聲氣相通，財務上通權達變的行為都不能盡免，為甚麼別的學校沒有風波呢？答案是，一中和六中的校長都以教書為專業，能和學生共患難，大家同樣辛苦，同樣憔悴，母雞帶小雞，許多問題消弭於無形。二十二中的這位校長來自官場，沒有勞動的習慣，衣食有一定的水準，他是羊群裡的一匹馬。他也沒有和學生溝通的才能，你瞪著眼看我，我瞪著眼看你，越看對方越不順眼。關係惡化，校長不能收拾，向治安機關報案，說中共的職業學生控制了學校，請來駐軍荷槍實彈威嚇壓制。戰後辦學無異跳火坑，校長下險棋，出下策，山東父老都能諒解。諒解是一回事，至於尊敬，那就是另外一回事了。

教育重師表，「師」是裡子，「表」是面子，失去面子也就失去化育的功能，即使他學貫中西、人品潔白如雪，也得走開。一九四六秋天，二十二中終於換了校長，是為第三任校長，這位校長的聲望能力，又在第二任之下。此後學校風潮連綿，校本部大鬧、各分校小鬧，元氣大傷，聲譽暴跌，漢陰父老側目而視。幾個月後，李仙洲在萊蕪兵敗被俘，對學校更是沉重的打擊。第三位校長履「新」，實際上是艱難看守又破又舊的攤子。

那時我人在河北，不時接到老同學來信，他們告訴我，老師的水準是一代不如一代了，國文老師把冰心念成「水心」，固然課文印刷模糊不清，怪的是、他顯然不知有冰心其人。一九四七年十二月，浙江大學學生自治會主席于子三被捕，在浙江省保安司令部看守所中突然受傷死亡，引發全國學潮。于子三是國立二十二中高二級畢業生，二十二中在校學生起而響應，有幾個學生想到浙江參加追悼大會，他們寫了一份報告，要求學校發給路費。學生的報告層層上轉，居然有一行簽批：「是（誓）死不能同意」。當然不能同意，無奈簽批不成體統，況且還有別字。

後續的消息說，學生的心亂了，老師講課的時候，教室裡往往只有三個五個人。男生女生不但自由戀愛，而且有人公然同居。從抗戰勝利那天起，學校不再收容新生，學生年年減少，那勇於自謀出路的、前後走了幾批，小夫妻把空桌空椅搬回家去，劈成木柴燒火做飯。某某人某某人公然生了孩子。郭劍青校友說，他看過一份資料，當年國立中學的升學率、以二十二中最低。

最難做人的永遠是女人。後來學校已不能保護學生，女生進城常常被軍官調戲，軍官常常在女生後面尾隨不捨，一直追到學校門口，他可以一連幾天在學校門口「站崗」嚇得所有的女生都不敢出門。「有志竟成」這句話也永遠有市場，老天居然也成全了幾對姻緣，「女生嫁軍官、男生上延安」這兩句描述由此而來。女生也得有個歸屬才清淨安全，某女生被人家貼了滿街標語，盡情侮辱，因為追求未遂。某女生宿舍門外有兩批男生群毆，呼爹罵娘，因為爭風吃醋。那時風氣究竟比現在樸實，女生一旦跟定了一個男人，別人也就罷手。

一九四八年四月，二十二中又起大風潮，牛錫嘏老師告訴我，漢陰父老看不慣，一再問二十二中的校長：抗戰勝利了，你們怎麼還不走？學生領袖當家作主，再遷漢中附近之黃家坡。侯朝憲老師說，學生想靠近漢中銀行，以便直接領取教育部的匯款。教育部派督學到漢中處理學潮，第三任校長進了監獄。魯弓長在《生命餘暉》一書中談到這件事，直言這位校長也是為「舞弊不營私」所累。侯朝憲老師說，那個督學想做二十二中校長，和漢中的專員公署合作，把現任校長弄垮。

記得一九四四，學校由安徽遷陝西，我到達終點蒲溪。隔溪遙聞遲紹春同學與人對談，一個問，如果陝南也打起仗來，學校下一次遷到哪裡。一個答，如果有那一天，中華民國大概就要亡了，學校也不必再遷了。真是「昔日戲言身後事，而今都到眼前來」，二十二中再遷黃家坡，三遷漢中附近的城固，幾個月後，中華人民共和國成立。

一九四八年八月，教育部發表山東范縣侯朝憲為第四任校長，那位渾水摸魚的督學白費心機。那時國軍在華北戰場和東北戰場節節敗退，川陝民心不穩，情勢悲觀，這個校長也實在難做，侯先生在大殘局中前往收拾小殘局。他到任以後，錦州失守，濟南失守。十月，長春國軍投降，遼西兵團潰散。十一月，瀋陽失守。然後天津失守，北京和平解放，徐埠會戰失利，國軍精銳喪盡，蔣介石總統引退。南京中央顧不了教育，更顧不了遺留西北日漸凋零的戰時中學。

以後的日子，綜合侯校長和周銘新、魏廣瑗、張永昌多位校友記述，教育部撥款中斷，師生無法舉火為炊，侯校長代表三校去南京請命，銀行匯兌不通，帶回一箱大鈔，回程又交通阻塞，三個月後到漢中，鈔票等於廢紙！這就是那時名聞世界的通貨膨脹。

一九四九年五月，國民政府撤出南京。萬不得已，三校校長到西安謁見西北軍政最高長官胡宗南，請求借糧。胡宗南的政治部主任王超凡表示，三校學生應該全部從軍。會談無結果而散。

借糧失敗以後，二十二中學生組成募捐隊，手持油印的說帖，沿戶乞討，自稱討飯隊，這一招、可能是從上海學生運動學來。募得的錢糧吃光以後，教育部撥款仍然未到，許多同學為飢餓所迫，參加了胡宗南以西北綏靖公署名義設立的幹部訓練團。侯校長僕僕風塵，奔波西安重慶各地，尋求山東大老支持學校，照顧學子，僅能受到「有禮貌的接待」。

一九四九年五月，胡宗南也撤出西安，七月失寶雞，退守漢中，西北綏靖公署改成川陝甘邊區綏靖公署。教育部命令，一中、七中、二十二中合併為漢中臨時中學，校址設在城固，國立第二十二中學的名義消失。屈指計算，二十二中「享壽」約七年，加上前身成城中學，後世漢中臨時中學，合計約八年。

十月，教育部終於把漢中臨時中學交給川陝甘邊區綏靖公署接收，胡宗南派陝西省黨部書記長翟文鳳擔任總校長。既然有個「總」字，應該不只一個學校。據侯朝憲先生回憶，翟文鳳接收了漢中一帶所有的中等學校，立即發給每個學生一雙膠鞋，帶他們入川。以後的大事是，十一月三十日解放軍克重慶，十二月二十七日解放軍克成都。流亡學生的下落成了小事一樁。

我在一本文史資料上讀到一篇報導，作者說，西北綏靖公署退出西安，沿寶雞、漢中一線收容了很多學生。他沒有提到學校的名稱，其中顯然包括漢中中學，也不只漢中臨時中學。報導中說，綏靖公署把學生編成三隊：男生隊，女生隊，特別把年紀小的男生女生挑出來，另外成立一個少年隊，三個隊由軍方派人分別管理。那時戰局壓縮，追兵四合，三隊隨軍急走，途中發生了如下的事故：少年隊一覺醒來，帶隊的軍官不見了，那些大哥大姐也不見了，哭哭啼啼中解放軍來到。幾天以後，女生隊一覺醒來，帶隊的軍官不見了，那些男生也不見了，驚惶失措中解放軍來到。軍方丟棄累贅，帶著大男生去西康，一路零零落落，撤兵成豆。如今川陝腹地，康藏邊境，都有若干二十二中的學生。

老校長李仙洲是疼惜這些孩子的，但是，他九十幾歲的時候，同學去探望他，他一再說，他創辦的駐魯幹部訓練班出了多少少將，國立第二十二中學出了多少教授和大學校長，事到如今，別的，他都「放下」了。每一位學生家長多少牽腸掛肚，多少痛哭流涕，多少傷心絕望，到最後，最後的最後，也只有「放下」。

日本作家高橋和己有一篇小說，我讀到黃玉燕女士的譯文。

它說，秋天，季候風吹起，一大群鳥從西伯利亞高原上起飛。飛過荒野，有些鳥受了傷，掉下去。飛過森林草原，多少鳥做了蒼鷹的食物。飛到海上，遇見暴風雨，多少鳥成了波浪上的浮屍。還有多少鳥，一批又一批奔向光明，卻撞在燈塔的玻璃上，立刻氣絕身亡。

它說，鳥群飛到日本的海面，奔向一座小島，島上的樹林和草地是牠們的第二故鄉，秋天，牠們順著季候風往這裡飛，明年春天，季候風改變了，牠們再順著風向飛回去。島上漫山紅葉，夕照中如霞光燦爛，掩藏著極大的捕網，整個網用極細的絹絲織成，絹絲反光，完全不漏形跡。

烏雲似的鳥群，對著家園發出鳴聲。出於捕鳥人的布置，牠們聽見山腹間霞色裡同類的叫喚，牠們太興奮了，一齊同聲響應，衝進網裡。

讀了這篇小說，我很久很久不能平靜。候鳥為甚麼要飛？書上說，季候風吹到牠們身上，牠們體內產生一種分泌，受這種分泌的刺激，牠們順著風的意思飛，飛到捨人忘己，飛到捨生忘死。經驗是學不完的，結局是不確定的，然而一代又一代，謎是要猜的，鋼索是要走的，飛是必須的。

天生萬物，萬物之中見天心，天心何忍？蒼蒼者天，最後放得下嗎？

附錄

難忘的歲月

年初讀到《難忘的歲月》第一集，徹夜失眠；年尾讀到《難忘的歲月》第二集，又是徹夜失眠。

《難忘的歲月》是國立第二十二中學流亡學生的文集，篇篇是難忘的文章。尼采說，「一切文章，余最愛以血書者」。二十二中學的老學長、老校長歷盡劫波，夜深忽夢少年事，發為文章，以血書，以汗書，以淚書，以腦髓書。汗、淚、腦髓都是血的化身。

二十二中學的多位學兄學姐，以西安校友會為中心，發願編撰國立第二十二中學的校史。主其事者為孫桓、孔丁、王九齡、王廷玉、劉本基、石磊、田明、胥平、凌鵬舉。又有文暖根、杜為、張務清、李之勤、宋華芳、陳嘉樞、李慧生、闞韻清、魏廣瑗參與襄助。首先倡議者，聽說是台灣校友李春序，隔洋響應者，則有美國西岸之高國武，美國東岸之傅維寧。三地同心，眾志成城，改革開放後之美事，又添一樁。

現代著史，重視腳料。國立二十二中校史編輯委員會，向現存校友廣發徵稿信，鼓勵人人舉其所知，道其所經。委員們將各方來稿編印成冊，命名《難忘的歲月》，普遍寄贈每一校友，要求各舉所知所經訂正補充。《難忘的歲月》已出版兩集，第三集已付印，第四集同時籌編，編委會從中比對、互補、篩選、搭配，使校史的建構有堅固的基礎、豐富的材料、完整的外型。這是非常正典的做法，氣魄宏大，方法正確，態度嚴肅，令人欽佩。

現代中國，流亡學生有三個梯次：第一梯次，九一八事變發生，東北青年入關。第二梯次，七七抗戰開始，沿海各省青年內遷。第三梯次，內戰發生，北地青年南逃。國立二十二中是第二梯次、也就是抗戰時期的流亡學校，由魯籍名將李仙洲先生創辦，收容造就流亡青年三千人，我有幸廁身行列。李仙洲可風可傳，青年可泣可歌，我不忍這座學校被時間湮沒，曾以個人回憶錄的形式寫《怒目少年》一書，描敘自己所知所經，算是留下一個側影。現在正史即將誕生，心中十分感動，高舉雙手贊成，對主持及參與其事的學長們，遙致真誠的敬意。

鄙人有幸，活到今天，捧讀收在《難忘的歲月》裡面的「難忘的好文章」，老眼昏花，老淚縱橫，老態龍鍾，老與勃發，體會它放射出多方面的意義，不知老之已至。

首先，這裡寫的是我們讀書的日子。我也曾經是「文憑無用論」的信徒，也曾經嚮往革命比讀書更光榮的生活，但千里萬里走遍，十年百年過去，無論甚麼制度，甚麼社會，就人的「市價」來說，中學畢業生優於小學畢業，高中畢業又優於初中畢業，依此類推，大學優於中學，博士優於學士。當年大家由二十二中起修，一級級修成正果，中間雖有八十一難，一旦到達彼岸，種種昨日，功不唐捐。容我擅改拜倫的名句：不要述說歷史上那些光榮的名字，當我們讀書的時候，就是我們驕傲的日子！

復次，那是我們受苦的日子。為甚麼受苦？因為戰爭。戰爭是甚麼？是離別，是勞碌，是疾病，是飢餓，是欺騙，是毆打，甚至是死亡。但是，戰爭又是甚麼？是忍耐，是鍛鍊，是擔當，是覺悟，是熱情，是理想。戰爭給我們一枚金幣，以上云云、是金幣的兩面，有了這一面、必有那一面，失去那一面、也沒有這一面。以我來說，如果沒有二十二中，我不能熬過內戰，也不適應初期的移民生活。「他人有心，予忖度之」，遙想各位學兄學姐，當年困守牛棚，置身幹校，恐怕也得到「西遷」的加持吧。容我擅改拜倫的名句：不要述說歷史上那些光榮的名字，當我們受苦的時候，就是我們驕傲的日子！

再次，「早歲哪知世事艱」，一心以為可以改造社會，喚起人群，激濁揚清，去醜存美，在這方面，我們人人有志未伸。這胸中塊壘，無劍可削，有酒難澆，老去編史，揮筆可寫。史者，所以寓褒貶、別善惡，所以懲前毖後，廉頑立懦，此孔夫子、太史公之志業也。我輩何幸，繼踵聖賢，二十二中良師益友何幸，得照汗青。容我擅改拜倫的名句：不要述說歷史上那些光榮的名字，當我們修史的時候，是我們驕傲的日子！

說到我自己，早知今日有人修史，我那本《怒目少年》，也許就不寫了，即使寫，也不必寫成那個樣子。我以自己為中心，反映二十二中的存在，好比是一粒石子激起層層浪，離中心越遠越模糊，傳聞異辭也越多。讀《難忘的歲月》，才發現我的書中有多處錯誤，尤其是人名地名和年月。這本書出版後，前三年銷路很好，贈送出去的書也不少，二十二中的校友多少人看過！難得只有王金昌學長指出韓莊慘案必須修改。好，我決定修改，而且要大修大改，許多事要補敘前因後緣。

我寫《怒目少年》的時候，也曾盡力之所能及，周諮博訪，情商校友補我之不足，賜教者隆情高誼，山東有仲蓬、張力一，黑龍江有胥平，新疆有劉宗元，甘肅有王學美，四川有郭劍青、凌鵬舉、潘劍琴、李光祿、曹湘源，湖北有申淑貞、程明光，陝西有劉子豪、李方坤、靳方亮，北京有陳嘉樞，南京有陳培業，美國有袁自立、袁良、趙聖符。通信兩百多封，歷時兩年。天翻地覆之後，尋找各地校友談何容易，全虧胥平學長首倡，各地學長一點一滴搜集，編印了同學錄。

有幾位校友近在眼前，我也曾登門請教，答案多半是忘了、不記得！我很驚訝，這般刻骨銘心的經驗怎會忘記？對方反問：還記那些幹甚麼？在他，二十二中是他們嬰兒時代的鞋子，是用後即丟的紙杯。還有更奇怪的人，他專記大人物，他記得李品仙的小舅子，不記得他的級任導師。李品仙和他的小舅子與我們的成長有何關係？只因李品仙是高級將領，是安徽省主席，將來也許用得著他的小舅子幫個甚麼忙。現在難忘的文章記難忘的歲月，執筆人寫半世紀舊事歷歷如繪，連韓莊死難的十個同學，也都能一一寫出他們的姓名籍貫。他們的記性這麼好，是因為他們有情，人若有情天不老。寫文章讀文章都是有情人的事，敬祝校史早成，供天下有情人一讀為快。

《難忘的歲月》中難忘的文章，是我們的生命之酒，青春之火。是文學，是史料，還不是史書。它使我重溫往事，心潮起伏，或恍然大悟，或喟然長歎，或啞然失笑，或悠然神往。往事如煙，煙已成風景；往事如雲，雲已化甘霖；往事如水，水利生萬物；往事如風，風製造氣候。常言道文如其人，讀其文、想像其人，那些作者或豪放，或謹細，或灑脫，或謙和。或如松柏，或如修竹，或如芍藥，或如芙蕖。一路讀來，竟如參加了全校同學的園遊會。只是我在《怒目少年》中憶念不已的同班同學李孔思，永遠沒有音訊！

參考資料

・銘謝各地政協文史委員會出版的文史資料，留下珍貴紀述，茲永誌各位方志史家芳名於此：

名稱	期別	出版日期	有關作者
《阜陽史話》	第三輯	一九八四年四月	劉奕云
《阜陽史話》	第五輯	一九八五年八月	張樹山／梅良材／岳　鎮／王登山
《阜陽史話》	第六輯	一九八六年五月	廖運澤／周世忠
《東莊名勝古跡》		一九九一年十二月	王廣才主編
《東莊文史資料》	第二輯	一九九〇年九月	卲劍秋／童邱龍
《臨沂文史資料》	第二輯		魏　賓／陳常進／王　澎／吳仲賢／李澤鈞／沈林甫
《臨沂文史資料》	第三輯		田玉峰／顧相貞
《臨沂文史資料》	第四輯		唐士文／田玉峰／鄭　慎
《臨沂文史資料》	第五輯	一九八六年四月	唐毓光／唐士文

《蒼山文史資料》第一輯　一九八三年四月　黨史辦公室／張文明／劉廷堯／郭懷欽／李學忠／王善才
《蒼山文史資料》第二輯　一九八三年十二月　王伯華／靳耀南／秦澤甫／魏玉華／周志誠／田　兵／戎相見
《蒼山文史資料》第三輯　一九八四年十一月　王子通／張文強
《蒼山文史資料》第四輯　一九八五年十一月　王玉璞／狄井薌／王慶祥
《蒼山文史資料》第七輯　一九九一年二月　田　兵／靳耀南／王玉久／異　石
《河南文史資料》第二十五輯　一九八八年二月　楊廷貞／王國謨
《河南文史資料》第三十三輯　一九九〇年二月　王淩雲／陳浴春／別炳坤
《嶧城文史資料》第一輯　一九八九年十月　孫業林／席德本
《嶧城文史資料》第二輯　一九九〇年九月　傅　珍
《嶧城文史資料》第三輯　一九九一年四月　董益錫／苑畔岩
《南京文史集粹》　一九八六年七月　袁辟璋
《南京文史集粹》第三輯　一九九一年五月　曹　藝
《古城風雲錄》　一九八八年三月　宋　黎／鄭　誠／史香濤／孫海瀾／趙　略／佟　理／李達一

《蒼山縣志》
《漢陰縣志》
《阜陽市志》
《瀋陽市志》
《阜陽縣志》
《南京市志》
《安康縣志》
《上海市志》

INK PUBLISHING 文學叢書 560

怒目少年——王鼎鈞回憶錄四部曲之二

作　　者　王鼎鈞
總 編 輯　初安民
責任編輯　宋敏菁　林家鵬
美術編輯　陳淑美
校　　對　吳美滿　王鼎鈞　宋敏菁　林家鵬

發 行 人　張書銘
出　　版　INK 印刻文學生活雜誌出版股份有限公司
新北市中和區建一路249號8樓
電話：02-22281626
傳真：02-22281598
e-mail:ink.book@msa.hinet.net
網　　址　舒讀網 www.inksudu.com.tw

法律顧問　巨鼎博達法律事務所
施竣中律師
總 代 理　成陽出版股份有限公司
電話：03-3589000（代表號）
傳真：03-3556521
郵政劃撥　19785090 印刻文學生活雜誌出版股份有限公司
印　　刷　海王印刷事業股份有限公司

港澳總經銷　泛華發行代理有限公司
地　　址　香港新界將軍澳工業邨駿昌街7號2樓
電　　話　852-2798-2220
傳　　真　852-2796-5471
網　　址　www.gccd.com.hk

出版日期　2018年 5月　初版
2022年 7月 1日 初版二刷
ISBN　978-986-387-228-3
定價　399元

國家圖書館出版品預行編目(CIP)資料

怒目少年——王鼎鈞回憶錄四部曲之二
／王鼎鈞 著. --初版.
--新北市中和區：INK印刻文學，2018. 05
面； 14.8 × 21公分. --（文學叢書；560）
ISBN 978-986-387-228-3 (平裝)
1.王鼎鈞 2.回憶錄
783.3886　107000119

舒讀網